Das Ende des Kaperwesens in der europäischen Literatur und dem Recht Englands und Frankreichs bis zur Pariser Seerechtsdeklaration von 1856

Europäische Hochschulschriften Recht

European University Studies in Law

Publications Universitaires Européennes de Droit

Band/Volume 6234

Jeannette Haase

Das Ende des Kaperwesens in der europäischen Literatur und dem Recht Englands und Frankreichs bis zur Pariser Seerechtsdeklaration von 1856

PETER LANG

Bibliografische Information der Deutschen Nationalbibliothek
Die Deutsche Nationalbibliothek verzeichnet diese Publikation in der Deutschen Nationalbibliografie; detaillierte bibliografische Daten sind im Internet über http://dnb.d-nb.de abrufbar.

Zugl.: Bonn, Univ., Diss., 2020.

D 5
ISSN 0531-7312
ISBN 978-3-631-84679-7 (Print)
E-ISBN 978-3-631-85035-0 (E-PDF)
E-ISBN 978-3-631-85036-7 (EPUB)
E-ISBN 978-3-631-85037-4 (MOBI)
DOI 10.3726/b18184

Diese Publikation wurde begutachtet.

www.peterlang.com

Inhaltsverzeichnis

Abkürzungsverzeichnis

Abs.	Absatz
Anm.	Anmerkung
Aufl.	Auflage
Bd.	Band
Ders.	Derselbe
Nr.	Nummer
S.	Seite

A. Einleitung

I. Einführung in die Geschichte des Seebeutewesens

Mit Beginn des 16. Jahrhunderts und der Entdeckung der neuen Welt und des Seewegs nach Indien wuchs das Interesse der europäischen Nationen an einem florierenden Seehandel. Während Spanien und Portugal die neue Welt und somit die dazugehörigen Seehandelsrouten in dem Vertrag von Tordesillas unter sich aufgeteilt und eine Monopolstellung auf den Weltmeeren geschaffen hatten, wollten die anderen europäischen Nationen eine solche maritime Vorherrschaft nicht anerkennen.[1] Um auch gegen den Willen Spaniens und Portugals mit den neu entdeckten Gebieten Handel zu treiben und die Vormachtstellung Spaniens in der neuen Welt zu schwächen, setzten die übrigen Souveräne auf private Beutefahrer. Diese brachten mit staatlicher Ermächtigung spanische und portugiesische Handelsschiffe auf und nahmen die Schiffe und geladenen Güter als Beute.[2] Zu ihrer Rechtfertigung führten die ermächtigenden Souveräne an, dass Spanien und Portugal ohne ein Anrecht auf die Herrschaft auf den Weltmeeren ungerechtfertigt und schuldhaft andere europäische Nationen vom Seehandel ausgeschlossen und sich so die Beutenahme selbst zuzuschreiben hätten.[3] Es handelt sich hierbei somit um die Ausübung einer Art des Selbsthilferechts durch die übrigen europäischen Nationen, um die Vormachtstellung Spaniens und Portugals zu brechen und selber an den Früchten des Seehnadles partizipieren zu können, welches primär aus dem Neid auf den ständig wachsenden ökonomischen Wohlstand der iberischen Staaten entstand.[4]

Je größer die Bedeutung des überseeischen Handels für die Wirtschaft der europäischen Nationen wurde, desto mehr Einfluss gewann seine ungestörte Durchführung auch auf den Ausgang kriegerischer Auseinandersetzungen. So etablierte sich mehr und mehr die Praxis, auch im Krieg auf private Beutefahrer zu setzten. Diese schädigten den Handel der feindlichen Nation durch die

1 Kempe, Fluch der Weltmeere, S. 43f; Vitzthum, From the Rhodian Sea Law to UNCLOS III, in: Tradition und Weltoffenheit des Rechts: Festschrift für Helmut Steinberger Band 152 von Beiträge zum ausländischen öffentlichen Recht und Völkerrecht / Beiträge zum ausländischen öffentlichen Recht und Völkerrecht, S. 360.

2 Bradley, British Maritime Enterprise in the New World, S. 136.

3 Galdorisi, Vienna, Beyond the Law of the Sea, S. 122.

4 Bradley, British Maritime Enterprise in the New World, S. 136.

Aufbringung privater Kauffahrtsschiffe unter der Flagge der gegnerischen Nation,[5] so dass die Beutenahme auf See nun Bedeutung in den internationalen Beziehungen aller europäischen Nationen und nicht mehr nur im Hinblick auf die Schädigung Spaniens und Portugals erlangte.[6]

Bis zum Beginn des 19. Jahrhunderts war das Kaperwesen fester Bestandteil der maritimen Kriegsführung der europäischen Nationen.[7] Während des Krim-Krieges jedoch, in dessen Verlauf England und Frankreich auf einer Seite gegen Russland kämpften, mussten sich diese beiden Seemächte auf wichtige Grundsätze des Seekriegsrechtes einigen. Dies führte dazu, dass England es den neutralen Nationen zugestand, dass feindliches Gut unter neutraler Flagge und neutrales Gut unter feindlicher Flagge nicht Gegenstand der Beutenahme werden durfte und auf den Einsatz von Kaperfahrern verzichtete.[8] Anlässlich des den Krim-Krieg abschließenden Pariser Friedenskongresses wurden diese Grundlagen des Seekriegsrechts am 16. April 1856 in der Pariser Seerechtsdeklaration festgeschrieben, die von Frankreich, Großbritannien, Sardinien-Piemont, der Schweiz, Russland, Österreich, Preußen und dem Osmanischen Reich unterzeichnet wurden.[9]

II. Erläuterung der Wahl der zeitlichen Begrenzung von Beginn des 18. Jahrhunderts bis zum 16. April 1856

Die völkerrechtliche Betrachtung des Kaperwesens setzt in der vorliegenden Arbeit mit dem Beginn des 18. Jahrhunderts an.

Zwar wurde das Kaperwesen schon mit Beginn des 16. Jahrhunderts von den europäischen Staaten als legitimes Mittel der Seekriegsführung genutzt. Denn die Entdeckung der neuen Welt und des Seewegs nach Indien führte für die europäischen Staaten nicht nur dazu, dass der Handel an sich an Bedeutung gewann. Die Souveräne trachteten darüber hinaus vermehrt danach, den Handel

---

5 Martens, Versuch über Caper, S. 17.

6 Sechrest, Privateering and National Defense, in: Myth of National Defense, S. 244.

7 Massé, Le droit commercial Band 1, zweites Buch, Titel I, Kap II, Abschn. I, § II, Nr 161; Ortolan, Règles internationales Band 1, Buch 2, Kapitel XII, S. 262; Pistoye, Duverdy, Traité des prises maritimes Band 2, Titel VIII, Kap II, S. 185; Ripley/Dana, The new American cyclopaedia, S. 602; Schlochauer-Strupp/Scheuner, Wörterbuch des Völkerrechts Band 2, S. 191.

8 Jähns, Ueber Krieg, Frieden und Kultur, S. 381.

9 Erklärung betreffend das europäische Seerecht in Kriegszeiten, abgegeben am 16. April 1856, abgedruckt in Gourdon, Histoire du Congrès de Paris, S. 28f.

der anderen Nationen so zu beschränken, dass die eigenen Interessen durch diesen nicht beeinträchtigt werden konnten. Besonders der Seekrieg wurde sonach mehr und mehr darauf gerichtet, den feindlichen Handel möglichst effektiv zu schädigen.[10] Die staatlich ermächtigten Kaperfahrer dienten diesem Zweck bereits mit Beginn des 16. Jahrhunderts, ohne den jeweiligen Staaten dabei finanziell zur Last zu fallen, da sie sich ausschließlich aus der genommenen Beute finanziell befriedigten.[11]

Erst zu Beginn des 18. Jahrhunderts kam es jedoch zu einer intensiveren Befassung der zeitgenössischen Rechtsgelehrten mit den völkerrechtlichen Grundlagen zur Regelung der Beutenahme durch staatlich legitimierte Private und der Darlegung der völkerrechtlichen Rechtmäßigkeit, wie im Verlauf der Arbeit dargestellt werden wird.

Als Endpunkt für die Betrachtung des Kaperwesens wurde vorliegend die Unterzeichnung der Pariser Seerechtsdeklaration am 16. April 1856 gewählt. Dies aus dem Grund, da diese von Frankreich, Großbritannien, Österreich, Preußen, Russland, Sardinien und dem Osmanischen Reich ratifiziert und darüber hinaus durch fast alle übrigen Nationen der Welt akzeptiert wurde. Zwar hatte das Kaperwesen bereits 1853 aufgrund der Allianz zwischen England und Frankreich während des Krim-Krieges und des daraufhin erfolgten Verzichts auf den Einsatz privater Kaperfahrer seine praktische Bedeutung für die europäischen Nationen nahezu verloren,[12] die Pariser Seerechtsdeklaration führte jedoch erstmals zu einer Kodifizierung des Verbotes des Kaperwesens, geltend für alle Kriege der Zukunft und nicht bloß für ein einzelnes Kriegsereignis zwischen den beitretenden Nationen.

III. Definition der verwendeten Begrifflichkeiten

1. Die Definition des Begriffes der Freibeuterei

In der Entwicklung des Seebeuterechts finden sich bei den im Rahmen dieser Arbeit untersuchten zeitgenössischen Autoren keine übereinstimmenden übergeordneten Begriffsbestimmungen, die die verschiedenen Arten der Beutenahme zur See definieren. Dies trifft besonders für die deutschsprachigen Bezeichnungen zu, da die meisten für dieses Thema relevanten Texte in lateinischer,

10 Wagener, Staats- und Gesellschafts-Lexikon Band 11, S. 68.

11 Martens, Versuch über Caper, S. 37.

12 British Declaration, with reference to Neutrals and Letters of Marque, 28. März 1854, abgedruckt in: British and foreign state papers Band 46 1855/1856, S. 36f.

englischer oder französischer Sprache verfasst und Originalwerke in deutscher Sprache kaum zu finden sind.

Ab dem 17. Jahrhundert dienen die Begrifflichkeiten *caper*[13], *armateur*[14], *corsaire*[15] oder *privateer*[16] zur Umschreibung der staatlich ermächtigten privaten Beutenahme. Diese Begrifflichkeiten umschreiben ausschließlich die Beutenahme von Privateigentum durch staatlich ermächtigte Private in Kriegszeiten. Sie beziehen sich nicht auf die Beutenahme durch Private in Friedenszeiten. Ein einheitlicher Überbegriff für die staatlich legitimierte Beutenahme durch Private sowohl in Kriegs- als auch in Friedenszeiten existiert nicht.

Um klare und einheitliche Begrifflichkeiten zu schaffen, wird im Rahmen dieser Dissertation für die staatlich legitimierte Beutenahme durch Private sowohl im Krieg als auch im Frieden der Überbegriff der Freibeuterei verwendet. Für die Bezeichnung der Beutenahme ausschließlich in Kriegszeiten wird im Folgenden der Begriff des Kaperwesens, für die in Friedenszeiten der Begriff der Repressaliennahme verwendet.

2. Die Abgrenzung zwischen Repressaliennahme und Kaperwesen

a. Vorbemerkung

Im Rahmen der staatlich legitimierten Beutenahme durch Private lassen sich anhand des Zeitpunktes der Aufbringung zwei Arten der Beutenahme festlegen. Die Freibeuterei in Friedenszeiten wird unter dem Begriff der Repressaliennahme[17], die in Kriegszeiten unter dem Begriff des Kaperwesens oder der Kaperei[18] behandelt.

In der rechtlichen Entwicklung des Seebeuterechts wurde zwischen dem Rechtsinstitut des Kaperwesens und dem der Repressaliennahme sorgfältig differenziert. Während jedoch die Anstrengungen, die Kaperei im europäischen Völkergewohnheitsrecht zu verankern, ab dem 16. Jahrhundert auf Grund der wachsenden Bedeutung des Seehandels mehr und mehr erstarkten, verlor die

---

13 Martens, Versuch über Caper, S. 6; Surland, Grundsätze des europäischen Seerechts, Teil II, Buch I, Titel II, § 439.

14 Merlin, Repertoire Universel Et Raisonne De Jurisprudence Band 23, S. 98.

15 Massé, Le droit commercial Band 1, Buch II, Titel I, Kap. II, Abschn. I, § II, Nr. 153.

16 Lieber, Guerilla parties, S. 9.

17 Beust, Observationes militares, Kap. II, XXVIII, § 1.

18 Martens, Versuch über Caper, S. 17.

Subsumierung der Repressaliennahme unter das Völkerrecht schnell ihre praktische Bedeutung, da die europäischen Staaten von der Praxis der Ausgabe von Repressalienbriefen mehr und mehr Abstand nahmen.[19]

b. Die Repressaliennahme

Um die für die vorliegende Arbeit notwendige Abgrenzung zwischen der Repressaliennahme und dem Kaperwesen in dem gewählten Untersuchungszeitraum vorzunehmen, wird die Definition der Repressaliennahme verwendet, wie sie von den Rechtsgelehrten zwischen dem Beginn des 18. und der Mitte des 19. Jahrhunderts verwendet wurde.

Bei der Repressaliennahme handelte es sich um die Aufbringung der Güter von Bürgern fremder Staaten zur See durch eine staatlich legitimierte Privatperson mit dem Ziel, verletzte Privatinteressen in Friedenszeiten wiederherzustellen,[20] ohne es zu einem Krieg zwischen den betroffenen Staaten kommen zu lassen. Repressalien wurden entweder für die Verfehlungen eines Staates oder für die Verfehlungen seiner Staatsangehörigen erteilt, in letzterem Fall jedoch nur dann, soweit der Staat an der Verfehlung beteiligt war, indem er seine Angehörigen bei der Begehung der Verfehlung unterstützte oder sie für diese nicht bestrafte. Das schädigende Ereignis lag in der Regel in der Schädigung eines Angehörigen eines fremden Staates und somit in der Schädigung eines fremden Souveräns selber, der seinen Schutzfunktion gegenüber seinen Staatsangehörigen erfüllen musste.[21] Die Repressaliennahme konnte sowohl positiv als auch negativ erfolgen. Bei der positiven Repressaliennahme wurde der Akt der Beutenahme durch den Geschädigten aktiv vollzogen, wohingegen bei der negativen Form eine Handlung verweigert wurde, die nach der ursprünglichen Rechtslage vorzunehmen war.[22] Das Unrecht, zu dessen Wiedergutmachung die Repressaliennahme dienen sollte, musste unzweifelhaft bestehen und ein Antrag auf Wiedergutmachung vom gegnerischen Souverän abgelehnt worden sein[23].

---

19 Hautefeuille, Histoire des origines du droit maritime international, Titel IV, Kap. I, Abschn. II, § II, S. 190f.

20 Beust, Observationes militares, Kap. II, XXVIII, § 1.

21 Garden, Traité complet de diplomatie Band 2, Buch VI, Abschn. III, § 2, S. 226.

22 Oppenheim, International Law Band 2, Teil I, Kap. II, Abschn. III, § 38, S. 44; Phillimore, Commentaries Band 3, Teil IX, Kap. II, § XII, S. 67.

23 Lee, Bijnkershoek, A treatise of capture in war, Kap. III, S. 37f.

In der untersuchten Literatur findet sich in diesem Zusammenhang häufig der Begriff der speziellen Repressaliennahme.[24]

Nicht mit der Repressaliennahme in Friedenszeiten zu vereinbaren war hingegen die generelle Repressaliennahme.[25] Hierbei handelt es sich um die Beutenahme von Privaten durch bewaffnete Einheiten, um mehrere Akte der Reprisennahme zu vollziehen,[26] ohne dass die Beutenehmer im Vorfeld selber ein Unrecht durch den betroffenen Staat oder seine Angehörigen erlitten hatten.[27]

Die Repressaliennahme in Friedenszeiten verlor bereits mit Beginn des 16. Jahrhunderts an Bedeutung,[28] obwohl sie als effektives Mittel zur Schadenskompensation gesehen werden konnte. Der Grund hierfür lag in der Tatsache, dass die Repressaliennahme, die eigentlich dazu diente den Frieden zu sichern, in der Praxis oftmals zu einem Ausbruch des Krieges führte.[29] Der fremde Souverän, der die Repressaliennahme als nicht gerechtfertigt ansah, ermächtigte seinerseits seine Untertanen zur Repressaliennahme, was dann wiederrum durch eine weitere Repressaliennahme beantwortet wurde. Dieser Teufelskreis endete schließlich im Ausbruch des Kriegszustandes, so dass sich die Repressalie selbst ihrer Existenzberechtigung als Friedenswahrer beraubte.

c. Das Kaperwesen

Um die Begrifflichkeit des Kaperwesens, wie sie in der europäischen Literatur verwendet wird, klar zu umreißen, soll zunächst die Definition dieses Rechtsbegriffes „vor die Klammer" gezogen werden. Abgestellt wird hierbei auf das zeitgenössische Selbstverständnis. Hierbei gilt die folgende Definition für den gesamten Untersuchungszeitraum.

---

24 Lee, Bijnkershoek, A treaties of captures in war, Kap. II, S. 18; Phillimore, Commentaries Band 3, Teil IX, Kap. II, §§ X, XI, S. 65f.

25 Ders., Buch III, Kap. II, S. 115; Phillimore, Commentaries Band 3, Teil IX, Kap. II, § X, S. 65.

26 Lee, Bijnkershoek, A treaties of captures in war, Kap. II, S. 18.

27 Manning, Commentaries on the law of nations, Buch III, Kap. II, S. 115.

28 Hautefeuille, Histoire des origines du droit maritime international, Titel IV, Kap I, Abschn. II, § II, S. 190f.

29 Cauchy, Le droit maritime international Band 1, Troisième Époque, Teil 2, Kap III, Abschn. VII, S. 360; Cussy, Phases et causes célèbres du droit maritime des nations Band 1, Buch I, Titel II, § 51, S. 125f.

Der Begriff des Kaperwesens beschreibt die staatlich ermächtigte Beutenahme in Kriegszeiten durch Privatpersonen auf See mit der Hauptintention, den Feind zu schädigen, seinen Seehandel zu unterbinden[30] und finanziellen Gewinn zu machen.[31] Sie war bis zur Mitte des 19. Jahrhunderts fester Bestandteil der maritimen Kriegsführung der europäischen Staaten[32] und bildete eine Ausnahme von dem Grundsatz, dass die Führung eines gerechten Krieges nur eine Angelegenheit zwischen Staaten, nicht aber zwischen Privaten war.

Kaperfahrer durften nach einer entsprechenden Ermächtigung durch ihren Souverän die hohe See, eigene und feindliche Gewässer befahren und dort alle Kriegs- und Kauffahrtsschiffe unter feindlicher Flagge aufbringen. Außerdem beinhaltete die Ermächtigung zur Kaperfahrt die Erlaubnis zum Anhalten und Durchsuchen neutraler Schiffe.[33] Diese Anhalte- und Durchsuchungsrechte gingen mittelbar aus der Ermächtigung zur Aufbringung feindlicher Schiffe hervor, da auch feindliche Schiffe zur Täuschung des Kaperfahrers unter neutraler Flagge segeln konnten[34] oder sich ein ursprünglich Neutraler durch die Verletzung des Neutralitätsgebotes selber zum Feind gemacht haben konnte, was im Einzelfall durch den Kaperfahrer zu überprüfen sein musste.

Der Kaperfahrer unterlag den Befehlen der Admiralität des ermächtigenden Souveräns. Zwar bekleidete er nicht die Stellung eines Marinesoldaten, genoss aber in gleichem Maße Ehre und Achtung und war ebenso den jeweils geltenden kriegs- und seerechtlichen Instruktionen unterworfen.[35]

Nach dem allgemeinem Völkerrecht stand die bei der Kaperfahrt gewonnene Beute grundsätzlich dem ermächtigenden Souverän zu, die Beute konnte aber auf Grund eines Bestandteils der staatlichen Ermächtigung in das Eigentum des Kaperfahrers übergehen.[36] Das Abschließen einer solchen Vereinbarung entsprach in den europäischen Staaten der gängigen Praxis, da nur so privaten Seefahrer zur Übernahme der Kosten und Risiken einer Kaperfahrt ermutigt werden konnten.

Wurde ein Schiff extra zu Kaperzwecken ausgerüstet, bestand in der Regel Personenverschiedenheit zwischen dem Unternehmer der Kaperfahrt und dem

30 Martens, Versuch über Caper, S. 17.

31 Kaltenborn, Grundsätze des praktischen europäischen Seerechts Band 2, Abschn. IV, § 217, S. 360.

32 Schlochauer-Strupp/Scheuner, Wörterbuch des Völkerrechts Band 2, S. 191.

33 Martens, Grundrisse des Handelsrechts, § 227, S. 233, § 229, S. 235.

34 Valin, Traité des prises Band 1, Kap. IV, Abschn. I, § 7.

35 Oppenheim, System des Völkerrechts, Kap. XII, § 3, S. 305.

36 Pistoye, Duverdy, Traité des prises maritimes Band 1, Titel IV, Kap. I, S. 159.

Kapitän des Kaperschiffes. Um die Kosten der Ausrüstung und die Risiken der Unternehmung für den Einzelnen zu senken, schlossen sich oftmals mehrere Unternehmer zu einer Gesellschaft zusammen.[37]

Neben der Beutenahme durch nur einen einzelnen Kaperfahrer war auch die organisierte Beutenahme durch eine Mehrzahl von Schiffen möglich. War ein zweites Schiff zwar nicht unmittelbar an der Aufbringung beteiligt, führte aber sein Auftauchen zur Einschüchterung des Feindes und somit zur Erlangung der Beute, handelte es sich um ein sogenanntes „joint capture".[38]

Nicht alle zur Kaperfahrt ermächtigten Privatpersonen gingen einzig und allein mit dem Ziel auf See, Beute an feindlichen Kriegs- und Handelsschiffen zu machen. Neben den Kapitänen, die ihre Schiffe eigens zur Beutefahrt ausrüsteten, gab es auch diejenigen, die einfache Handelsschiffe unter ihrem Kommando hatten, sich aber zur Beutenahme ermächtigen ließen, um feindliche Handelsschiffe aufbringen zu können, wenn sich ihnen die Gelegenheit bot.[39]

Die historische Entwicklung des Kaperwesens ist schwer nachzuvollziehen. Aus den Parallelen zu der Praxis der generellen Repressaliennahme lässt sich jedoch der Schluss ziehen, dass sie ursprünglich dem mittelalterlichen Repressalienrecht entsprungen war.[40] Denn die schriftliche Ermächtigung zur Kaperfahrt enthielt, ebenso wie zu früheren Zeiten der Markebrief, die Gestattung von Gewaltmaßregeln zur Erreichung eines persönlichen finanziellen Vorteils.[41] Wie war es aber zu erklären, dass die Kaperei mehr und mehr an Bedeutung gewann, während die Ausgabe von Repressalienbriefen aus der Praxis der europäischen Staaten verschwand? In dem Falle, in dem die staatliche Ermächtigung des Kaperfahrers in Rede stand, war das Damoklesschwert des Kriegsausbruches bereits herabgefallen. Es gab somit keinen Grund mehr für eine gesteigerte gegenseitige Rücksichtnahme zwischen den Staaten. Das Ziel bestand nunmehr in der größtmöglichen finanziellen und wirtschaftlichen Schädigung des Gegners. Auf Grund der gewichtigen Bedeutung des Seehandels ließ sich dieses Ziel am effektivsten durch maritime Kriegsführung erreichen, gerichtet auch gegen

37 Kaltenborn, Grundsätze des praktischen europäischen Seerechts Band 2, Absch. IV, § 217, S. 361.

38 Molloy, De iure maritimo et navali, Buch I, Kap. II, § XXII; Phillimore, Commentaries Band 3, Teil X, Kap. V, § CCCLXXVII, S. 356.

39 Marten, Versuch über Caper, S. 56; Rodger, The Command of the ocean, S. 156.

40 Heffter, Das europäische Völkerrecht der Gegenwart, Buch II, Abschn. II, § 124.

41 Heffter, Das europäische Völkerrecht der Gegenwart, Buch II, Abschn. I, § 110.

private Handelsschiffe des Feindes.[42] Das Kaperwesen ermöglichte es den jeweiligen Souveränen, diesen Teil der maritimen Kriegsführung größtenteils auf Private zu übertragen und so die Schädigung des Feindes ohne eigenes Risiko und ohne finanzielle Belastung auszuüben.[43] Eine vergleichbare Aufstockung der Marine wäre nur unter Erhebung immenser Zusatzsteuern möglich gewesen,[44] was den Rückhalt des Souveräns in der Bevölkerung maßgeblich geschwächt hätte.

IV. Verwendete Rechtsquellen

Herangezogen werden zur Untersuchung des juristischen Diskurses über die Ausgestaltung und Regelung des Kaperwesens die Werke völkerrechtlicher Autoren von Beginn des 18. Jahrhunderts bis zur Mitte des 19. Jahrhunderts. Für die Untersuchung des Diskurses über den Weg zur Abschaffung des Kaperwesens durch die Pariser Seerechtsdeklaration werden Werke bis zum Ende des 20. Jahrhunderts herangezogen.

Um darzustellen, dass das Institut des Kaperwesens alle europäischen Nationen beschäftigte, wurde auf die Schriften von Rechtsgelehrten unterschiedlicher europäischer Nationen zurückgegriffen. Besonderer Schwerpunkt wurde hier auf die Ausführungen englischer, französischer und deutscher Völkerrechtler gelegt, da ihre Nationen durch ihre Präsenz auf See maßgeblich das Seebeuterecht prägten.[45]

Einen besonderen Stellenwert nehmen an verschiedenen Stellen der Arbeit die völkerrechtlichen Schriften englischer und französischer Rechtsgelehrter aus dem untersuchten Zeitraum ein, veröffentlicht entweder in Form eigenständiger juristischer Werke oder als Beiträge in völkerrechtlichen Enzyklopädien oder Zeitschriften, oftmals auch unter Bezugnahme auf aktuelle Dispute unter den einzelnen völkerrechtlichen Gelehrten oder erlassene Statuten, bi- und multilaterale Verträge und Entscheidungen der nationalen Rechtsprechung.

---

42 Massé, Le droit commercial Band 1, Buch II, Titel I, Kap. II, Abschn. I, § II, Nr. 158; Saalfeld, Grundriss eines Systems des europäischen Völkerrechts; Schlochauer-Strupp/Scheuner, Wörterbuch des Völkerrechts Band 2, S. 190.

43 Cauchy, Le droit maritime international Band 2, Quatrième Époque, Teil II, Buch II, Kap. V, Abschn. II, S. 163f; Martens, Versuch über Caper, S. 31.

44 Manning, Commentaries on the law of nations, Buch III, Kap. II, S. 117.

45 Bluntschli, Das moderne Völkerrecht der zivilisierten Staaten, S. 81; Wheaton, Neues Europäisches Völkerrecht, in: Deutsche Zeitschriften des 18. und 19. Jahrhunderts Band 1, Allgemeine Literatur-Zeitung vom Jahr 1847 Band 1, S. 520.

England war aufgrund seiner Stellung als Inselstaat im besonderen Maße auf die maritime Kriegsführung angewiesen und somit auch im Bereich des Kaperwesens besonders präsent. Darüber hinaus führte die britische Seerechtstradition teilweise zu einer von den sonstigen europäischen Grundsätzen abweichenden Rechtstradition.

Auch Frankreich war in dem untersuchten Zeitraum als Seemacht auf den Weltmeeren außerordentlich präsent und setzte, trotz kritischer Stimmen eigener Rechtsgelehrter, ebenfalls auf den Einsatz privater Kaperfahrer.

Aus vorgenannten Gründen soll deshalb exemplarisch zur Überprüfung der in der Literatur herausgearbeiteten Grundsätze ein Vergleich der theoretischen Grundsätze mit den tatsächlichen Regelungen der britischen und französischen Rechtspraxis zur Regelung des Kaperwesens erfolgen.

Zur Darstellung der britischen Rechtspraxis in Bezug auf das Kaperwesen wurde auf die elektronische Sammlung der Entscheidungen des High Court of Admiralty zurückgegriffen. Dieser Rückgriff erfolgte, da der Jurisdiktionsanspruch in Prisensachen von der Regierungszeit König Edwards des III. bis zur Verabschiedung der Pariser Seerechtsdeklaration in der ersten Instanz ausschließlich bei diesem Gericht lag.[46] Gegen die erstinstanzliche Entscheidung war die Appellation an das Privy Council statthaft.[47] In zweiter Instanz entschied der High Court oft Admiralty über die Appellation der in den britischen Kolonien zur Entscheidung über Prisenverfahren eingerichteten Vice Courts oft Admiralty. Der High Court oft Admiralty war geteilt in den „Instance Court“ und den „Prize Court“. Der Instance Court befasste sich mit Streitigkeiten, die in Zusammenhang mit maritimen Verträgen oder auf See begangenem Unrecht standen, der Prize Court mit dem Prisenrecht.[48] Dieser ausschließliche Jurisdiktionsanspruch wurde von den anderen britischen Gerichten nicht in Frage gestellt, denn die Entscheidung über die Rechtmäßigkeit der Prise war eine Entscheidung, die unter Berücksichtigung des Völkerrechts, nicht aber nach dem common law getroffen werden musste.[49]

---

46 Williams, The Jurisdiction and Practice of the High Court of Admiralty, Teil 1, S. 3.

47 Zu Geschichte und Verfahren des High Court of Admiralty siehe: Edwards, A Treatise on the Jurisdiction of the High Court of Admiralty of England.

48 Pöhls, Darstellung des Seerechts nach gemeinem und Hamburgischem Rechte und nach den Gesetzen der vorzüglicgsten handelnden Staaten Europa's und America's, Vierter Teil, § 537, S. 1229.

49 Edwards, A Treatise on the Jurisdiction of the High Court of Admiralty of England, Kap 9, S. 214f.

Die französischen Rechtspraxis wurde durch die Auswertung von Rechtsprechung des Conseil des prises und Regelungen der für die Thematik bedeutende Ordonnances de la marine dargestellt. Eine besonders gewichtige Rolle spielt die Grande ordonnance de la marine von August 1681, erlassen von Ludwig XIV, in welcher bedeutende Fragen des Prisenrechts geregelt waren und die auch in dem untersuchten Zeitraum noch Fortgeltung beanspruchte. Das Conseil de prises, ansässig in Paris, war von 1695 bis 1789, von 1800 bis 1815 und sodann von 1854 bis 1965 erstinstanzlich für Fragen über die Prisennahme französischer Seebeuter in Kriegszeiten ausschließlich zuständig.[50]. Von 1695 bis 1789 und von 1800 bis 1815 lag die letztinstanzliche Zuständigkeit bei dem „Conseil Royal des Finances“[51], von 1854 bis 1965 bei dem „Conseil d'Etat“. Es bestand aus einem Staatsrat und acht weiteren Mitgliedern, von denen einer ein Regierungskommissar, einer ein Sekretär und zwei Amtsdienern sein mussten. Die Mitglieder wurden ab der Wiedereinführung des Conseil des prises im Jahr 1800 vom ersten Konsul nominiert. Die Entscheidungen des Conseil des prises mussten stets von einer Mehrheit von mindestens fünf Mitgliedern getragen werden.[52]

V. Fragestellung

Aus der historischen Entwicklung ab dem Beginn des 18. Jahrhunderts ergeben sich fünf zentrale rechtshistorische Fragestellungen.

Erstens: Ergeben sich aus dem juristischen Diskurs der zeitgenössischen Rechtsgelehrten als geltend erachtete europäische völkergewohnheitsrechtliche Rechtsgrundsätze in Bezug auf Umfang und Begrenzung der staatlich ermächtigten Beutenahme durch Private?

Zweitens: Lassen sich die in der zeitgenössischen Literatur dargestellten Grundsätze exemplarisch durch die Entscheidungen des High Court oft Admiralty an der englischen Rechtspraxis sowie durch die Entscheidungen des Conseil des prises und den Regelungen der einzelnen Ordonnance de la marine an der französischen Rechtspraxis nachweisen oder bestand eine Differenz

50 Levita, Übersichten aus dem französischen Rechtsleben, S. 217f.

51 Reglement, Que le Roi veut étre observé dans l'instruction & le Jugement des Prises vom 09. März 1695, Art. 15, abgedruckt in: Valin, Nouveau commentaire sur l'ordonnance de la marine, Band 2, S. 316ff.

52 Zu Funktion und Aufbau des Conseil des Prises siehe Arrêté du 6. Germinal an VIII, abgedruckt in Martens, Loix et Ordonnances des diverses puissances européenes Band 1, S. 496.

zwischen Theorie und Praxis? Lassen sich aus den Übereinstimmungen europaweit geltende völkergewohnheitsrechtliche Rechtsgrundsätze zur Regelung des Kaperwesens ableiten?

Drittens: Grenzten die zeitgenössischen Rechtsgelehrten den von ihnen definierten Erlaubnistatbestand des Kaperwesens übereinstimmend und eindeutig von dem völkerrechtlich anerkannten Verbotstatbestand der Piraterie ab? Schufen sie eine eindeutige Abgrenzung oder verliefen die Grenzen fließend?

Viertens: Welche Überlegungen führten schließlich ab dem Beginn des 18. Jahrhunderts zu einem Ruf nach Abschaffung des Kaperwesens durch die europäischen Rechtsgelehrten? Lag allen Argumenten wider die Rechtmäßigkeit des Kaperwesens ein gemeinsamer Gedanke zu Grunde?

Und Fünftens: Aus welchen Gründen wurde das Kaperwesen letztlich tatsächlich durch die Pariser Seerechtsdeklaration am 16. April 1856 abgeschafft? War die Abkehr von der Praxis des Kaperwesens motiviert durch moralische und rechtliche Erwägungen oder vielmehr durch machtpolitische und wirtschaftliche Interessen der europäischen Staaten?

Besonders im Rahmen der Beantwortung der fünften Frage wird zu berücksichtigen sein, dass die Weiterentwicklung des europäischen Völkerrechts hier auch auf politische und wirtschaftliche Veränderungen in der Mächtekonstellation der europäischen Staaten zurück zu führen ist.

VI. Thesen

Im Vorgriff auf die Beantwortung der aufgeworfenen Fragestellungen lassen sich fünf Hauptthesen aufstellen.

Erstens: Zu Beginn des 18. Jahrhunderts wurden in der zeitgenössischen Literatur völkerrechtliche Rechtsgrundsätze als geltend erachtet, die die Voraussetzungen, den Umfang und die Begrenzung der privaten Beutenahme zu See beschreiben sollten. Dies lässt sich sowohl aus der rechtlichen, wirtschaftlichen und politischen Bedeutung der einzelnen als geltend erachteten Regeln in qualitativer Hinsicht als auch an der quantitativen Anzahl der herausgearbeiteten übereinstimmenden Regeln und der damit einhergehenden Regelungsdichte betreffend die Materie des Kaperwesens verifizieren.

Mangels Vorhandensein eines kodifizierten europäischen Völkerrechts zur Regelung der rechtmäßigen Prisennahme durch den privaten Beutefahrer stützen die jeweiligen Autoren ihre Thesen auf völkergewohnheitsrechtliche Rechtsgrundsätze, die sie als für die europäischen Nationen bindend ansahen. Im Zuge der intensivierten Darstellung dieser Rechtsgrundsätze und der Proklamation der selbigen als geltendes Völkergewohnheitsrecht durch die einzelnen Autoren flammten kontroverse Diskussionen auf, die ihren Schwerpunkt auf die Regelung des Kaperwesens als anerkanntes Mittel der Kriegsführung legten.

Zweitens: Die in der zeitgenössischen Literatur herausgearbeiteten und als geltend betrachteten Rechtsgrundsätze finden sich in großen Teilen in der englischen und französischen Rechtspraxis wieder. Aufgrund der macht- und wirtschaftspolitischen Bedeutung Englands und Frankreichs in Europa und ihrer starken Präsenz auf den Weltmeeren, sowohl hinsichtlich des Treibens von Seehandel als auch hinsichtlich der Betätigung im Seekrieg, können die Eckpfeiler des im juristischen Diskurs als geltend betrachteten europäischen Völkergewohnheitsrechts, die zur Definition und Eingrenzung des Kaperwesens geschaffen wurden und die sich in der englischen und französischen Rechtsetzung und Rechtsprechung wiederfinden, als geltende europäische völkergewohnheitsrechtliche Rechtsgrundsätze angesehen werden.

Drittens: In der zeitgenössischen völkerrechtlichen Literatur wurde zur Differenzierung zwischen Kaperfahrern und Piraten einheitlich an die staatliche Legitimation des Kaperfahrers angeknüpft. Trotz der Herausarbeitung dieser theoretischen und aus sich heraus recht klaren Abgrenzungskriterien waren die Tatbestände des Kaperwesens und der Piraterie in der Praxis jedoch auf Grund der häufigen Grenzüberschreitungen der Kaperfahrer nicht immer klar voneinander abgrenzbar.

Viertens: Ab dem Beginn des 18. Jahrhunderts wurde im zeitgenössischen juristischen Diskurs der Ruf nach einer Abschaffung des Kaperwesens auf Grund seiner Unvereinbarkeit mit den allgemeinen Grundsätzen des Völkerrechts lauter, obwohl in der Literatur völkerrechtliche Rechtsgrundsätze als geltend erachtet wurden, die die Voraussetzungen, den Umfang und die Begrenzung der privaten Beutenahme zu See sowie die Abgrenzung zur Piraterie regelten und in der europäischen Rechtspraxis als geltend erachtet wurden. Der Ruf nach einer Abschaffung wurde maßgeblich getragen von dem allgemeinen Wunsch nach einer Humanisierung des Seekriegsrechts. Jedoch vertraten die zeitgenössischen Rechtsgelehrten im Rahmen ihrer Argumentation auch die wirtschafts- und machtpolitischen Interessen der Nationen, denen sie angehörten.

Fünftens: Es war nicht das Streben nach einer Humanisierung des Völkerrechts, das letztendlich zu einer Abschaffung des Kaperwesens führte. Das Ende des Kaperwesens lag alleine darin begründet, dass sich die politischen und wirtschaftlichen Interessen der europäischen Seemächte verändert hatten und diese veränderten Bedürfnisse durch die Abschaffung des Kaperwesens gefördert wurden. Insbesondere die gewandelten politischen und wirtschaftlichen Interessen Großbritanniens einhergehend mit der britischen Dominanz auf den Weltmeeren und der Gleichlauf mit den machtpolitischen Interessen Frankreichs führte schlussendlich zur Verabschiedung der Pariser Seerechtsdeklaration.

VII. Methode

Die Untersuchung der aufgeworfenen Fragen erfolgt im Schwerpunkt nach der Methode der juristischen Dogmengeschichte, jedoch unter Hinzuziehung politischer und wirtschaftlicher Elemente der untersuchten Epoche. Durch die Auswertung der von den zeitgenössischen Rechtsgelehrten geschaffenen Literatur erfolgt eine Suche nach als im Rahmen des juristischen Diskurses als geltend angesehen Grundsätzen über die Herkunft und Entwicklung der Dogmen des Kaperwesens unter Einbeziehung von Politik- und Wirtschaftsgeschichte. Hierbei werden sowohl Unterschiede als auch Gemeinsamkeiten in der Betrachtung des Kaperwesens durch die einzelnen Rechtsgelehrten, insbesondere auch in Hinblick auf ihre jeweilige Nationalität herausgearbeitet. Die Darstellung des Kaperwesens in der zeitgenössischen Literatur soll hierbei unter Einbeziehung der politischen und wirtschaftlicher Entwicklungen aus der speziellen Perspektive des Rechts betrachtet werden.

Für die Untersuchung der aufgeworfenen Fragen werden die Darstellungen der jeweiligen Autoren bezogen auf das Völkergewohnheitsrecht untersucht, um herauszuarbeiten, ob die untersuchten Autoren von einem geltenden Völkergewohnheitsrecht bezüglich der Praxis des Kaperwesens ausgingen. Ein solches wäre nach Dafürhalten der Autoren gegeben, sofern eine gewisse Praxis von der Mehrzahl der europäischen Nationen akzeptiert worden sei und diese Praxis hinaus nach der allgemeinen Rechtsüberzeugung im Einklang mit den geltenden völkerrechtlichen Grundsätzen stehe. Bei der Entstehung von Rechtspraxis und Rechtsüberzeugung sei auf die europäischen Staaten abzustellen, die die meisten Berührungspunkte mit dem Seebeutewesen hatten, also die Seehandel treibenden Nationen Großbritannien, Frankreich, die Niederlande, Deutschland, Portugal und Spanien.[53]

Die andere formellen Quellen des Völkerrechts, wie sie Art. 38 Abs. 1 des Statuts des Internationalen Gerichtshofs auflistet[54], namentlich

53 Twist, The law of nations Band 2, Kap. X, § 205.

54 http://www.staatsvertraege.de/uno/gerichtshofstatut45-i.htm.

die internationalen Abkommen allgemeiner oder besonderer Natur, in denen von den im Streit befindlichen Staaten ausdrücklich anerkannte Normen aufgestellt sind

sowie

die von den zivilisierten Staaten anerkannten allgemeinen Rechtsgrundsätze

bleiben mangels Kodifikation völkerrechtlicher Rechtsgrundsätze zur Regelung des Kaperwesens und der Schwierigkeit der Übertragung von Rechtssätzen aus dem nationalen Recht auf die Besonderheiten des internationalen Seebeuterechts im Rahmen dieser Arbeit außen vor.

VIII. Gang der Untersuchung

Der erste Teil dieser Untersuchung widmet sich der Darstellung der völkergewohnheitsrechtlichen Rechtsgrundlagen des Kaperrechtes in der Literatur des Völkerrechtes ab dem Beginn des 18. Jahrhunderts.

Zeitgenössische Völkerrechtler aller europäischen Nationen waren aufgrund der immensen praktischen Bedeutung des Kaperwesens bestrebt, die völkergewohnheitsrechtlichen Rechtsgrundlagen desselbigen herauszustellen und zu definieren. Konfrontiert sahen sie sich hierbei mit der Schwierigkeit, dass sich in der Rechtspraxis der einzelnen europäischen Nationen die jeweiligen, oftmals divergierenden politischen und wirtschaftlichen Interessen, die ein jede Nation mit dem Seehandel verband, wiederspiegelten. Dies galt insbesondere für den Versuch, die Beutenahme durch Private im Krieg zu rechtfertigen und die entsprechenden Grenzen zu bestimmen, denn hier hatten die Rechtsgelehrten neben den Rechten der Kriegsparteien auch noch die Stellung der neutralen Mächte zu beachten. Private Seebeuter mit der Ermächtigung ihres Souveräns wurden sowohl von den neutralen Mächten als auch von Kriegsparteien mit einer starken Marine als Geißel der Meere betrachtet, wohingegen sie für Kriegsparteien mit einer schwachen Marine für die maritime Kriegsführung unerlässlich waren.[55]

Im Rahmen der Darstellung des Disputs um die völkerrechtliche Rechtmäßigkeit des Kaperwesens in den Schriften der zeitgenössischen Rechtsgelehrten ab dem Beginn des 18. Jahrhunderts werden die verwendeten Quellen zunächst nach den Nationalitäten und politischen Beweggründen der jeweiligen Autoren geordnet. Hierdurch soll aufgezeigt werden, wie die nationalen Überzeugungen

55 Hautefeuille, Histoire des origines du droit maritime international, Titel VI, Kap I, Abschn. III, S. 485; Lawrence, The principles of international law, Teil III, Kap. V, § 194.

und politischen Orientierungen der jeweiligen Autoren Einfluss auf ihre rechtlichen Ausführungen nehmen.

Um einen Überblick über die zeitgenössische Darstellung des Kaperrechts in der Literatur zu schaffen, werden zunächst die rechtlichen Voraussetzungen herausgearbeitet, die die einzelnen Autoren an die staatliche Ermächtigung des Kaperfahrers als Voraussetzung für den Beginn der Beutefahrt stellten.

Im Anschluss werden die Hauptargumente des juristischen Diskurses über die Abschaffung des Kaperwesens aufgegriffen und die Argumente für und gegen die völkerrechtliche Rechtmäßigkeit der Beutenahme von staatlich ermächtigten Privaten zur See gegenübergestellt. Diese nach Argumentationsstrukturen geordnete Darstellung wurde hier bewusst gewählt, um die unterschiedlichen Argumente direkt zueinander in Bezug setzten zu können und so den Fluss des juristischen Diskurses darzustellen.

Hand in Hand mit dem Erstarken der privaten Beutenahme zur See ging die Notwendigkeit der Schaffung europaweit einheitlicher Grundsätze einher, die die Beurteilung der Rechtmäßigkeit der Prisennahme als Voraussetzung für den Eigentumsübergang an der Beute auf den Kaperfahrer ermöglichten. Somit soll auch die Darstellung dieser Grundsätze in der völkerrechtlichen Literatur näher untersucht werden. Gleiches gilt für die Darstellung des Prisenverfahrens. Denn auch wenn die Einrichtung spezieller Prisengerichte der jeweiligen nationalen Herrschaftsgewalt unterlag, so führten die zeitgenössischen Autoren Vorgehensweisen, Verfahrens- und Beweisregeln auf, die sie als länderübergreifend bindend ansahen.[56]

Im Fortgang der Untersuchung werden die herausgearbeiteten, von den Rechtsgelehrten als völkergewohnheitsrechtlich geltend angesehenen Rechtsgrundsätze des Kaperwesens exemplarisch an der zeitgenössischen Rechtspraxis der Seemächte Großbritannien und Frankreich verifiziert. Zu diesem Zweck wurden zeitgenössische Statuten, bi- und multilaterale Verträge und vor allem die Rechtsprechung des High Court oft Admiralty sowie des Conseil des prises ausgewertet.

Nachfolgend auf die Darstellung der völkergewohnheitsrechtlichen Grundsätze des Erlaubnistatbestands des Kaperwesens in der zeitgenössischen Rechtsliteratur beschäftigt sich diese Untersuchung mit der Darstellung der Frage nach der Abgrenzung des Erlaubnistatbestandes des Kaperwesens von dem Verbotstatbestand der Piraterie durch die zeitgenössischen Rechtsgelehrten. Kein

56 Moser, Grundsätze des europäischen Völkerrechts in Kriegszeiten, Buch II, Kapitel 12, § 38.

Beutefahrer konnte das Risiko eingehen, auf einer von seinem Souverän unterstützen Beutefahrt von den anderen europäischen Nationen als Pirat behandelt und folglich mit dem Tode bestraft zu werden. Dies führte dazu, dass die europäischen Rechtsgelehrten eine europaweit einheitliche Abgrenzung der beiden Tatbestände sowie die Darstellung der Folgen der Grenzüberschreitung sowohl für den Kaperfahrer als auch für den ermächtigenden Souverän aus der europäischen Praxis anstrebten.

Im vierten Teil dieser Arbeit wird näher beleuchtet, welche Stimmen sich in der Literatur ab dem Beginn des 18. Jahrhunderts für die Abschaffung des Kaperwesens stark machten und von welchen Argumenten diese Forderung getragen wurde.

Die Vereinbarkeit des Kaperwesens mit den allgemeinen Grundsätzen des zunehmend humanisierten europäischen Völkerrechts wurde ab dem Beginn des 18. Jahrhunderts von den zeitgenössischen Rechtsgelehrten mehr und mehr in Frage gestellt. Dieses Umdenken wird anhand einer Gegenüberstellung der Argumente für und wider der völkerrechtlichen Rechtmäßigkeit des Kaperwesens dargestellt und anschließend dahingehend ausgewertet, ob die angeführten Argumente wider der Legitimität eine Abschaffung rechtfertigen konnten und ob ihnen ein gemeinsamer Gedanke zu Grunde lag.

Sein Ergebnis fand dieser theoretische Diskurs in dem völkerrechtlichen Abkommen der Pariser Seerechtsdeklaration vom 16. April 1856, welches zu einer Abschaffung des Kaperwesens führte.[57] Abschließend soll hier die Frage beantwortet werden, ob tatsächlich die Gründe, die zu einem Umdenken in der völkerrechtlichen Literatur führten, auch für dessen Abschaffung verantwortlich waren, oder ob hier vielmehr wirtschaftliche und politische Erwägungen der beteiligten Nationen die Entscheidung trugen.

IX. Stand der Forschung

Eine kritische Auseinandersetzung mit dem Tatbestand des Kaperwesens in der juristischen Literatur erfolgte vermehrt seit dem Beginn des 18. Jahrhunderts. Meist findet er Erwähnung in völkerrechtlichen Werken unter dem Oberbegriff des Seekriegsrechts.[58] In denselben Werken finden sich auch Ausführungen zu

---

57 Erklärung betreffend das europäische Seerecht in Kriegszeiten, abgegeben am 16. April 1856, abgedruckt in Gourdon, Histoire du Congrès de Paris, S. 28f.

58 Stellvertretend für Viele: Azuni, Droit maritime; Hotman, Quaestionum illustrium liber; Pufendorf, Le droit de la nature et des gens; Valin, Traité des prises ou principes de la jurisprudence françoise.

dem Tatbestand der Piraterie und zur Abgrenzung der Tatbestände voneinander. Während zunächst noch bloße Beschreibungen der Praxis des Kaperwesens und die Darlegung völkergewohnheitsrechtlicher Grundsätze erfolgten, wurde ab dem Beginn des 18. Jahrhunderts zunehmend die Vereinbarkeit mit dem Völkerrecht in Frage gestellt.[59] Nach Abschluss der Pariser Seerechtsdeklaration erschienen verschiedene Werke, die die Gründe für die Abschaffung darzulegen suchten.[60] Nach dem Ende des 20. Jahrhunderts findet das Kaperwesen kaum noch Erwähnung in der juristischen Literatur.

Zwar existieren auch einige neuere Forschungsarbeiten, die sich mit dem Tatbestand des Kaperwesens und seiner Abschaffung durch die Pariser Seerechtsdeklaration beschäftigen. Jedoch handelt es sich hierbei größtenteils um Arbeiten, die historische und politische Aspekte behandeln und im Besonderen die Entwicklung in der Zeit nach der Pariser Seerechtsdeklaration beleuchten. Zu nennen sind hier insbesondere die Werke von Michael Kempe[61] und Jan Martin Lemnitzer.[62] Randal Lesaffer beschäftigt sich in dem Kapitel „The classical law oft nations (1500-1800)“ ebenfalls mit dem Institut des Kaperwesens zur Störung des feindlichen Seehandels, legt dabei jedoch den Schwerpunkt auf das Verhältnis der kriegführenden Nationen zu den Kaufleuten neutraler Nationen im Allgemeinen.[63] Auch in „The Oxford Handbook of the History oft International Law“ wird auf die Bedeutung des Kaperwesens für die maritime Vorherrschaft der europäischen Nationen hingewiesen. In diesem Zusammenhang wird die Verwischung der Grenzen zu dem Tatbestand der Piraterie festgestellt und die Definition des Tatbestandes der Piraterie als durch das Völkerrecht getroffen beschrieben.[64]

59 Stellvertretend für Viele: Bluntschli, Das moderne Völkerrecht der zivilisierten Staaten als Rechtsbuch dargestellt; Cussy, Phases et causes célèbres du droit maritime des nations; Heffter, Das europäische Völkerrecht der Gegenwart; Massé, Le droit commercial; Oppenheim, System des Völkerrechts.

60 Stellvertretend für Viele: Cauchy, Le droit maritime international; Jähns, Ueber Krieg, Frieden und Kultur; Lalor, Cyclopaedia of Political Science; Stark, The abolition of privateering.

61 Kempe, Fluch der Weltmeere: Piraterie, Völkerrecht und internationale Beziehungen 1500-1900.

62 Lemnitzer, Power, Law and the End of Privateering.

63 Orakhelashvili/Lesaffer, Research Handbook on the Theory and History of International Law.

64 Fassbender/Peters/Peter, The Oxford Handbook of the History of International Law.

Die existierenden Arbeiten setzten sich jedoch nicht mit der Entwicklung und Darstellung völkergewohnheitsrechtlicher europäischer Rechtsgrundsätze zur Regelung und Abgrenzung der rechtmäßigen Beutenahme durch Private auf den Weltmeeren auseinander. Auch ist bislang noch keine Gegenüberstellung der Argumente des juristischen Diskurses über die Abschaffung des Kaperwesens und dessen Einfluss auf seine tatsächliche Abschaffung durch die Pariser Seerechtsdeklaration erfolgt.

B. Hauptteil

I. Vorbemerkung

Zur Beantwortung der Frage, welche Überlegungen ab dem Beginn des 18. Jahrhunderts zu einem Ruf nach der Abschaffung des Kaperwesens durch die europäischen Rechtsgelehrten und schlussendlich zu einem Ende der Kaperei durch die Verabschiedung der Pariser Seerechtsdeklaration führten muss zunächst untersucht werden, inwieweit und insbesondere mit welchen Voraussetzungen und Begrenzungen die europäischen Staaten das Kaperwesen ursprünglich als legitimes und völkerrechtlich anerkanntes Mittel der Kriegsführung ansahen.

In diesem Zusammenhang sind drei zentrale Fragestellungen zu beantworten: Inwieweit und in welcher Ausprägung betrachteten die zeitgenössischen europäischen Rechtsgelehrten die bestehenden Regelungen zur Kontrolle und Begrenzung des Kaperwesens als allgemeine völkergewohnheitsrechtsrechtliche Rechtsgrundsätze? Lassen sich die von den Rechtsgelehrten dargestellten Grundsätze durch die Entscheidungen des High Court oft Admiralty an der englischen Rechtspraxis sowie durch die Entscheidungen des Conseil des prises und den Regelungen der einzelnen Ordonnance de la marine an der französischen Rechtspraxis verifizieren? Und bestand eine klare Abgrenzung des Erlaubnistatbestands des Kaperwesens vom Verbotstatbestand der Piraterie, so dass die Entwicklung der Kaperei in dem untersuchten Zeitraum als von der Sanktionierung des Tatbestandes der Piraterie unabhängig angesehen werden kann?

Sodann kann die Untersuchung der Frage erfolgen, welche Überlegungen ab dem Beginn des 18. Jahrhunderts zu einem Ruf nach der Abschaffung des Kaperwesens durch die europäischen Rechtsgelehrten und schlussendlich zu einem Ende der Kaperei durch die Verabschiedung der Pariser Seerechtsdeklaration führten.

II. Die Annahme eines geltenden europäischen Völkergewohnheitsrechts zur Regelung des Kaperwesens in der zeitgenössischen Literatur

1. Vorbemerkung

Um feststellen zu können, ob die zeitgenössischen Rechtsgelehrten ein geltendes europäisches Völkergewohnheitsrecht zur Regelung des Kaperwesens annahmen, ist zu untersuchen, ob sie von bindenden Rechtsgrundsätzen ausgingen, die Umfang und Begrenzung der Beutenahme regelten und ob sie diese Rechtsgrundsätze dem europäischen Völkergewohnheitsrechtrecht zuordneten. Zu diesem Zwecke wird zu untersuchen sein, ob das Kaperwesen nach Ansicht der Rechtsgelehrten durch einheitliche Vorschriften in seinen Einzelheiten geregelt war und ob diese Regeln schlussendlich von der Mehrzahl der europäischen Nationen akzeptiert wurden. Hierbei ist zu beachten, dass von einer völkergewohnheitsrechtlichen Regelung des gesamten Rechtsinstituts des Kaperwesens nur dann ausgegangen werden kann, wenn die Rechtsgelehrten tatsächlich auf eine gewisse Regelungsdichte bezüglich der Einzelheiten des Kaperwesens zurückgreifen konnten, sie mithin die Annahme treffen konnten, dass das Kaperwesen in seinen einzelnen Facetten durch geltende Rechtsgrundsätze geregelt war. Aus diesem Grund wird im Laufe dieses Kapitel ein besonderes Augenmerk auf die Einzelheiten des Kaperrechts zu richten sein.

Der in dem untersuchten Zeitraum geltende Begriff des Völkergewohnheitsrechts wurde definiert als dasjenige Völkerrecht,

> *„... was durch langwierigen Gebrauch unter einigen Völkern eingeführet, und als ein Recht beobachtet worden: welches nur besonders sein kann derweil es sich auf keine ausdrückliche Einwilligung gründet, nicht länger verbindet, als ein Volk ausdrücklich einen andern Willen an den Tag geleget hat.“*[65]

Aus dem Vergleich von Beziehungen zwischen den einzelnen europäischen Staaten würden sich insoweit verschiedene allgemeine Sätze ableiten lassen, welche von den meisten europäischen Nationen anerkannt würden. Denn würden gewisse Prinzipien von der Mehrheit der europäischen Staaten oder zumindest von den Mächtigsten dieser Staaten entweder durch ausdrückliche Verträge oder stillschweigend durch Gewohnheit akzeptiert, würden diese Grundsätze oft durch eine entsprechend angepasste Rechtspraxis auch von den übrigen europäischen Staaten übernommen[66]. Hierfür sei kein weiterer Vertragsschuss mehr erforderlich, sondern die Annahme geschehe durch Gebrauch.[67] Sobald ein Staat diese Grundsätze ausdrücklich oder stillschweigend übernommen habe, sei er an die Einhaltung der selbigen rechtlich gebunden.[68] Die Übernahme solcher Rechtssätze lasse sich grundsätzlich bereits bei einer einmaligen Befolgung

65 Wolff, Grundsätze des Natur- und Völkerrechts, 4. Teil, § 1092, S. 784.

66 Halleck, International Law, § 8, S. 48; Köhler, Einleitung in das praktische Europäische Völkerrecht, Vorbereitungssätze § 1, S. 2f.

67 Bello, Principios de derecho internacional, Nociones preliminares, § 5, S. 16; Köhler, Einleitung in das praktische Europäische Völkerrecht, Vorbereitungssätze § 1, S. 2f.

68 *Vattel, Le droit des gens, Band 2, Buch IV, Kap. VII, § 106, S. 347f.*

annehmen, werde jedoch durch zeitliches Fortschreiten und den wiederholten Gebrauch unter ähnlichen Umständen perpetuiert. [69] Stets zu beachten sei hier, dass die europäischen Völker aufgrund ihrer geographischen Lage, der gemeinschaftlichen Interessen, dem gegenseitigen Handel und dem gemeinsamen Streben nach Sicherheit besonders miteinander verwoben seien, so dass sie als gegenüber anderen Völkern besonders verbunden angesehen werden könnten.[70]

Zur Feststellung, ob eine Rechtspraxis tatsächlich dem Völkergewohnheitsrecht entspreche, sei alleine auf die „freien Völker" abzustellen, mithin auf die europäischen Staaten, die ihre politische Souveränität wahren würden und nicht einer fremden Macht unterworfen seien.[71]

Es sei jedoch stets zu beachten, dass jeder Staat sich von völkergewohnheitsrechtlich geltenden Rechtsgrundsätzen lösen könne, indem er verlauten lasse, zeitlich vor der tatsächlichen Abschaffung[72], dass er die Grundsätze nicht länger beachten werde[73]. Denn die bloße gewohnheitsmäßige Befolgung von Rechtsgrundsätzen könne weder zu einer generellen Bindung für die Zukunft führen noch einer Nation das Recht nehmen, die Praxis für die Zukunft zu ändern. Die Annahme völkergewohnheitsrechtlich geltender Rechtsgrundsätze führe alleine zu dem Bestehen einer Vermutung, dass die Staaten sich auch weiterhin ihrer bisherigen Praxis entsprechend verhielten, solange sie nicht vor der Änderung eine entsprechende Absicht verlauten lassen oder sich die tatsächlichen Umstände maßgeblich ändern würden. [74] Trotz allem würde es sich bei dem Institut des Völkergewohnheitsrechtes nicht um ein instabiles Institut handeln. Denn äußere Motive der einzelnen Staaten würden insoweit für die notwendige Stabilität sorgen. Hierzu würden die Macht der Gewohnheit und das Interesse der Etablierung gewisser Gewohnheiten ebenso zählen wie die Besorgnis, dass andere Nationen ebenfalls günstige Gebräuche abschaffen oder sich nichtmehr an andere gewohnheitsrechtliche Rechtsgrundsätze halten werden oder alleine die Motivation durch Anstand und Höflichkeit gegenüber anderen Nationen.[75]

---

69 Martens, Einleitung in das positive europäische Völkerrecht, Buch 2, Kap. 2, § 2, S. 60f.
70 Köhler, Einleitung in das praktische Europäische Völkerrecht, I. Buch, i. Kapitel, § 2, S. 11.
71 Köhler, Einleitung in das praktische Europäische Völkerrecht, I. Buch, Kapitel I, § 1, S. 10f.
72 Martens, Einleitung in das positive europäische Völkerrecht, Buch 2, Kap. 2, § 2, S. 60f.
73 Vattel, *Le droit des gens,* Band 2, Buch IV, Kap. VII, § 106, S. 347f.
74 Martens, Einleitung in das positive europäische Völkerrecht, Buch 2, Kap. 2, § 2, S. 60f.
75 Martens, Einleitung in das positive europäische Völkerrecht3, Buch 2, Kap. 2 § 3 S. 61f.

Ausgehend von dieser Definition des Völkergewohnheitsrechts kann sodann eine Untersuchung der zeitgenössischen Literatur hinsichtlich der Annahme eines Bestehens der völkergewohnheitsrechtlichen Grundsätze des Kaperwesens erfolgen.

Im Einklang mit der obigen Definition des Völkergewohnheitsrechts waren sich die untersuchten Rechtsgelehrten zunächst darin einig, dass für die Entstehung eines europaweit einheitlichen Völkergewohnheitsrechts zur Regelung gewisser Aspekte des Seebeutewesens zwei Voraussetzungen vorliegen mussten. Zum einen müsse eine gewisse Praxis von der Mehrzahl der europäischen Nationen akzeptiert worden sein und zum anderen müsse diese Praxis nach der allgemeinen Rechtsüberzeugung im Einklang mit den geltenden völkerrechtlichen Grundsätzen stehen. Bei der Entstehung von Rechtspraxis und Rechtsüberzeugung sei auf die europäischen Staaten abzustellen, die die meisten Berührungspunkte mit dem Seebeutewesen hatten, also die Seehandel treibenden Nationen Großbritannien, Frankreich, die Niederlande, Deutschland, Portugal und Spanien.[76]

Schon im nächsten Schritt sahen sich die Rechtsgelehrten bei der Herausstellung völkergewohnheitsrechtlicher Grundsätze jedoch mit der Schwierigkeit konfrontiert, dass jede einzelne der Seehandel treibenden europäischen Nationen eigene politische und wirtschaftliche Ziele verfolgte, für deren Erreichung die Aufbringung von Beute zur See durch Private eine unterschiedliche Rolle spielte. Wie konnte es dennoch zu einer einheitlichen Praxis der europäischen Nationen kommen, die von den Rechtsgelehrten als geltend herausgestellt werden konnte? Die maßgeblichen Beweggründe waren wohl egoistischer Natur und resultierten aus Überlegungen des Selbstschutzes, denn jede Nation, egal, ob sie sich des Kaperwesens bediente oder nicht, lief Gefahr, Opfer von Kaperfahrern zu werden. Sonach ergab sich ein europäisches Interesse daran, den Tatbestand in verlässliche Bahnen zu lenken.

Besondere Bedeutung hatte die rechtliche Grenzziehung für die Seemächte, denn eine Nation, die sich selbst ausführlich des Kaperwesens bediente, lief auf Grund ihrer Präsenz auf See ebenfalls besondere Gefahr, selbst ein Opfer der staatlich ermächtigten privaten Beutenahme zu werden. Dieses Risiko ließ sich nur dann kalkulieren, wenn bei der Ermächtigung und der Instruktion der eigenen Beutefahrer gewisse Grundregeln beachteten wurden und so damit zu rechnen war, dass diese Grundsätze auch von den anderen Nationen beachtet werden würden.

76 Twist, The law of nations Band 2, Kap. X, § 205.

Aus der Beachtung dieser Grundregeln lässt sich der Schluss ziehen, dass sich nach Ansicht der zeitgenössischen Rechtsgelehrten im Laufe der Zeit eine europäische Praxis entwickelte, welche die Autoren sodann als völkergewohnheitsrechtliche Grundpfeiler des Beuterechts ansahen und wiedergaben. Die angeführten Grundregeln lassen sich einteilen in die Regelungen bezüglich der Ermächtigung der Kaperfahrer und den Regelungen des Prisenrechts.

Der Betrachtung vorauszuschicken ist, dass die Regelungen bezüglich der Voraussetzungen für die Erteilung eines Kaperbriefes an den Kaperfahrer, dem Gegenstand der Prise bei Aufbringung feindlichen Eigentums auf feindlichen Schiffen, der Notwendigkeit und Ausgestaltung des Prisenverfahrens und dem Schutz des Eigentums von Angehörigen neutraler Nationen bei Wahrung des Neutralitätsgebots zwischen den Rechtsgelehrten überwiegende Akzeptanz fanden, wohingegen die Fragen nach dem Schicksal feindlicher Waren, die auf neutralen Schiffen transportiert wurden im Einzelnen strittig blieb.

2. Die schriftliche staatliche Ermächtigung als Voraussetzung für den Beginn der Beutefahrt

a. Grundsätze der Ausgabe des Kaperbriefes

Einig waren sich die zeitgenössischen Rechtsgelehrten zunächst darin, dass alle europäischen Nationen eine schriftliche staatliche Ermächtigung des Kaperfahrers vor dem Beginn der Beutefahrt forderten, denn die Kriegsführung sei im Grundsatz allein eine Angelegenheit zwischen Staaten, nicht aber zwischen Privatpersonen, so dass alle Handlungen von Privaten, die entweder zum Krieg führen konnten oder aber unter das Kriegsrecht selber fielen, staatlich legitimiert sein müssten.[77]

Mit der Unterscheidung zwischen Repressalienbriefen und Kaperbriefen ab etwa 1630 müssten sich die in Kriegszeiten ausgegebenen Kaperbriefe in Bezug auf ihre Rechtmäßigkeit am jeweils geltenden Kriegsrecht messen lassen.[78]

---

77 Azuni, Droit maritime de l'Europe Band 2, Kap. V, Art. III, S. 358; Becher, Handelsgeographie zum Gebrauche für Kaufleute, Abschnitt IV, § 25, S. 170; Bowyer, Commentaries on the Constitutional Law of England, Kap. XII, S. 162;Brewer, Geschichte der Französischen Gerichts-Verfassung, Band 2, S. 579; Hautefeuille, Histoire des origines du droit maritime international, Titel IV, Kap. I, Abschn. II, § II, S. 193; ebd. Titel III, Kap. I, Abschn. II, § II, S. 131; Raynaval, Institutions du droit de la nature et des gens Band 2, Kap. XIV, §§ 1,2, S. 69; Schlochauer-Strupp/Scheuner, Wörterbuch des Völkerrechts, S. 191; Twist, The law of nations Band 2, Kap. X, § 190; Villeneuve/Masse, Dictionnaire du droit commercial, § 2, Nr. 18, S. 68.

78 Valin, Traité des prises Band 1, Kap. XX, Abschn. I, § 4.

In der Regel werde der Kaperbrief von dem ermächtigenden Souverän nach Kriegsausbruch gegen alle gegnerischen Nationen und gegen Neutrale ausgestellt, die das Neutralitätsgebot verletzten. Sei der Kaperbrief aber auf Beutenahmen von Angehörigen eines bestimmten Staates begrenzt worden, führe auch der Kriegseintritt weiterer Staaten nicht zu einer Erweiterung der staatlichen Ermächtigung auf die neu eintretenden Staaten[79].

Um die staatliche Legitimation der Beutenahme unmittelbar auf hoher See beweisen zu können, müsse der Kaperfahrer den Brief bei seinen Unternehmungen stets bei sich tragen[80].

Einen Sonderfall des Kaperbriefes bildete in der Praxis der Kommissionsbrief. Zu diesem führten die Rechtsgelehrten aus, ein solcher werde an einfache Kauffahrer ausgehändigt und verschaffe diesen das Recht, bei der Niederschlagung eines gegen sie gerichteten Kaperversuches das Schiff und die Ladung des Angreifers als Beute zu nehmen. Der Unterschied zwischen einem durch Kommissionsbrief ermächtigten Kaperfahrer und einem herkömmlichen Kaperfahrer liege in der Motivation der Beutenahme. Die Hauptintention des durch einen Kommissionsbrief Ermächtigten liege nicht in der Aufbringung feindlicher Schiffe, sondern in dem friedlichen Treiben von Handel,[81] die Beutenahme erfolge somit nicht zielgerichtet, sondern lediglich bei Gelegenheit.

Weiterhin bestand Einigkeit zwischen den europäischen Rechtsgelehrten darin, dass der Kaperbrief wie auch der Repressalienbrief lediglich von einem völkerrechtlich anerkannten Souverän ausgegeben werden dürfe, denn die Ermächtigung eines Kaperfahrers beinhalte die Aufforderung eines Privaten zur Teilnahme am Krieg. Die Anordnung von Kriegshandlungen liege aber ausschließlich in der Kompetenz eines Souveräns.[82]

b. Die Ausgabe des Kaperbriefes durch einen fremden Souverän

Bestand bis dahin Einigkeit zwischen den Rechtsgelehrten, ergaben sich jedoch erste Differenzen in der Frage, ob, unter der Berücksichtigung der Frage nach Nationen und Nationalitäten, die Ausgabe des Kaperbriefes lediglich durch den eigenen Souverän erfolgen durfte.

---

79 Maclachan, A treatise on the law of merchant shipping, Kap. 1, S. 17; Wheaton, Maritime captures and prizes, Kap. I, § 11, S. 37.

80 Twist, The law of nations Band 2, Kap. X, § 190.

81 Kaltenborn, Grundsätze des praktischen Seerechts Band 2, Abschn. IV, § 218, S. 364.

82 Valin, Traité des prises Band 1, Kap. III, Abschn. I, § 4; Phillimore; Commenatries Band 3, Teil IX, Kap. II, § XVIII, S. 72.

Die Befürworter der Ansicht, eine Ausgabe sei auch durch fremde Souveräne möglich, führten ins Feld, dass zwar die Tatsache, dass sich der Kaperbrief aus dem allgemeinen Repressalienbrief entwickelt habe dafür sprechen könne, dass auch die Annahme des Kaperbriefes eines fremden Souveräns auf Grund fehlenden Eigeninteresses nicht mit dem allgemeinen Völkerrecht zu vereinbaren sei.[83] Hiergegen sei jedoch einzuwenden, dass es bei dem Einsatz von Kaperfahrern nicht, zumindest nicht ausschließlich, um die Geltendmachung einer Verletzung eines Eigeninteresses des Souveräns ginge, sondern um eine möglichst effektive und vollumfängliche Schädigung des Feindes. Während die in Friedenszeiten erteilten Repressalienbriefe einen konkret entstandenen Schaden voraussetzen würden, sei es in Kriegszeiten unerheblich, ob dem Feind schon eine tatsächliche Schädigung privater oder öffentlicher Interessen gelungen war, so dass der Souverän als Kriegsherr, nicht aber als Protektor eines konkret verletzten Interesses auftrete.

Darüber hinaus gelte das Kaperwesen völkerrechtlich als Mittel der Kriegsführung[84] und unterliege somit ebenso dem Kriegsrecht wie die Unternehmungen der staatlichen Marine.[85] Das Kriegsrecht erlaube es dem ermächtigenden Souverän, Private in die Seestreitkräfte einzugliedern, sei es als Soldat oder als privater Kaperfahrer.[86] Für die Rechtmäßigkeit dieser Eingliederung sei die Staatsangehörigkeit des Eingegliederten unerheblich.

Auch das völkerrechtlich als unumstritten geltende Neutralitätsgebot stehe dem nicht entgegen. Denn es besage lediglich, dass neutrale Nationen keine der kriegführenden Parteien unterstützen dürften. Lasse sich aber ein Untertan durch einen fremden Souverän zur Beutefahrt ermächtigen, greife nicht der neutrale Staat, sondern eben nur ein Privater in den Krieg ein, dass Neutralitätsgebot bleibe unverletzt.[87]

Selbst die Tatsache, dass ein Kaperfahrer die staatliche Ermächtigung von einem Souverän annehme, der sich mit seinem eigenen Souverän im Krieg

---

83 Vattel, Le droit des gens, Buch 2, Kap. VIII, § 348.

84 Massé, Le droit commercial Band 1, zweites Buch, Titel I, Kap II, Abschn. I, § II, Nr 161; Ortolan, Règles internationales Band 1, Buch 2, Kapitel XII, S. 262; Pistoye, Duverdy, Traité des prises maritimes Band 2, Titel VIII, Kap II, S. 185; Ripley/Dana, The new American cyclopaedia, S. 602.

85 Martens, Versuch über Caper, S. 18; Massé, Le droit commercial Band 1, zweites Buch, Titel I, Kap II, Abschn. III, § II, Nr 366; Valin, Traité des prises Band 1, Kap XX, Abschn. I, § 4.

86 Phillimore, Commentaries Band 1, Teil III, Kap XX, § CCCLVIII, S. 393.

87 Hautefeuille, Quelques questions de droit international maritime, § 1, S. 19.

befinde, führe nicht zu einem Verstoß gegen das allgemeine Völkerrecht. Der Verrat, dessen sich der Überläufer schuldig mache, bestünde lediglich in dem Innenverhältnis zwischen Bürger und Heimatstaat, wirke sich aber nicht auf das Verhältnis zwischen den Staaten aus. Auf Grund der Strafe, mit der der Überläufer rechnen müsse, falls er Angehörigen seines eigenen Souveräns in die Hände fiele, sei die praktische Bedeutung der Ermächtigung eines Kaperfahrers durch die gegnerische Kriegspartei jedoch verschwindend gering.[88]

Die Motivation, die die einzelnen Kaperfahrer zur Beutefahrt treibe, könne ebenfalls nicht für die Entscheidung über die völkerrechtliche Rechtmäßigkeit der Annahme von fremden Kaperbriefen herangezogen werden. Dies möge zwar im Falle der Ermächtigung durch den eigenen Souverän die Liebe zum Vaterland, im Falle der Ermächtigung durch einen fremden Souverän hingegen das reine Gewinnstreben sein, dies ändere jedoch nicht den Charakter der Beutenahme. Darüber hinaus sei davon auszugehen, dass auch der durch seinen eigenen Souverän Ermächtigte nicht bloß aus reiner Selbstlosigkeit auf Beutefahrt ginge, der durch einen fremden Souverän Ermächtigte aber vielleicht einer schwächeren, sich aber im gerechten Krieg befindlichen Nation zur Hilfe kommen wolle.[89]

Trotz der dargestellten Argumentation versuchten vereinzelte Stimmen in der Literatur, Argumente gegen die Rechtmäßigkeit der Ermächtigung fremder Staatsangehöriger ins Feld zu führen. Angehörige eines neutralen Staates dürften auf Grund des Neutralitätsgebots nicht für eine der beiden kriegführenden Nationen Partei ergreifen. Denn ein Privater könne nicht im Krieg sein, wenn sich sein Staat selber im Frieden befände.[90] Dasselbe gelte in verschärftem Maße für Angehörige der gegnerischen Nation, da sich diese mit der Annahme eines feindlichen Kaperbriefes an ihrem Souverän versündigen würden. Auch könne bei staatsfremden Kaperfahrern, die sich am Privateigentum anderer vergriffen, der Eindruck des Bestehens moralischer Defizite nicht, wie bei staatsangehörigen Kaperfahrern, dadurch beseitigt werden, dass ihr Handeln durch ihre Verbundenheit zu ihrem Souverän motiviert sei. Als Motivationsgrund für einen durch einen fremden Souverän zur Beutefahrt Ermächtigten bleibe somit nur noch das bloße Gewinnstreben auf Kosten anderer.[91]

88 Valin, Traité des prises Band 1, Kap. III, Abschn. II, § 2.

89 Vattel, Le droit des gens, Buch III, Kap. XV, § 229.

90 Ortolan, Règles internationales Band 1, Buch II, Kap. XII, S. 262; Phillimore, Commentaries Band 1, Teil III, Kap XX, § CCCLVIII, S. 394.

91 Pistoye/Duverdy, Traité des prises maritimes Band 1, Titel IV, Kap. II, Abschn. I, S. 178.

Der juristische Diskurs verlor jedoch bald an Schärfe, denn die Ermächtigung durch fremde Souveräne verlor nach und nach an praktischer Bedeutung.[92] Die einzelnen Staaten trafen nationale Regelungen die besagten, dass die Annahme von Kaperbriefen fremder Souveräne der Erlaubnis des eigenen Souveräns bedurfte.[93] Zu erklären war dieser Wandel mit rein politischen Beweggründen. Nahmen zu viele Untertanen einer neutralen Nation Kaperbriefe von einer der kriegführenden Parteien entgegen, konnte es durchaus vorkommen, dass die andere Kriegspartei ihre Kriegserklärung aus Gründen der Effektivität der Kriegsführung auf den neutralen Staat ausweitete.[94]

c. *Die Ausgabe des Kaperbriefes durch mehrere Souveräne*

Bedingt durch die überwiegende Anerkennung der Rechtmäßigkeit eines durch einen fremden Souverän erteilten Kaperbriefes in der Literatur stellten sich die Rechtsgelehrten sodann die Anschlussfrage, ob auch die Annahme von Kaperbriefen mehrerer Souveräne mit dem Völkerrecht zu vereinbaren sei.

Um diese Frage zu beantworten, stellten sie zunächst auf den Nutzen des privaten Beutefahrers für den ermächtigenden Souverän ab. Denn der Souverän erwartete im Gegenzug für die Legalisierung der Beutenahme, dass der Kaperfahrer ihm zu Diensten war und zum Wohle der ermächtigenden Nation handelte. Nur wenn diese Erwartungen durch den Kaperfahrer erfüllbar waren, konnte eine solche Ermächtigung die Zustimmung der zeitgenössischen Völkerrechtler finden.

Ob die Erwartungen des Souveräns auch bei einer Ermächtigung des Kaperfahrers durch verschiedene Nationen erfüllt werden könnten, hing nach ihrer Ansicht maßgeblich von der Stellung dieser Nationen zueinander ab.

Die erste denkbare Konstellation sei die, dass ein Beutefahrer einen Kaperbrief von beiden Kriegsparteien annehme. In diesem Fall hätte der Beutefahrer, sobald er eine Handlung im Dienste des einen Souveräns vollzogen hätte, mit der gleichen Handlung dem anderen Souverän Schaden zugefügt, mithin bei jeder Handlung eine ihm mit der Erteilung des Kaperbriefes auferlegte Obliegenheit verletzt. Ein

---

92 Oppenheim, International law Band 2, Teil II, Kap. I, Abschn. I, § 83, S. 99f.

93 Bijnkershoek, A Treatise on the Law of War, Kap. XVII, S. 129; Massé, Le droit commercial Band 1, Buch II, Titel I, Kap. II, Abschn. I, § II, Nr. 165; Valin, Traité des prises Band 1, Kap. III, Abschn. II, § 2.

94 Hautefeuille, Histoire des origines du droit maritime international, Titel V, Kap. I, Abschn. II, § III, S. 334f; Klüber, Europäisches Völkerrecht Band 2, Titel II, Abschn. II, Kap. II, § 284.

solches Verhalten widerspreche elementaren Rechtsgrundsätzen und könne somit nicht im Einklang mit dem Völkerrecht stehen[95].

Anders stelle sich die Situation aber dar, wenn ein Kaperfahrer Ermächtigungen von zwei alliierten Nationen annehme. Diese Nationen würden denselben Feind bekämpfen, so dass eine Handlung des Kaperfahrers, die gegen einen feindlichen Souverän gerichtet sei, beiden alliierten Parteien zum Vorteil gereiche. Die völkerrechtliche Unrechtmäßigkeit der Annahme von Kaperbriefen durch verschiedene Souveräne könne sich hier sonach nicht aus dem Akt der Beutenahme ergeben.[96]

Trotz allem hafte einem Kaperfahrer, der sich von mehreren alliierten Nationen ermächtigen lasse, immer der Verdacht des Betruges und der persönlichen Vorteilsnahme an, da er sich bei den engeren Voraussetzungen für die Durchführung der Beutefahrt, die sich aus den jeweiligen Anordnungen der ermächtigenden Souveräne ergaben, immer auf die Anordnung berufen könne, die für ihn in der konkreten Situation vorteilhafter erscheine[97]. Eine solche Wahlmöglichkeit des Maßstabes, an dem die Rechtmäßigkeit der Beutenahme gemessen werde, könne nicht mit einer europäischen Rechtsüberzeugung im Einklang stehen, da der tragende Grundsatz der Rechtssicherheit sonst mit Füßen getreten werde, so dass auch die Annahme von Kaperbriefen alliierter Souveräne nicht mit dem Völkerrecht zu vereinbaren sei.[98]

d. Weitere Voraussetzungen

Weiterhin einig waren sich die untersuchten Rechtsgelehrten darin, dass für die Erteilung des Kaperbriefes stets die allgemeine berufliche Befähigung des Kapitäns und die Eignung des Schiffes für die Kaperfahrt, also die Seetüchtigkeit, festzustellen seien,[99] die Erteilung dürfe erst nach Kriegsausbruch erfolgen.[100]

---

95 Hautefeuille, Histoire des origines du droit maritime international, Titel V, Kap. I, Abschn. II, § III, S. 345; Martens, Versuch über Caper, S. 59f; Ortolan, Règles internationales Band 1, Buch II, Kap. XII, S. 2 69; Valin, Traité des prises Band 1, Kap. V, Abschn. II, § 4.

96 Hautefeuille, Histoire des origines du droit maritime international, Titel V, Kap. I, Abschn. II, § III, S. 345; Valin, Traité des prises Band 1, Kap. V, Abschn. II, § 4.

97 Massé, Le droit commercial Band 1, Buch II, Titel I, Kap. II, Abschn. I. § II, Nr. 166; Ortolan, Règles internationales Band 1, Buch II, Kap. XII, S. 267f; Wheaton, Element of international law Band 1, Teil II, Kap. II, § 16, S. 163.

98 Lawrence, The principles of international law, Teil II, Kap. III, § 102; Ortolan, Règles internationales Band 1, Buch II, Kap. XII, S. 268; Phillimore, Commentaries Band 1, Teil III, Kap. XX, § CCCLVIII, S. 394.

99 Bono, Piraten und Korsaren im Mittelmeer, S. 20.

100 Wheaton, Maritime captures and prizes, Kap. I, § 2, S. 14.

Außerdem sei es fester Bestandteil des europäischen Seebeuterechts, dass der Kapitän des Kaperschiffes vor Beginn der Kaperfahrt eine Sicherheitssumme zu hinterlegen habe, aus der Schäden ersetzt werden könnten, die aus der unrechtmäßigen Aufbringungen fremder Schiffe resultierten.[101] Diese Pflicht zur Kautionshinterlegung habe sich aus dem Repressalienrecht entwickelt, welches besage, dass der Kapitän eines Schiffes, welches zur Repressaliennahme aufbrach, eine Bürgschaft leisten musste. Der Grund für die Pflicht zur Bürgschaftserteilung vor der Repressaliennahme liege darin, dass erst nach der Entscheidung des gegnerischen Souveräns über die Leistung einer freiwilligen Genugtuung mit der zwangsweisen Repressaliennahme begonnen werden sollte.[102] Neben der finanziellen Sicherheit für die von einer unrechten Beutenahme Betroffenen führe die persönliche Haftung des Kapitäns des Kaperschiffes dazu, dass eine bevorstehende Beutenahme sorgfältiger durchdacht werde. Neben dem Kapitän des Kaperschiffes müsse auch der Reeder des ausgerüsteten Schiffes eine Kaution hinterlegen. Dies sei nur konsequent, da er auch in Friedenszeiten für das Verhalten der von ihm angeheuerten Mannschaft hafte und dieser Grundsatz auch in den für Dritte wesentlich gefährlicheren Kriegszeiten gelten müsse.[103]

3. Die staatlichen Prisenordnungen als Bekräftigung und Bestätigung der als geltend erachteten völkergewohnheitsrechtlichen Rechtsgrundsätze

a. Vorbemerkung

Je intensiver sich die europäischen Staaten in Kriegszeiten des Mittels der Kaperei bedienten, desto dringlicher wurde der Ruf nach einer europaweit einheitlichen Festsetzung der rechtlichen Grenzen der Prisennahme zum Schutz von Kriegsteilnehmern und Privaten. Denn auch Staaten, die ursprünglich in dem florierenden Kaperwesen einen Verstoß gegen das Völkerrecht gesehen hatten, ermächtigten auf Grund wirtschaftlicher und politischer Interessen bald eigene Kaperfahrer. Mussten sie schon unter den Nachteilen der privaten Beutenahme

101 Hall, International Law, S. 525f; Lee, Bijnkershoek, A treatise of captures in war, Kap. XVII, S. 204; Molloy, De jure maritimo et navali, Buch I, Kap. III, § VIII; Oppenheim, System des Völkerrechts, Kap. XII, § 3, S. 305; Pistoye/Duverdy, Traité des prises maritimes Band 1, Titel IV, Kap. II, Abschn. II, S. 201.

102 Martens, Versuch über Caper, S. 29; Grewe, Epochen der Völkerrechtsgeschichte, S. 366.

103 Cussy, Phases et causes célèbres du droit maritime des nations Band 1, Buch I, Titel III, § 22, S. 247f.

leiden, konnten sie genauso gut von den Vorteilen profitieren, so lautete ihre Argumentation.[104]

Eine entsprechende rechtliche Grenzsetzung erfolgte durch nationale prisenrechtliche Regelungen, also durch Regelungen die bestimmten, unter welchen Umständen die auf der Beutefahrt genommenen Prisen in das Eigentum des Kaperfahrers übergingen, wobei unter anderem Bezug genommen wurde auf den Gegenstand sowie den räumlichen und zeitlichen Zusammenhang der Beutenahme[105]. Das Prisenrecht regelte hierbei sowohl das Verhältnis der kriegführenden Parteien untereinander als auch das Verhältnis der Kriegsparteien zu den neutralen Seehandel treibenden Staaten. Der Anwendungsbereich war unmittelbar ab dem Beginn des Krieges eröffnet.[106]

Zwar hatte jede europäische Nation eigene, im Detail voneinander abweichende Prisenordnungen,[107] so dass nicht von einer Quelle des Völkerrecht im Sinne von internationalen Abkommen allgemeiner oder besonderer Natur oder im Sinne von anerkannten allgemeinen Rechtsgrundsätze ausgegangen werden konnte. Gewisse Grundzüge fanden sich aber in allen nationalen Regelungen und wurden von den zeitgenössischen Rechtsgelehrten somit zur Bekräftigung und Bestätigung der von ihnen als geltend dargestellten völkergewohnheitsrechtlichen Rechtsgrundsätze herangezogen.[108]

Bei der Schaffung prisenrechtlicher Regelungen mussten die Nationen stets auf einem schmalen Grat wandeln. Einerseits oblag es ihnen, den freien Seehandel der neutralen Staaten vor den privaten Beutefahrern zu schützen, andererseits durften die Kaperfahrer als wichtige Partizipanten der maritimen Kriegsführung nicht von ihren Unternehmungen abgeschreckt werden.[109] Ein Kaperfahrer, der auf eigene Kosten ein Schiff ausrüstete und eine Mannschaft anheuerte, ohne dafür, wie ein regulärer Angehöriger der maritimen Streitkräfte, einen Sold zu erhalten, ging das Risiko einer solchen Beutefahrt nur ein, wenn er auch mit der Erlangung des Eigentums an der genommenen Prise rechnen konnte.

---

104 Oppenheim, System des Völkerrechts, Kap. XII, § 3, S. 305.
105 Massé, Le droit commercial Band 1, Buch II, Titel I, Kap. II, Abschn. III, § V, Nr. 400.
106 Heffter, Das europäische Völkerrecht der Gegenwart, Buch II, Abschn. II, § 137.
107 Phillimore, Commentaries Band 3, Teil X, Kap. IV, § CCCLVI, S. 338.
108 Moser, Grundsätze des europäischen Völkerrechts in Kriegszeiten, Buch II, Kapitel 12, § 38.
109 Grewe, Epochen der Völkerrechtsgeschichte, S. 366.

Die Antwort auf die Frage, ob eine Prise in das Eigentum eines staatlich ermächtigten Beutefahrers überging, machten die Teilnehmer des zeitgenössischen juristischen Diskurses übereinstimmend von zwei Faktoren abhängig.

Zum einen bestand Übereinstimmung darin, dass der Eigentumsübergang auf den Kaperfahrer Teil der vor Beginn der Kaperfahrt ausgegebenen staatlichen Ermächtigung sein musste. Nur wenn dies geschehen sei, könne der Kaperfahrer einen Anspruch auf die Beute erheben, sonst stünde diese ausschließlich dem ermächtigenden Souverän zu.[110]

Zum anderen hinge der Eigentumserwerb davon ab, ob die Prisennahme auf rechtmäßige Weise erfolgt sei. Um dies zu beurteilen, wurde in der Praxis ein Prisenverfahren durchgeführt, in dessen Verlauf sowohl auf die Person desjenigen, dessen Schiff und Waren genommen worden waren, als auch auf Ort und Zeit der Beutenahme und etwaige Begleitumstände abgestellt wurde. Die auf diesen Grundlagen gefällte prisengerichtliche Entscheidung schuf dann die letzte Voraussetzung für den Eigentumsübergang auf den Kaperfahrer.

b. Der Gegenstand der Beutenahme

(1) Bestimmung des Gegenstandes

Der Gegenstand der rechtmäßigen Beutenahme wurde von den völkerrechtlichen Rechtsgelehrten wie folgt festgelegt: Zunächst würden alle Schiffe als Gegenstand der rechtmäßigen Prise gelten, die unter feindlicher Flagge auf hoher See oder in eigenen oder verfeindeten Hoheitsgewässern aufgebracht wurden und deren Ladung ausschließlich im Eigentum von Staatsangehörigen des Feindes stand.

Darüber hinaus war die Mehrheit der europäischen Rechtsgelehrten der Ansicht, dass seit dem Beginn des 18. Jahrhunderts in Europa der völkerrechtliche Leitsatz „Frei Schiff, frei Gut. Unfrei Schiff, frei Gut." gelte.[111] Hiervon abweichende Stimmen fanden sich besonders unter den englischen Rechtsgelehrten.

Der Grundsatz „Frei Schiff, frei Gut" besagte, dass die neutrale Flagge auch die feindliche Ladung gegen die kriegführende Macht schützte, der Grundsatz „Unfrei Schiff, frei Gut", dass die neutrale Ladung auf feindlichen Schiffen dem Eigentümer verblieb, solange es sich nicht um Kriegskontrabande handelte. [112] Dem gegenüber stand der von den englischen Rechtsgelehrten vertretene

110 Vattel, Le droit des gens, Buch III, Kap. XV, § 229.

111 Heffter, Das europäische Völkerrecht der Gegenwart, Buch II, Abschn. III, Nr II, §§162, 164; Oppenheim, System des Völkerrechts, Kap XII, § 12, S. 330f.

112 Heffter, Das europäische Völkerrecht der Gegenwart, Buch II, Abschn. III, Nr II, § 164.

Grundsatz "Frei Schiff, unfrei Gut", nach dem die feindliche Ladung auf neutralen Schiffen keinen Schutz vor der Aufbringung erfuhr.[113]

Ob das Schiff frei oder unfrei war, mithin der gegnerischen Nation angehörte oder nicht, richtete sich nach der Flagge, unter der es fuhr.[114]

(2) Die Beutenahme von Staatsangehörigen des Feindes

Alle europäischen Rechtsgelehrten stimmten darin überein, dass eine Beutenahme stets rechtmäßig war, wenn sie bei der Aufbringung eines Schiffes unter feindlicher Flagge auf hoher See oder in eigenen oder verfeindeten Hoheitsgewässern erfolgt war und die Ladung ausschließlich im Eigentum von Staatsangehörigen des Feindes stand. Diese Konstellation bilde den klassischen Fall der rechtmäßigen Prisennahme, da hier durch ein völkerrechtlich anerkanntes Mittel der Kriegsführung lediglich Belange der Kriegsparteien betroffen seien.[115]

Kein Konsens bestand jedoch für den Fall, dass feindliche Waren auf neutralen Schiffen transportiert wurden. Denn insbesondere die englischen Rechtsgelehrten wichen von der sonst übereinstimmenden Ansicht der übrigen europäischen Nationen ab, dass solche Waren nach dem Grundsatz „Frei Schiff, frei Gut", nicht Gegenstand der Prise werden konnten, solange es sich hierbei nicht um Kontrabande handelte.

Die Befürworter des Grundsatzes „Frei Schiff, frei Gut" vertraten die Ansicht, dass die Neutralität des Schiffes sich auch auf die Neutralität der Ware erstrecke,[116] da die Hülle des neutralen Schiffs die feindlichen Waren bedecke, die darauf transportiert werde.[117] Bei einem neutralen Schiff handele es sich um einen neutralen Ort, über den die Kriegsparteien keinen Jurisdiktionsanspruch inne hätten, was somit auch für die auf dem Schiff befindlichen feindlichen Waren gelten müsse.[118]

Eine Aufbringung des feindlichen Eigentums würde in der Konsequenz einer Verletzung des Souveränitätsanspruchs des neutralen Staates gleichstehen.[119]

---

113 Heffter, Das europäische Völkerrecht der Gegenwart, Buch II, Abschn. III, Nr II, § 164.

114 Oppenheim, System des Völkerrechts, Kap XII, § 12, S. 330f.

115 Grotius, De iure belli ac pacis, Buch III, Kap. VI, § VI.

116 Klüber, Europäisches Völkerrecht Band 2, Titel II, Abschn. II, Kap II, § 299; Lawrence, The principles of international law, Teil III, Kap V, § 183.

117 Massé, Le droit commercial Band 1, zweites Buch, Titel I, Kap II, Abschn. II, § III, Art 1, Nr 276; Rayneval, Institutions de droit de la nature et des gens Band 2, Buch 3, Kap. XIII, § 5.

118 Massé, Le droit commercial Band 1, zweites Buch, Titel I, Kap II, Abschn. II, § III, Art 1, Nr 261.

119 Gessner, Das Recht des neutralen Seehandels, Abschnitt I, Kapitel III, § 2, S. 77.

Eine solche sei jedoch einzig bei einer Verletzung der Neutralitätspflichten gerechtfertigt. In dem bloßen Transport feindlicher Waren liege jedoch keine solche Pflichtverletzung. Die auf dem neutralen Schiff geladene Ware diene der neutralen Nation, unabhängig davon, in wessen Eigentum sie stehe.[120] Der Handels mit den Kriegsparteien sei den neutralen Nationen nicht verboten, solange es sich bei den Waren nicht um Kontrabande handele[121] und das Recht des Handeltreibens umfasse nicht nur den An- und Verkauf, sondern auch den Transport feindlicher Waren.[122] Das Recht der Kriegsparteien, dem Feind durch die Zerstörung seines Handels zu schaden, ende stets, sobald durch die ergriffenen Maßnahmen auch Neutrale geschädigt würden.[123]

Die Etablierung des Grundsatzes „Frei Schiff, frei Gut." schütze effektiv die Interessen der neutralen Nationen an einer Aufrechterhaltung ihres Handels. Denn so sei ein Umlenken der neutralen Schiffe von ihren vorgesehenen Handelsrouten wegen des Transportes feindlicher Waren nicht mehr gerechtfertigt und somit werde der Störung des neutralen Handels unter dem Deckmantel der Konfiszierung von feindlichem Eigentum auf neutralen Schiffen Einhalt geboten.[124] Außerdem werde so verhindert, dass es durch die Durchsuchung von neutralen Schiffen und der anschließenden Beutenahme der transportierten feindlichen Güter zu einem Kriegseintritt der betroffenen neutralen Nationen und somit zu einer Erweiterung des Krieges komme.[125]

Zwar erkannten auch die Verfechter des Grundsatzes „Frei Schiff, frei Gut" an, dass im Mittelalter unstreitig der auch im Consolato del mare festgeschriebene völkerrechtliche Grundsatz gegolten habe, dass die neutrale Flagge das feindliche Gut nicht schützte („Frei Schiff, unfrei Gut."). Dieser Grundsatz sei aber durch eine entsprechende europäische Praxis seit Beginn des 18. Jahrhunderts abgeändert worden,[126] da er nicht auf dem allgemeinen Willen der Völker

120 Massé, Le droit commercial Band 1, zweites Buch, Titel I, Kap II, Abschn. II, § III, Art 1, Nr 255.

121 Garden, Traité complet de diplomatie Band 2, Buch VII, Abschnitt VII, S. 361; Massé, Le droit commercial Band 1, zweites Buch, Titel I, Kap II, Abschn. II, § III, Art 1, Nr 256.

122 Massé, Le droit commercial Band 1, zweites Buch, Titel I, Kap II, Abschn. II, § III, Art 1, Nr 257.

123 Massé, Le droit commercial Band 1, zweites Buch, Titel I, Kap II, Abschn. II, § III, Art 1, Nr 257.

124 Heffter, Das europäische Völkerrecht der Gegenwart, Buch II, Abschn. III, Nr II, §§ 162, 164.

125 Garden, Traité complet de diplomatie Band 2, Buch VII, Abschnitt VII, S. 361.

126 Heffter, Das europäische Völkerrecht der Gegenwart, Buch II, Abschn. III, Nr II, § 162.

beruht habe, sondern von den Seemächten auf Grund von politischem Kalkül angenommen und dann von den Publizisten verteidigt worden sei. Eine Abkehr von diesem Grundsatz sei durch die übereinstimmende Änderung der Rechtspraxis jederzeit möglich gewesen,[127] denn das Consolato del mare habe nicht als kodifiziertes, allgemeingültiges europäisches Völkerrecht gegolten, so dass eine Abänderung von Gewohnheitsrecht durch Gewohnheitsrecht möglich gewesen sei.[128]

Insbesondere die englischen Völkerrechtler akzeptierten diesen Grundsatz nicht. Sie folgten weiterhin dem vor Beginn des 18. Jahrhunderts geltenden Grundsatz „Frei Schiff, unfrei Gut".[129] Sie waren der Ansicht, feindliche Ware auf neutralen Schiffen sei gute Prise, da jede Kriegspartei das Recht habe, Waren seines Feindes zu konfiszieren, um eine Verlängerung des Krieges zu verhindern. Dieses Recht bleibe auch bestehen, wenn die Ware auf einem neutralen Schiff transportiert werde, da ein relativ geringer Eingriff in die Rechte des Neutralen gerechtfertigt sei, um schwerwiegende Beeinträchtigungen einer Kriegspartei auszugleichen.[130] Denn auch wenn es sich bei den transportierten feindlichen Waren nicht um Kontrabande handele, seien diese Gegenstand der rechtmäßigen Prise, da der Handel des Feindes trotzdem gefördert und so der Krieg verlängert werde.[131] Der Transport von feindlichen Waren auf neutralen Schiffen sei keine neutrale Handlung, sondern eine Handlung, die eine Kriegspartei direkt begünstige und die andere benachteilige. Die Rechte von Neutralen würden dort enden, wo die Rechte einer kriegführenden Partei beeinträchtigt würden.[132]

Durch die Beschlagnahme des feindlichen Gutes entstünde den Neutralen nur eine kleine Beeinträchtigung, da die Ware und eventuelle weitere Beeinträchtigungen vom Kaptor bezahlt würden,[133] für die kriegführende Partei wäre es aber eine gewichtige Beeinträchtigung, wenn der Feind seine Waren seinem

127 Heffter, Das europäische Völkerrecht der Gegenwart, Buch II, Abschn. III, Nr II, § 164.
128 Gessner, Das Recht des neutralen Seehandels, Abschnitt I, Kapitel III, § 2, S. 79f.
129 Heffter, Das europäische Völkerrecht der Gegenwart, Buch II, Abschn. III, Nr II, § 163; Kent, Kent's Commentary on international law, Kap VII, S. 339; Wheaton, Elements of international law Band 2, Teil IV, Kap III, § 16, S. 160.
130 Manning, Commentaries on the law of nations, Buch III, Kap VI, Abschn. 1, S. 205; Wheaton, Elements of international law Band 2, Teil IV, Kap III, § 16, S. 160.
131 Lampredi, Del commercio dei popoli neutrali in tempo di guerra Teil 1, § X.
132 Manning, Commentaries on the law of nations, Buch III, Kap VI, Abschn. 1, S. 207f.
133 Azuni, Droit maritime de l'Europe Band 2, Kap III, Art II, § 6, S. 183f; Manning, Commentaries on the law of nations, Buch III, Kap VI, Abschn. 1, S. 208.

Zugriff entziehen könnte, indem er sie auf neutralen Schiffen transportierte.[134] Darüber hinaus würden nicht nur der Handel, sondern auch die Seestreitkräfte des Feindes gestärkt, da die Kriegsschiffe des Feindes, die bei einem Transport durch eigene Handelsschiffe zur Bewachung der Waren hätten eingesetzt werden müssen, bei einem Transport durch Neutrale für Kampfhandlungen frei wären. Solch eine Einmischung von Neutralen würde zwangsläufig zu einer Verletzung des Neutralitätsgebots führen.[135] Auch sei die Konstellation nicht mit der des Landkrieges vergleichbar. Bei neutralen Schiffen handele es sich nicht um neutrales Hoheitsgebiet, da in diesem Fall schließlich die Beutenahme von Kontrabanden nicht möglich sei. Es sei darüber hinaus anerkannt, dass ein Schiff in einem fremden Hafen der Jurisdiktion des jeweiligen Souveräns des Staatsgebietes unterliegen würde. Dies wäre jedoch nicht möglich, wenn das Schiff als Hoheitsgebiet gelte, da ein anderer Souverän nie einen Jurisdiktionsanspruch über das Staatsgebiet eines fremden Souveräns inne haben könne.[136] Dass ein Staat den Jurisdiktionsanspruch über ein Schiff inne hat, das auf offener See unter seiner Flagge fährt, habe nur den praktischen Grund, dass das Meer nicht zu einem rechtsfreien Raum werden solle, mache das Schiff aber nicht zu seinem Staatsgebiet.[137]

Darüber hinaus diene die Regelung, dass feindliche Waren auf neutralen Schiffen als Beute genommen werden dürften, auch dem Schutz der Neutralität, da sonst kein Staat mit starker Marine den kleinen Staaten erlauben würde, neutral zu bleiben, sondern ihnen ebenfalls als Mittel der Selbstverteidigung den Krieg erkläre, um eine Unterstützung des Feindes zu verhindern.[138] Werde dieser Grundsatz durch die Praxis der neutralen Nationen verändert, sei dies ein unzulässiger direkter Eingriff in die wesentlichen Rechte der Kriegsparteien.[139] Sollten einzelne europäische Staaten durch Verträge beschließen, dass feindliche Ware auf neutralen Schiffen nicht requiriert werden dürfe, sei dies lediglich ein Zugeständnis an den Feind, ändere aber nichts an den geltenden Grundsätzen. Völkerrechtliche Grundsätze und bi- und multilaterale Abkommen könnten unabhängig voneinander bestehen und würden sich nicht bedingen.[140]

---

134 Manning, Commentaries on the law of nations, Buch III, Kap VI, Abschn. 1, S. 208; Tetens, Considerations sur les droits, Abschnitt II, § 11, S. 90.

135 Manning, Commentaries on the law of nations, Buch III, Kap VI, Abschn. 1, S. 208f.

136 Manning, Commentaries on the law of nations, Buch III, Kap VI, Abschn. 1, S. 209-211.

137 Manning, Commentaries on the law of nations, Buch III, Kap VI, Abschn. 1, S. 209-211.

138 Manning, Commentaries on the law of nations, Buch III, Kap VI, Abschn. 1, S. 312.

139 Manning, Commentaries on the law of nations, Buch III, Kap VI, Abschn. 1, S. 206f.

140 Wheaton, Elements of international law Band 2, Teil IV, Kap III, § 19, S. 166.

Der Grundsatz „Frei Schiff, frei Gut" konnte somit aufgrund der mangelnden Unterstützung durch die englischen Rechtsgelehrten nicht als in der europäischen völkerrechtlichen Literatur allgemein anerkannt betrachtet werden.

(3) Die Beutenahme von Staatsangehörigen neutraler Nationen

(a) Grundsätze

Anders gestaltete sich die Sachlage jedoch auch nach Dafürhalten der englischen Rechtsgelehrten, wenn die Prise ursprünglich im Eigentum eines Angehörigen eines neutralen Staates stand. Denn soweit sich die Staaten bei Beutenahmen von Angehörigen des Feindes noch auf deren rechtliche Stellung als Angehörige einer Kriegspartei berufen könnten, entwickele diese Argumentation gegenüber den Angehörigen neutraler Nationen keine Wirkung als Rechtsgrundlage zur Wegnahme von Privateigentum[141].

Die Definition der rechtlichen Stellung der Neutralen im Krieg gelte als einer der wichtigsten Aspekte der Völkerrechts und die kriegführenden Staaten müssten diesbezüglich Gerechtigkeit und Vernunft im Auge behalten.[142] Schon dadurch, dass sich das Prisenrecht als Teil des Kriegsrechtes überhaupt auf die Belange Neutraler beziehe, würden die kriegführenden Staaten in den Seehandel neutraler Nationen eingreifen.[143] Somit war eine Festsetzung von europaweit einheitlichen völkerrechtlichen Grenzen des Kaperwesens in Hinblick auf die Beutenahmen von Neutralen nach Ansicht aller an dem Diskurs beteiligten europäischen Juristen von besonderer Bedeutung.

Unumstritten stuften alle Autoren eine Beutenahme von Angehörigen neutraler Nationen, die ihre Waren auf eigenen Schiffen transportierten und sich an das Neutralitätsgebot hielten, als mit dem europäischen Völkergewohnheitsrecht nicht vereinbar ein. Aus dem Kriegsrecht, aus welchem sich das Recht der Prisennahme ergebe, ginge keine Ermächtigung zur Einschränkung des neutralen Handels in Kriegszeiten hervor,[144] da sich dieses nur an die Kriegsparteien, nicht aber an neutrale Nationen richten könne.[145] Das völkerrechtlich gewährte Recht eines neutralen Staates, auch im Krieg für das eigene Wohlergehen sorgen zu

---

141 siehe dazu: Neff, The rights and duties of neutrals: A general history.

142 Azuni, Droit maritime de l'Europe Band 2, Kap. I, Art. II, §§ 1, 2, S. 22; siehe auch Neff, Friends But No Allies: Economic Liberalism and the Law of Nations, S. 33ff.

143 Azuni, Droit maritime de l'Europe Band 2, Kap. I, Art. II, §§ 3, S. 22.

144 Azuni, Droit maritime de l'Europe Band 2, Kap. II, Art. V, § 1, S. 145ff; Rayneval, Institutions de droit de la nature et des gens Band 2, Buch 3, Kap. XII, § 5.

145 Burlamaqui, Principes du droit naturel et politique Band 3, Teil IV, Kap VII, § XXI.

dürfen, könne somit nicht durch das Kriegsrecht eingeschränkt werden.[146] Dies gelte unabhängig davon, ob die neutralen Nationen Handel untereinander oder mit einer der Kriegsparteien trieben, denn solange es sich nicht um einen Handel mit Kontrabanden handele, liege keine Verletzung des Neutralitätsgebots vor.[147]

Die bloße Argumentation, der Feind könne durch den Handel mit Neutralen finanziell besser gestellt werden, stelle sich als zu schwach dar, um eine weitergehende Einschränkung des völkerrechtlichen Freihandelsgebots von Neutralen über das Verbot des Handels mit Konterbanden hinaus zu rechtfertigen. Ergreife eine neutrale Nation nicht für eine Seite Partei, könne in ihrer Schädigung nie ein Mittel zur vorzeitigen Beendigung des Krieges liegen.[148]

Anderes gelte nur, wenn eigenen Angehörige des ermächtigenden Staates oder Angehörige alliierter Nationen mit dem Feind Handel trieben. In diesem Fall würden sowohl die Schiffe als auch die geladenen Waren zum Gegenstand der rechtmäßigen Beutenahme, da ein solches Handeltreiben nach den allgemeinen Regeln des Völkerrechts verboten sei.[149]

(b) Ausnahmen

Einigkeit bestand in der Literatur jedoch darin, dass in engen Grenzen während des Krieges auch die Beutenahme von Angehörigen neutraler Nationen möglich sei. Dies gelte immer dann, wenn Angehörige neutraler Nationen die ihnen völkerrechtlich auferlegte Neutralitätspflicht verletzen und somit ihren Status als Neutrale einbüßen würden.[150]

Die im Eigentum von Angehörigen neutraler Nationen stehende Ladung werde dann zum rechtmäßigen Gegenstand der Prise, wenn es sich um Kriegskontrabande handele[151] oder das beladene Schiff eine Blockade durchbrechen wolle.[152]

---

146 Azuni, Droit maritime de l'Europe Band 2, Kap. II, Art. IV, S. 260f; Hautefeuille, Des droits et des devoirs des nations neutres Band 1, Titel III, Kap. II, Abschn. III, 1, S. 324; Pistoye/Duverdy, Traité des prises maritimes Band 1, Titel VI, Kap. I, S. 340; Valin, Traité des prises Band 1, Kap. IV, § 2.

147 Valin, Traité des prises Band 1, Kap. V, Abschn. VI, § 10.

148 Manning, Commentaries on the law of nations, Buch III, Kap. IV, S. 193f.

149 Wheaton, Maritime captures and prizes, Kap. VII, § 13, S. 223f.

150 Valin, Traité des prises Band 1, Kap. V, Abschn. VI, § 1.

151 Molloy, De iure maritimo et navali, Buch I, Kap. III, § XII; Oppenheim, System des Völkerrechts, Kap. XII, § 5, S. 312.

152 Wheaton, Elements of international law Band 2, Teil IV, Kap. III, § 21, S. 185.

Unter den Begriff der Kriegskontrabande fassten die untersuchten Rechtsgelehrten alle kriegerischen Gegenstände und Waren, die wegen ihrer Beschaffenheit im Krieg genutzt werden könnten.[153] Eine Unterscheidung wurde zwischen Kontrabanden erster und zweiter Ordnung getroffen.

Unter den Begriff der Kontrabande der ersten Ordnung falle alles, was prinzipiell zur Bewaffnung und Ausrüstung der Truppen diene, wie zum Beispiel Waffen und Munition. Diese seien immer rechtmäßiger Gegenstand der Prise.[154]

Unter Kontrabande der zweiten Ordnung seien all die Dinge zu subsumieren, die im Krieg zwar gebraucht würden, die sich aber auch in Friedenszeiten nutzen ließen, wie zum Beispiel Pferde, Eisen, Leder und Schiffszubehör. Solche Waren würden nur dann zum Gegenstand einer rechtmäßigen Prise, wenn sie zweifellos für den Krieg bestimmt seien[155] und der Feind auf diese Güter zur Weiterführung des Krieges angewiesen sei.[156] Eine solche Bestimmung könne sich zum Beispiel aus der Menge der geladenen Gegenstände oder aus einem Bestimmungsort im Kriegsgebiet ergeben, insbesondere danach, ob die Lieferung für einen Kriegs- oder einen Handelshafen gedacht sei.[157] Die völkerrechtliche Rechtmäßigkeit einer solchen Beutenahme ergebe sich, da mit der Unterstützung des Feindes durch die Lieferung von Kontrabanden der Neutrale das Neutralitätsgebot verletze und sich fortan an den Regeln des Kriegsrechts messen lassen müsse.[158]

Gegenstand der Beutenahme seien hier aber zunächst nur die geladenen Kontrabande. Das Schiff, auf dem die Kontrabande transportiert wurden, werde nur dann zum rechtmäßigen Gegenstand der Prise, wenn der Schiffseigener von dem Ausbruch des Krieges und von der Beladung mit Kontrabanden gewusst habe.[159] Auf Grund der praktischen Schwierigkeiten bei der Erbringung des Nachweises der Unkenntnis ging das Schiff in der Regel jedoch ebenfalls in das Eigentum des Nehmers über.

Für die Wegnahme reiner Luxusgüter von Angehörigen einer neutralen Nation fand sich nach dem juristischen Meinungsstand hingegen nie eine entsprechende völkerrechtliche Rechtfertigung, da sie weder aus dem Kriegsrecht

---

153 Wheaton, Elements of international law Band 2, Teil IV, Kap. III, § 21, S. 185.
154 Tetens, Considerations sur les droits, Abschn. III, § 3, S. 110.
155 Tetens, Considerations sur les droits, Abschn. III, § 5, S. 113.
156 Molloy, De iure maritimo et navali, Buch I, Kap. III, § XII.
157 Oppenheim, System des Völkerrechts, Kap. XII, § 6, S. 315.
158 Valin, Traité des prises Band 1, Kap. V, Abschn. VI, § 1.
159 Oppenheim, System des Völkerrechts, Kap. XII, § 6, S. 314.

gerechtfertigt werden könne noch zu einer Verkürzung des Krieges diene. Eine solche Beute könne sonach nie in das Eigentum des Nehmers übergehen.[160]

Das Eigentum von Neutralen werde auch dann Gegenstand der Prise, sofern es auf feindlichen Kriegsschiffen transportiert werde.[161] Auch hier rechtfertige sich die Beutenahme aus einem Verstoß gegen die Neutralitätspflicht. Die Nutzung feindlicher Kriegsschiffe durch Neutrale zum Transport ihrer Waren sei eine Verletzung des Neutralitätsgebotes, da der Neutrale sich so unter den Schutz des Feindes begebe.[162] Dies habe zur Folge, dass die geladenen Waren ebenfalls als feindlich eingestuft würden[163]. Entscheide sich ein Neutraler für den Transport seiner Waren auf einem Schiff einer Kriegspartei sei darin der Beweis zu erblicken, dass der neutrale Eigentümer sich nur deshalb für diese Art des Transportes entschieden habe, um seine Waren durch die Feuerkraft des Feindes vor einer Durchsuchung und der eventuellen Qualifikation als Kontrabande zu schützen.[164]

Eine Beutenahme von neutralen Waren, die auf Schiffen unter feindlicher Flagge transportiert wurden, schied jedoch nach übereinstimmender Ansicht aller untersuchten Autoren selbst nach dem völkerrechtlichen Grundsatz „Unfrei Schiff, frei Gut" aus, wenn die neutrale Ware auf unbewaffneten Handelsschiffen transportiert wurde, da hier eine Verletzung des Neutralitätsgebots nicht vorliege.[165] Das allgemeine Völkerrecht gestatte den Neutralen die Fortführung des Handels mit beiden Kriegsparteien während des Krieges, solange sie nicht eine Partei in ihren Kriegshandlungen unterstützten würden.[166] Der bloße Transport von neutralen Waren auf feindlichen Schiffen unterstütze weder die Angriffs- noch die Verteidigungshandlungen des Feindes.[167] Alleine aus der völkerrechtlichen Anwendung des Grundsatzes „Frei Schiff, frei Gut" könne nicht der Umkehrschluss „Unfrei Schiff, unfrei Gut" gezogen werden, da ein Verlust des

160 Molloy, De iure maritimo et navali, Buch I, Kap. III, § XII.
161 Twist, The law of nations Band 2, Kap V, § 97.
162 Twist, The law of nations Band 2, Kap. V, § 97.
163 Oppenheim, System des Völkerrechts, Kap. XII, § 12, S. 330f; Valin, Traité des prises Band 1, Kap. V, Abschn. V, § 1.
164 Lawrence, The principles of international law, Teil III, Kap. II, § 157.
165 Twist, The law of nations Band 2, Kap V, § 97.
166 Azuni, Droit maritime de l'Europe Band 2, Kap III, Art III, § 2, S. 194f; Massé, Le droit commercial Band 1, zweites Buch, Titel I, Kap II, Abschn. II, § III, Art 1, Nr 272; Pistoye, Duverdy, Traité des prises maritimes Band 1, Titel VI, Kap I, S. 317f; Surland, Grundsätze des europäischen Seerechts, Teil III, Buch IV, Titel III, § 673.
167 Pistoye, Duverdy, Traité des prises maritimes Band 1, Titel VI, Kap I, S. 317f.

neutralen Charakters der Ware durch die feindliche Flagge des transportierenden Schiffes nicht in Betracht komme.[168] Nicht einmal im Rahmen des Landkrieges dürften neutrale Waren wegen des fehlenden Jurisdiktionsanspruchs der Kriegsparteien auf feindlichem Staatsgebiet genommen werden. Dies müsse ebenfalls für neutrale Waren gelten, die sich auf feindlichen Schiffen befänden.[169] Neutrales Gut solle auch während des Krieges „heilig" bleiben, so dass die Beutenahme von neutralem Privateigentum gegen das christliches Gebot „du sollst nicht stehlen" verstoßen würde.[170] Dieser Grundsatz könne nicht durch die Regeln des Kriegsrechts abbedungen werden, da das Kriegsrecht keinen Einfluss auf die völkerrechtlichen Rechte von Neutralen haben könne.[171] Die Beweislast für den neutralen Charakter der transportierten Waren liege bei dem jeweiligen Eigentümer.[172]

(c) Der Sonderfall des Geleits

Als eine besondere Konstellation zur Durchsetzung der Rechte neutraler Kauffahrer und zum Schutz ihrer Schiffe und Güter wurde im europäischen völkerrechtlichen Diskurs über die Rechtmäßigkeit des Kaperwesens einheitlich das Rechtsinstitut des Geleits betrachtet. Der Begriff des Geleits bedeutet im ursprünglichen Sinne die Begleitung von Reisenden und deren rechtlichen sowie tatsächlichen, zumeist bewaffneten Schutz und konnte sich sowohl auf Personen

168 Garden Band 2, Traité complet de diplomatie, Buch VII, Abschnitt VIII, S. 363f; Gessner, Das Recht des neutralen Seehandels, Abschnitt I, Kapitel III, § 3, S. 85; Massé, Le droit commercial Band 1, zweites Buch, Titel I, Kap II, Abschn. II, § III, Art 1, Nr 276; Wheaton, Elements of international law Band 2, Teil IV, Kap III, § 18, S. 164, 166.

169 Klüber, Europäisches Völkerrecht Band 2, Titel II, Abschn. II, Kap II, § 299; Lampredi, Del commercio dei popoli neutrali in tempo di guerra Teil 1, § XI; Massé, Le droit commercial Band 1, zweites Buch, Titel I, Kap II, Abschn. II, § III, Art 1, Nr 270; Rayneval, Institutions de droit de la nature et des gens Band 2, Buch 3, Kap. XIII, § 5.

170 Gessner, Das Recht des neutralen Seehandels, Abschnitt I, Kapitel III, § 3, S. 88.

171 Massé, Le droit commercial Band 1, zweites Buch, Titel I, Kap II, Abschn. II, § III, Art 1, Nr 271.

172 Azuni, Droit maritime de l'Europe Band 2, Kap III, Art III, § 2, S. 194f; Grotius, De iure belli ac pacis, drittes Buch, Kap VI, § 6; Hautefeuille, Des droits et des devoirs des nations neutres Band 2, Titel X, Kap III, Abschn. IV, S. 439f; Massé, Le droit commercial Band 1, zweites Buch, Titel I, Kap II, Abschn. II, § III, Art 1, Nr 274.

als auch auf Sachen beziehen. Letzterem lag das Versprechen der Vermögenssicherung zu Grunde.[173]

Das Rechtsinstitut des Geleits ermöglichte es den neutralen Regierungen, ihre Kauffahrer zu Sicherheit des Warenverbandes von bewaffneten Kriegsschiffen der eigenen Nation bis zum Erreichen des Zielortes der Reise verteidigen zu lassen[174] um den Visitationsrechten der Kriegsparteien und den damit häufig einhergehenden Grenzüberschreitungen der Kaperfahrer zu entgehen, ohne eine Konfiszierung von Schiff und Ladung fürchten zu müssen[175]. Die unter Geleit segelnden Kauffahrtsschiffe segelten somit unter Garantie ihres Staates.[176] Voraussetzung war, dass sich unter der Ladung keine Kriegskontrabande befanden.[177]

Vor Beginn der Reise entrichtete der Kauffahrer ein Geleitgeld an den Souverän seiner Nation. Im Gegenzug erhielt er von der Geleitskammer einen Geleitsbrief, mithin die schriftliche Begünstigung, sicher durch das vorgesehene Gebiet reisen zu können. Auf See bestand dieser Geleitbrief aus einer Urkunde, welcher dem jeweiligen Befehlshaber des Kauffahrtsschiffes ausgehändigt wurde, zum Zeichen, dass er befugt war, unter dem Schutze des begleitenden Kriegsschiffes zu fahren. [178]

Die europäischen Rechtsgelehrten waren sich einig, dass seit dem Jahr 1815 völkerrechtlich anerkannt sei, dass die mündliche Versicherung des Konvoi-Kommandanten des neutralen Staates, die von ihm begleiteten Kauffahrtsschiffe hätten die selbe Nationalität wie er selbst und die Ladung sei frei von Kontrabanden, ausreichend sei. Eine Durchsuchung der neutralen Kauffahrtsschiffe dürfe sodann nicht mehr durchgeführt werden.[179]

Bevor dieser Grundsatz allgemeine Geltung beanspruchen konnte, waren die Grundsätze des Geleits im Seekriegsrecht stark umstritten. Erstmals im Rahmen

173 Lingelbach, Gerhard, Art. Geleit, in: Albrecht Cordes u.a. (Hg.), *Handwörterbuch zur deutschen Rechtsgeschichte* Band II, Sp. 37, zitiert nach HRGdigital, URL: https:// www.HRGdigital.de/HRG.geleit, 17.04.2020.

174 Fäsch, Kriegs- Ingnieur- Artillerie- und Seelexicon, S. 200; Gesellschaft Rheinländischer Gelehrter, Neues Rheinisches Conversations Lexicon Band 5, S. 750.

175 Rotteck, Staats-Lexikon oder Encyclopädie der Staatswissenschaften Band 11, S. 302f.

176 Rotteck, Staats-Lexikon oder Encyclopädie der Staatswissenschaften Band 11, S. 303.

177 Schlegel, Upon the Visitation of Neutral Vessels Under Convoy, S. 90f.

178 Gesellschaft Rheinländischer Gelehrter, Neues Rheinisches Conversations Lexicon Band 5, S. 750.

179 Attlmayr, Die Elemente des internatonalen Seerechtes und Sammlung von Verträgen, Band 1, S. 89.

der Seekonvention von Sankt Petersburg vom 17. Juni 1801 setzten die Briten durch, dass Kriegsstaaten dem staatlich bekräftigten Wort neutraler Staaten zur Einhaltung der Neutralitätspflichten durch ihre im Konvoi fahrenden Kauffahrer vertrauen mussten.[180]

Als Grund für den Ausschluss der Visitationsrechte bei unter Geleit fahrenden Kauffahrtsschiffen in der Praxis führten die untersuchten Autoren an, dass der neutrale Staat durch die Ausgabe des Geleitbriefes die Verantwortlichkeit für Neutralitätsverletzungen seiner Untertanen eigenständig übernehme.[181] Der neutrale Staat trete als Bürge für seine Untertanen gegenüber den kriegführenden Nationen auf[182].

Während der Staat für Kauffahrtsschiffe, die alleine segelten, nur insoweit eintrete, als es die staatliche Legalisierung der Schiffspapiere betreffe, erstrecke sich die Bürgschaft bei unter Geleit fahrenden Schiffen auch auf die völkerrechtliche Rechtmäßigkeit des Handels. Der Kommandant des Kriegsschiffes, welches das Geleit biete, sei ein Funktionär der öffentlichen Gewalt und ein Repräsentant der Hoheitsrechte des neutralen Staates. Somit sei es Aufgabe des Kommandanten, der mit der Führung eines Konvois betraut sei, sich, bevor er die Kauffahrer unter seinen Schutz nehme, davon zu überzeugen, dass er keinen Handel begünstige, der durch das Kriegsrecht verboten sei und der die Neutralität seines Heimatstaates kompromittiert hätte.[183] Hierdurch dehne sich das Verbot der Visitation seiner Kriegsschiffe durch Angehörige kriegführender Nationen, welches allgemein anerkannt sei,[184] auf die Handelsschiffe aus, die sich ausdrücklich unter die Autorität ihrer Obrigkeit begaben und sich von den Kriegsschiffen überwachen ließen.[185] Denn der neutrale Staat, der die neutralen Handelsschiffe durch Staatsschiffe begleiten ließe und dem kriegführenden Staat die Versicherung gebe, dass die begleiteten Schiffe keine Kontrabande enthalten würden, hätten Anrecht darauf, dass nicht der Kriegsstaat die Freiheit seiner Flagge und die Achtung seiner Selbstständigkeit durch eine Untersuchung verletze.[186]

---

180 Attlmayr, Die Elemente des internatonalen Seerechtes Band 1, S. 91; Bluntschli, Das moderne Völkerrecht der civilisierten Staaten, Neuntes Buch, § 824, S. 444 f.

181 Holtzendorff, Encyclopädie der Rechtswissenschaft, 1. Teil, Kap. IV, § 72, S. 822.

182 Schlegel, Neutral Rights, S. 65.

183 Attlmayr, Die Elemente des internatonalen Seerechtes Band 1, S. 89 f.

184 Massé, Le droit commercial dans ses rapports avec Le droit des gens et le droit civil, Band 1, § 315, S. 251.

185 Holtzendorff, Encyclopädie der Rechtswissenschaft, 1. Teil, Kap. IV, § 72, S. 822.

186 Bluntschli, Das moderne Völkerrecht der civilisierten Staaten
Neuntes Buch, § 824, S. 444 f.

Angehörige der kriegführenden Nationen, die einem unter Geleit fahrenden Kauffahrtsschiff begegneten, müssten sich damit begnügen, die Vollmacht des neutralen Geleitsschiffes und die daraus hervorgehenden Angaben über die geleiteten Schiffe zu empfangen.[187] Ergebe sich bei der Prüfung der Papiere der ernste Verdacht, dass Kontrabande transportiert würden, so werde ausnahmsweise eine Durchsuchung des verdächtigen Schiffes vorgenommen. Dem geleitenden Staatsschiff sei jedoch Gelegenheit zu geben, bei der Vornahme der Kontrolle dabei zu sein und auch das spätere Prisenverfahren zu begleiten. Grund hierfür sei, dass es dem Kriegsstaat nicht zuzumuten sei, dass die Berufung auf das Zeugnis des neutralen Staates jede weitere Prüfung des verdächtigen Schiffes verhindere. Denn es sei möglich, dass der Kriegsstaat und der neutrale Staat verschiedene Ansichten über die Reichweite von Kontrabanden vertreten würden.[188] Die Durchsuchung der unter Geleit fahrenden Kauffahrtsschiffe sei dabei ausschließlich durch Kriegsschiffe, nicht jedoch durch Private, gestattet.[189]

Der Grundsatz, dass der neutrale Staat eine weitergehende Verantwortung für die Neutralität seiner Untertanen im Seehandel übernehmen könne, liege im Interesse sowohl des neutralen Staates als auch der kriegführenden Staaten.[190] Den kriegführenden Mächten werde durch die Bürgschaft des neutralen Staates mehr Sicherheit gegen die Verletzung der Neutralitätspflicht geboten, als ihnen durch die Gewährung von Visitationsrechten gewährt würde.[191] Die neutrale Nation könne sich den Durchsuchungsrechten der kriegführenden Nationen entziehen, die dem neutralen Handeln hinderlich seien und im Rahmen derer wenig Handhabe gegen Schikanen und Missbrauch bestünden.[192]

Das Verbot der Visitation gelte jedoch folgerichtig nur solange, wie der neutrale Staat sich tatsächlich über die Einhaltung der Neutralitätspflichten Gewissheit verschaffen könne, so dass der öffentliche Glaube der Einhaltung des

187 Bluntschli, Das moderne Völkerrecht der civilisierten Staaten Neuntes Buch, § 824, Seite 444 f; Klüber, Droit des gens moderne de l'Europe, § 293, S. 420; Martens, Versuch über Caper, § 20, S. 71.

188 Bluntschli, Das moderne Völkerrecht der civilisierten Staaten, Neuntes Buch § 825, S. 446 ff; Vollhard, Die Systeme der praktischen Politik im Abendlande Band 4, § 157, S. 209.

189 Rotteck, Staats-Lexikon Band 11, S. 303; Vollhard, Die Systeme der praktischen Politik im Abendlande Band 4, § 157, S. 209.

190 Holtzendorff, Encyclopädie der Rechtswissenschaft, 1. Teil, Kap. IV, § 72, S. 822.

191 Attlmayr, Die Elemente des internatonalen Seerechtes Band 1, S. 90.

192 Holtzendorff, Encyclopädie der Rechtswissenschaft, 1. Teil, Kap. IV, § 72, S. 822

Neutralitätsgebot nicht für Schiffe gelte, die sich erst auf hoher See dem Konvoi anschlössen.[193]

Hieraus ergab sich nach Dafürhalten im Schrifttum zwangsläufig, dass neutrale Kriegsschiffe nur Schiffe ihrer eigenen Nationalität geleiten dürften, da der Staat nur für seine eigenen Untertanen, nicht aber für Angehörige eines fremdem Staates einstehen könne.[194] Sofern sich geleitsberechtigte Schiffe mit nicht geleitsberechtigten Schiffen vermischten, dürfe die kriegführende Nation Identitätsnachweise von allen geleitsberechtigten Schiffen verlangen.[195] Den Kommandanten des Konvois träfe sodann die Obliegenheit, die notwendigen Untersuchungen durchzuführen und das Ergebnis bekannt zu geben. Das kriegführende Schiff müsse sich jedoch jeder Einmischung enthalten. Der Konvoi-Kommandant könne einen Offizier des feindlichen Schiffes zur Untersuchung mitnehmen, eine diesbezügliche Verpflichtung bestünde jedoch nicht.[196]

Neutrale Schiffe, die unter dem Geleit einer kriegführenden Macht fuhren, dürften ohne Einschränkung visitiert werden. Als Gegenstand der Prise könne die Ware neben den allgemein geltenden Voraussetzungen aber nur dann gelten, wenn sich der neutrale Kauffahrer mit feindlicher Tendenz dem Konvoi angeschlossen habe. Nicht ausreichend sei es, dass der Anschluss nur aus dem Grund erfolgt sei, dass der Konvoi, dem der Kauffahrer sich angeschlossen habe, stärker sei als die maritime Präsenz der kriegführenden Macht und der Kauffahrer so lediglich Unannehmlichkeiten habe vermeiden wollen.[197]

c. *Ort und Zeitpunkt der Beutenahme*

Ebenfalls entscheidend für die Rechtmäßigkeit der Prisennahme war nach einhelliger Meinung der europäischen Rechtsgelehrten der Ort, an dem diese erfolgte.

Aus dem völkerrechtlichen Grundsatz, dass der Friede in neutralen und befreundeten Häfen und Gewässern gewahrt werden müsse, ergebe sich das Verbot der Prisennahme an eben diesen Orten.[198] Bei einer Prisennahme in

193 Holtzendorff, Encyclopädie der Rechtswissenschaft, 1. Teil, Kap. IV, § 72, S. 822.

194 Attlmayr, Die Elemente des internatonalen Seerechtes Band 1, S. 90.

195 Holtzendorff, Encyclopädie der Rechtswissenschaft, 1. Teil, Kap. IV, § 72, S. 822.

196 Attlmayr, Die Elemente des internatonalen Seerechtes und Sammlung von Verträgen Band 1, S. 89.

197 Attlmayr, Die Elemente des internatonalen Seerechtes Band 1, S. 92.

198 Azuni, Droit maritime de l'Europe Band 2, Kap. IV, Art. I, § 3, S. 222; Manning, Commentaries on the law of nations, Buch III, Kap. XIII, S. 385; Massé, Le droit commercial Band 1, Buch II, Titel I, Kap. II, Abschn. III, § II, Nr. 349; Martens, Versuch über

den Gewässern eines neutralen Staates würde es zu einer Verletzung des Souveränitätsanspruches dieses Staates kommen.[199] Ob es sich um Hoheitsgewässer eines Staates handelte, bestimmte sich nach der Regel über die Reichweite eines Kanonenschusses. Die Zone, die eine vom Ufer abgefeuerte Kanonenkugel erreichen konnte, was in etwa einer Distanz von drei Meilen entsprach, galt als Grenze des jeweiligen Hoheitsgebietes.[200] Diese Einschränkungen für den Ort einer rechtmäßigen Beutenahme würden auch gelten, wenn die Verfolgung eines feindlichen Schiffes zwar auf offener See begonnen habe, der Verfolgte aber in neutrale Hoheitsgewässer fliehe. Auf Grund des unbedingten Schutzes neutraler Hoheitsrechte könne eine Beutenahme auch in diesem Falle nicht rechtmäßig sein.[201] Dieser Grundsatz bleibe auch bestehen, wenn der Angriff ursprünglich von dem Fliehenden ausgegangen sei, da es in dem Moment, in dem der Angreifer die Flucht ergreife, an der Gegenwärtigkeit des Angriffs fehle und der Akt der Prisennahme schon von seinem Charakter her nicht als eine Maßnahme der Selbstverteidigung eingestuft werden könne.[202]

Nicht vergleichbar mit der soeben angeführten Konstellation der Flucht in neutrale Gewässer sei jedoch die Konstellation, in der sich ein feindliches Schiff während der Verfolgung in eine Gruppe neutraler Schiffe oder zu einem Ankerplatz eines neutralen Schiffes flüchte. Mangels eines permanenten Aufenthaltes ergebe sich kein Souveränitätsanspruch der neutralen Nation über den Ankerplatz. Auch der Schutz der Neutralität des Schiffsverbundes neutraler Schiffe erstrecke sich nicht auf das feindliche Schiff, das Meer gelte trotz Anwesenheit von Neutralen als frei und jede Nation könne dort die ihr völkerrechtlich zugesicherten Rechte ausüben.[203]

Caper, S. 67f; Molloy, De iure maritimo et navali, Buch I, Kap. III, § VII; Phillimore, Commentaries Band 3, Teil X, Kap. IV, § CCCXLIX, S. 334; Valin, Traité des prises Band 1, Kap. IV, Abschn. III, § 3.

199 Pistoye, Duverdy, Traité des prises maritimes Band 1, Titel II, Kap. I, Abschn. II, S. 105.

200 Bluntschli/von Kaltenborn, Deutsches Staats-Wörterbuch Band 9 nach S. 371f; Hautefeuille, Histoire des origines du droit maritime international Titel I, Kapitel II, Abschnitt I, S. 22; Nizze, Das allgemeine Seerecht der civilisierten Nationen Band 1, Teil I, Abschn. II, Kap. I, § 18, S. 31f.

201 Manning, Commentaries on the law of nations, Buch III, Kap. XIII, S. 386; Massé, Le droit commercial Band 1, Buch II, Titel I, Kap. II, Abschn. III, § II, Nr. 349; Phillimore, Commentaries Band 3, Teil X, Kap. IV, § CCCLV, S. 338; Wheaton, Elements of international law Band 2, Teil IV, Kap. III, § 7, S. 139f.

202 Massé, Le droit commercial Band 1, Buch II, Titel I, Kap. II, Abschn. III, § II, Nr. 349.

203 Massé, Le droit commercial Band 1, Buch II, Titel I, Kap. II, Abschn. III, § II, Nr. 357.

Auch eine Aufbringung in feindlichen Hoheitsgewässern sei selbstredend rechtens. Die rechtliche Einstufung von feindlichen Hoheitsgewässern als potentieller Ort der Beutenahme ergebe sich aus dem Kriegsrecht selbst, denn wenn schon die Okkupation von Feindesgebiet kriegsrechtlich gedeckt sei, müsse dies erst Recht für die wesentlich weniger einschneidende Maßnahme der Beutenahme von Schiffen in feindlichen Gewässern gelten.[204]

Neben diesen allgemeinen Grundsätzen zur Bestimmung möglicher Orte der Beutenahme wurden in der zeitgenössischen Literatur der europäischen Nationen durch die Analyse der einheitlichen Befolgung prisenrechtlicher Regelungen noch weitere rechtliche Grenzen für Ort und Zeitpunkt der Beutenahme angeführt.

Die erste Begrenzung betraf feindliche Schiffe, die sich bereits vor Kriegsausbruch in einem Hafen des den Kaperfahrer ermächtigenden Souveräns befanden. Diese durften nach herrschender Ansicht im Schrifttum nicht unmittelbar nach Kriegsausbruch genommen werden. Ihnen sei eine Frist zuzugestehen, in der sie den feindlichen Hafen unbehelligt verlassen dürften.[205] Dies gelte auch für feindliche Schiffe, die sich bei Kriegsausbruch bereits auf hoher See befänden und somit noch nicht über den Ausbruch der Feindseligkeiten informiert seien.[206]

Neutrale Schiffe, die nach Kriegsausbruch mit Kontrabanden beladen den Hafen eines Feindes ansteuerten, aber ebenfalls noch nicht über den Ausbruch des Krieges unterrichtet seien, dürften lediglich gestoppt, nicht aber genommen werden. Eine Beutenahme stelle stets die Strafe für die Verletzung des Neutralitätsgebotes dar, eine solche Verletzung könne aber dann nicht angenommen werden, wenn der Neutrale keine Kenntnis vom Ausbruch des Krieges habe und auch nicht haben könne.[207]

Der Grund für diese Aufnahme weiterführender Begrenzungen der Beutenahme in den juristischen Diskurs lag in dem Bedürfnis aller europäischen Nationen an dem Treiben eines ungestörten Handels in Friedenszeiten. Hätte jedes Schiff, das in einem anderen Hafen lag, schon in Friedenszeiten in Angst

---

204 Pistoye, Duverdy, Traité des prises maritimes Band 1, Titel II, Kap. III, S. 111.

205 Bluntschli, Das moderne Völkerrecht, § 669, S. 364; Massé, Le droit commercial Band 1, Buch II, Titel I, Kap. II, Abschn. III, § II, Nr. 360; Molloy, De jure maritimo et navali, Buch I, Kap. I, § XVII.

206 Azuni, Droit maritime de l'Europe Band 2, Kap. IV, Art. I, § 7, S. 224f Massé, Le droit commercial Band 1, Buch II, Titel I, Kap. II, Abschn. III, § II, Nr. 361.

207 Massé, Le droit commercial Band 1, Buch II, Titel I, Kap. II, Abschn. III, § II, Nr. 363.

vor einem plötzlichen Kriegsausbruch leben müssen, hätte dies der Handelsbereitschaft der Kauffahrer erheblichen Abbruch getan und so die nationale Wirtschaft geschädigt.

Auf ähnlichen wirtschaftlichen Überlegungen beruhte auch die Feststellung im Schrifttum, dass zwei feindliche Schiffe, die in Kriegszeiten in einem neutralen Hafen vor Anker lagen, diesen nur in einem zeitlichen Abstand von mindestens 24 Stunden verlassen durften.[208] In Ermangelung einer solchen Regelung wäre wohl der Handel der kriegführenden mit den neutralen Staaten praktisch zum Erliegen gekommen und das Kaperwesen hätte so einschneidend in das Recht der Neutralen auf freien Handel in Kriegszeiten eingegriffen.

Für den Beginn des Krieges und somit für die Möglichkeit der rechtmäßigen Prisennahme durch die Kaperfahrer wurde der offensichtliche Ausbruch von Kriegshandlungen als ausreichend erachtet. Eine offizielle Kriegserklärung sei lediglich ein Akt der Humanität und somit keine notwendige Voraussetzung für den Kriegsbeginn.[209]

Zogen die Autoren nun aus den Regelungen zum Schutz privater Kauffahrer bei Unkenntnis des Ausbruchs des Krieges den Umkehrschluss, dass eine Prise noch solange rechtmäßig genommen werden konnte, solange der Kaperfahrer noch keine Kenntnis vom Friedensschluss hatte und eine angemessene Zeitspanne noch nicht vergangen war?

Dies wurde einhellig verneint, denn die Konstellationen von Beginn und Beendigung des Krieges seien hier nicht vergleichbar. Während es bei Kriegsbeginn in dem Ermessen eines jeden Souveräns liege, die Konsequenzen für Private erst zu einem späteren Zeitpunkt einsetzen zu lassen, bestünde mit Abschluss eines Friedensvertrages die Pflicht, sofort alle Kriegshandlungen einzustellen, so dass die Friedenserklärung konkludent die Rücknahme aller Ermächtigungen der Kaperfahrer beinhalte.[210] Somit falle die wichtigste Voraussetzung für die Legalität der Beutenahme, die staatliche Ermächtigung des Kaperfahrers, weg, auf eine Kenntnis des Kaperfahrers vom Friedensschluss komme es nicht mehr an. Oftmals würden die europäischen Staaten mit dem Friedensschluss jedoch

208 Azuni, Droit maritime de l'Europe Band 2, Kap. V, Art. I, S. 324f; Manning, Commentaries on the law of nations, Buch III, Kap. XIII, S. 386; Martens, Versuch über Caper, S. 67f; Massé, Le droit commercial Band 1, Buch II, Titel I, Kap. II, Abschn. III, § II, Nr. 349.

209 Massé, Le droit commercial Band 1, Buch II, Titel I, Kap. II, Abschn. III, § II, Nr. 364.

210 Massé, Le droit commercial Band 1, Buch II, Titel I, Kap. II, Abschn. III, § II, Nr. 367; Pistoye, Duverdy, Traité des prises maritimes Band 1, Titel III, Kap. III, S. 142.

eine Zeitspanne vereinbaren, in der die rechtmäßige Aufbringung von Prisen noch solange möglich sei, wie der Beutenehmer nichts von dem Friedensschluss wisse,[211] also noch mit schützenswertem Vertrauen in Hinblick auf den Kriegszustand handele. Die Motivation der jeweiligen Souveräne für die Aufnahme eines solchen Zusatzes in den Friedensvertrag lag wohl darin, dass von den Kaperfahrern, die das offene Meer befuhren, schwerlich erwartet werden konnte, dass sie nur auf Grund der vagen Möglichkeit eines Friedensschlusses ihre Aktivitäten einstellten. Diese Restriktion hätte potentielle Kaperfahrer von der Annahme eines staatlichen Auftrages zur Ausübung des Kaperwesens abgeschreckt.

d. Die Praxis der Lösegeldforderung

Statt das Schiff und die geladene Ware in ihren Besitz zu bringen, entschieden sich einige Kaperfahrer dafür, das Schiff samt Ladung gegen die Zahlung eines Lösegeldes seines Weges ziehen zu lassen. Der praktische Vorteil bei diesem Vorgehen war eindeutig. Der Kaperfahrer musste sich nicht erst damit beschäftigen, dass genommene Schiff in einen Heimathafen einzubringen, sondern konnten seine Beutefahrt unmittelbar nach dem Erhalt der Lösegeldsumme fortsetzten und so seinen Profit steigern. Auch dieser Punkt wurde von den zeitgenössischen Rechtsgelehrten aufgegriffen. Ein Schiff, das gegen einen Lösegeldzahlung freigelassen werde, dürfe weder von der Nation des ersten Nehmers noch von einer alliierten Nation noch einmal genommen werden, solange es die geplante Route nicht verlasse, da die Vereinbarung über die Freilassung gegen Lösegeld die Zusicherung sicheren Geleits impliziere.[212] Vor höherer Gewalt sei der Schuldner der Lösegeldforderung jedoch nicht geschützt, auch bei einem Schiffbruch bleibe die Forderung bestehen.[213] Fraglich sei jedoch, ob diese Praxis sich mit der angeführten völkerrechtlichen Rechtfertigung der Beutenahme decke. Durch die Freilassung des aufgebrachten Schiffes stünden das Schiff und die geladenen Güter dem Feind wieder unmittelbar zur Verfügung, die Aufbringung könne in diesem Fall nicht zu einer schnelleren Beendigung des Krieges beitragen. Da die Freilassung gegen Lösegeld jedoch im Vergleich zu der Inbesitznahme von Schiff

---

211 Massé, Le droit commercial Band 1, Buch II, Titel I, Kap. II, Abschn. III, § II, Nr. 366; Pistoye, Duverdy, Traité des prises maritimes Band 1, Titel III, Kap. III, S. 142.

212 Kent, Kent's commentary on international Law, Kap. VI, S. 277f; Lawrence, The principles of international law, Teil III, Kap. V, § 184; Twist, The law of nations Band 2, Kap. IX, § 181; Wheaton, Elements of international law Band 2, Teil IV, Kap. II, § 27, S. 128f.

213 Wheaton, Elements of international law Band 2, Teil IV, Kap. II, § 27, S. 129.

und Ladung für den Betroffenen die weniger einschneidende Maßnahme darstelle, widerspreche sie nicht den Grundsätzen des allgemeinen Völkerrechts.[214]

Die meisten europäischen Nationen erließen jedoch gegen Ende des 18. Jahrhunderts nationale Regelungen, die dem Kaperfahrer die Freilassung eines aufgebrachten Schiffes gegen Lösegeld verboten[215], damit ihr Hauptziel, die Schwächung des gegnerischen Souveräns, nicht hinter den privaten Interessen der Kaperfahrer zurück trat.[216] Zwar konnte auch dies, in Übereinstimmung zu den nationalen Prisenordnungen, nicht als Kodifikation völkerrechtlicher Grundsätze gesehen werden. Die Freilassung gegen Lösegeld verlor jedoch im Rahmen dieser Entwicklung mangels entsprechender Rechtspraxis ihre völkergewohnheitsrechtliche Legitimation.

e. *Begleitumstände, die die Rechtmäßigkeit der Prisennahme hinderten*

Neben die durch den Gegenstand und durch Ort und Zeit der Beutenahme aufgestellten prisenrechtlichen Regelungen zur Begrenzung der privaten Beutenahme in Kriegszeiten wurden von den Völkerrechtlern jener Zeit übereinstimmend noch weitere Umstände angeführt, die sich ihres Erachtens nach auf die Rechtmäßigkeit der Prisennahme auswirkten.

Als solch begrenzender Umstand wurde die Ausgabe von Geleitbriefen, nicht identisch mit dem bereits erläuterten Rechtsinstitut des Geleits, an feindliche Handelsschiffe gesehen. Der Geleitbrief schütze das den Brief mit sich führende Schiff vor Angriffen aller Kaperfahrer, die durch denselben Souverän ermächtigt worden waren, der auch den Geleitbrief ausgegeben hatte.[217] Grund hierfür sei,

---

214 Kent, Kent's commentary on international Law, Kap. VI, S. 277f; Lawrence, The principles of international law, Teil III, Kap. V, § 184; Massé, Le droit commercial Band 1, Buch II, Titel I, Kap. II, Abschn. III, § IV, Nr. 384; Oppenheim, International law Band 2, Teil II, Kap. IV, Abschn. III, § 195, S. 245; Wheaton, Elements of international law Band 2, Teil IV, Kap. II, § 27, S. 128f.

215 England gemäß Satzung von 1779 (19. Georg III. 7, sect. 11.); *Schweden* im *Reglement von 1788;* Rußland im *Reglement von 1787 (art. 8),* Dänemark im Reglement von 1810 Art. 16, die Niederlande in Art. 12 der Ordonnanz von 1781.

216 Azuni, Droit maritime de l'Europe Band 2, Kap. IV, Art. VI, S. 319f; Gessner, Das Recht des neutralen Seehandels, Abschn. II, Kap. II, § 2, S. 124; Kaltenborn, Grundsätze des praktischen europäischen Seerechts, Band 2, Abschn. IV, § 237, S. 475; Massé, Le droit commercial Band 1, Buch II, Titel I, Kap. II, Abschn. III, §I V, Nr. 382.

217 Klüber, Europäisches Völkerrecht Band 2, Titel II, Abschn. II, Kap. I, § 261; Martens, Versuch über Caper, S. 69; Valin, Traité des prises Band 1, Kap. IV, Abschn. II, § 1.

dass es dem Souverän, der die Macht zur Erklärung und Beendigung des Krieges habe, auch zustehe, einzelne Private von den Wirkungen des Krieges auszunehmen, wenn dies in seinem Interesse liege.[218]

Bei der Erteilung von Geleitbriefen seien zwei Arten zu unterscheiden. Zum einen die speziellen Geleitbriefe, die das Handelsschiff auf einer konkreten Reise schützen würden und zum anderen die generellen Geleitbriefe, die sich auf alle zukünftigen Fahrten beziehen würden.[219] Hauptanwendungsbereich für die Ausgaben von speziellen Geleitbriefen sei der Schutz von Kauffahrtsschiffen, die sich zur Zeit des Kriegsausbruches in feindlichen Häfen befänden und die für ihre weitere Reise geschützt werden sollten.[220] Der Grund für diesen Akt der Milde sei jedoch nicht ein altruistischer, um die Schäden für die Kauffahrer gering zu halten. Der Grund liege vielmehr darin, dass der Souverän, der einem feindlichen Handelsschiff über eine vereinbarte Zeitspanne nach Kriegsausbruch hinaus Schutz gewähre, ebenfalls damit rechnen könne, dass sich auch die gegnerischen Souveräne zu einer entsprechenden Nachsichtigkeit genötigt fühlen würden. Die Ausgabe eines Geleitbriefes sei auch an neutrale, alliierte oder eigene Kauffahrtsschiffe möglich, so dass diese in Kriegszeiten ungestraft Handel mit dem Feind treiben könnten.[221]

Obwohl das Kaperwesen vor Privateigentum keinen Halt machte, gab es doch eine Berufsgruppe, die auch in Kriegszeiten nach Ansicht der Rechtsgelehrten aller europäischen Nationen ihrem Gewerbe auf See ungehindert nachgehen konnte. Fischerboote, die sich zu dem Zwecke des Fischfanges auf See befänden, dürften unter keinen Umständen Gegenstand der Prisennahme werden.[222] Der Grund für diese Privilegierung liege in dem Wesen des Fischfanges. Wer sein Brot auf diese Weise verdiene, arbeite meist hart und lebe doch unter ärmlichen Umständen und solle nicht durch den Ausbruch des Krieges zusätzlich in seiner Existenz gefährdet werden. Außerdem habe der Fischfang für die gegnerische Wirtschaft keine Bedeutung, so dass ihm auch keine kriegsentscheidende oder -beeinflussende Wirkung zukäme.

---

218 Halleck, International law, Kap. XXVIII, §§ 2, 3; Lawrence, The principles of international law, Teil III, Kap. V, § 182.

219 Halleck, International law, Kap. XXVIII, §§ 2, 3.

220 Martens, Versuch über Caper, S. 69.

221 Halleck, International law, Kap. XXVIII, §§ 1.

222 Bluntschli, Das moderne Völkerrecht, § 667, S. 363; Cussy, Phases et causes célèbres du droit maritime des nations Band 1, Buch I, Titel III, § 36, S. 291; Kaltenborn, Grundsätze des praktischen europäischen Seerechts Band 2, Abschn. IV, § 217, S. 361; Wheaton, Maritime captures and prizes, Kap. II, § 18, S. 60.

Wegen fehlender Relevanz für den Ausgang des Krieges und aus Rücksicht auf die Grundsätze der humanitären Kriegsführung seien auch Lazarettschiffe, Schiffe für den Austausch von Gefangenen, Schiffe mit wissenschaftlichen, religiösen und philanthropischen Zielen und kleine Handelsschiffe für den kommunalen Handel von der Aufbringung ausgenommen.[223]

Darüber hinaus könne auch Geld, welches ein befreundeter Staat zur Erfüllung einer Verbindlichkeit an den feindlichen Staat leiste, nicht zum Gegenstand der Prise werden. Denn dies würde im Ergebnis nicht nur dem feindlichen Staat, sondern insbesondere auch dem alliierten Staat schaden, da diesem sonst die Möglichkeit genommen würde, sich von seiner bestehenden Verpflichtung zu befreien und er weitere Zahlungen hätten veranlassen müssen, wolle er nicht den Gläubigerstaat gegen sich aufbringen.[224]

f. Die Sicherung der Prise

Für die Erlangung des rechtmäßigen Eigentums an einer Prise sei es weiterhin nötig, dass der Kaperfahrer das genommene Schiff samt Waren in Sicherheit bringe. Zwei Möglichkeiten der Sicherstellung seien hier denkbar. Zum einen die Einbringung in einen Heimathafen des ermächtigten Kaperfahres,[225] zum anderen das in-Besitz-Halten der Beute für eine nicht unwesentliche Zeitspanne von mindestens 24 Stunden.[226]

Um festzustellen, welche Art der Sicherstellung der Gewohnheit der europäischen Staaten entsprach, ging das Schrifttum auf das Ziel und den Charakter der Sicherstellung ein. So ergab sich die überwiegende Ansicht, von einer Sicherstellung könne erst dann gesprochen werden, wenn dem ursprünglichen Eigentümer der Zugriff auf die Beute nicht mehr ohne weiteres möglich sei und die Eigentumsübertragung unmittelbar bevorstehe. Dies sei aber auf Grund der meteorologischen Unwägbarkeiten auf See und der Bedrohung durch Piraten und feindliche Kaperfahrer erst gegeben, wenn die Prise in einen sicheren

---

223 Lawrence, The principles of international law, Teil III, Kap. V, § 182.

224 Oppenheim, System des Völkerrechts, Kap. XII, § 11, S. 328.

225 Grotius, De iure belli ac pacis, Buch III, Kap. VI, § III; Molloy, De iure maritimo et navali, Buch I, Kap. IV, § XV; Oppenheim, System des Völkerrechts, Kap. XII, § 3, S. 306; Phillimore, Commentaries Band 3, Teil X, Kap. IV, § CCCLXI, S. 342; Schlochauer-Strupp/Scheuner, Wörterbuch des Völkerrechts Band 2, S. 190; Vattel, Le droit des gens, Buch III, Kap. XII, § 196; Wheaton, Elements of international law Band 2, Teil IV, Kap. II, § 11, S. 98.

226 Manning, Commentaries on the law of nations, Buch III, Kap. V, S. 138.

Heimathafen eingebracht worden sei. Würde das Völkerrecht auf das Erfordernis der Einbringung der Prise in den Heimathafen verzichtet, hätte die Prise auch mit dem Moment der Erlangung als sichergestellt angenommen werden können,[227] die Festlegung einer Zeitspanne von 24 Stunden erscheine hier willkürlich und wenig zielführend. In allen Fällen, in denen ein Prisenverfahren als Voraussetzung für den Eigentumsübergang an der Prise nötig sei, würde dieser Streit ohnehin an Bedeutung verlieren, da das Prisenverfahren erst mit Einbringung der Beute in den Hafen eröffnet werden könne.[228]

g. Die Reprise als Sonderfall der Prisennahme

Die Sicherung der Prise hatte innerhalb der prisenrechtlichen Regelungen nach Einschätzung aller Autoren noch eine weitere Bedeutung. Denn bevor die Beute in Sicherheit gebracht worden war, war es durchaus denkbar, dass sie erneut in die Hände des Feindes geriet, namentlich durch die Aufbringung durch einen Kaperfahrer der Gegenseite. Diese Art der Beutenahme wurde als Wiedernehmung, der Gegenstand der Beute als Reprise bezeichnet.[229]

Im Schrifttum wurde hinsichtlich der Rechtmäßigkeit der Wiedernehmung angeführt, dass in den Fällen, in denen über die Beute ein Prisenverfahren stattfinden müsse, eine Wiedernehmung theoretisch bis zum Abschluss des Prisenverfahrens möglich sei.[230] Vor der Entscheidung des Prisengerichts bestünde noch kein formelles Recht an der Prise, der Nehmer habe ihre Wirksamkeit lediglich auf Gewalt gegründet, so dass sie auch durch Gewalt wieder unwirksam gemacht werden könne.[231] In der Praxis endete die Möglichkeit, dem Kaptor seine Prise wieder abzujagen, jedoch mit der Einbringung in den Heimathafen, da eine Wiedernehmung dann nur noch im Zuge der Eroberung desselbigen und somit nur in den wenigsten Fällen möglich war.

Die Rechtmäßigkeit einer Wiedernehmung richtete sich nach Ansicht der untersuchten Autoren maßgeblich nach der Rechtmäßigkeit der ersten Beutenahme. Nur wenn die erste und ursprüngliche Beutenahme im Einklang mit dem Völkerrecht erfolgt sei, könne der Wiedernehmer nach Einbringung der Prise in

---

227 Burlamaqui, Principes du droit naturel et politique Band 3, Teil IV, Kap. VII, § XVI.

228 Twist, The law of nations Band 2, Kap. IX, § 167.

229 Kaltenborn, Grundsätze des praktischen europäischen Seerechts Band 2, Abschn. IV, § 219, S. 365; Martens, Versuch über Caper, S. 117.

230 Bluntschli, Das moderne Völkerrecht, § 859, S. 463.

231 Bluntschli, Das moderne Völkerrecht, § 860, S. 464; Kaltenborn, Grundsätze des praktischen europäischen Seerechts Band 2, Abschn. IV, § 219, S. 367-369.

seinen Heimathafen und der Durchführung des Prisenverfahrens Eigentümer der Reprise werden.[232] Diese Verkettung der beiden Beutenahmen sei unumgänglich, da der Wiedernehmer seine spätere Eigentümerstellung allein von der Stellung des ersten Nehmers ableiten könne.[233] Habe dieser die Voraussetzungen für die spätere Begründung seiner Eigentümerstellung nicht durch die Rechtmäßigkeit der Beutenahme geschaffen, könne er diese auch nicht weitergeben.[234] Ein gutgläubiger Erwerb des Eigentums an einer ursprünglich unrechtmäßig erworbenen Beute sei sonach nicht möglich, selbst wenn die Wiedernehmung an sich nach den Regeln des Völkerrechtes erfolgt sei. Diese Konstellation trete in der Regel auf, wenn die erste Prise von einem Angehörigen einer neutralen Nation genommen worden sei, der nicht gegen das Neutralitätsgebot verstoßen habe.[235]

Das Abstellen auf den rechtlichen Status der ersten Beutenahme könne dem Wiedernehmer aber auch zum Vorteil gereichen. Befinde sich der Souverän des ursprünglichen Eigentümers zwar mit dem ersten Nehmer im Krieg, sei aber gegenüber dem ermächtigenden Souverän des Wiedernehmers neutral, könne der Wiedernehmer trotzdem das Eigentum an der Reprise erlangen,[236] da beide Beutenahmen für sich genommen rechtmäßig erfolgt seien.[237] Voraussetzung sei lediglich, dass zwischen seinem Souverän und dem Souverän des ersten Nehmers Krieg herrsche, denn entscheidend seien ausschließlich die Verhältnisse zwischen Eigentümer und erstem Nehmer und zwischen erstem Nehmer und

---

232 Azuni, Droit maritime de l'Europe Band 2, Kap. IV, Art. V, S. 277f; Grotius, De iure belli ac pacis, Buch III, Kap. VI, § III; Hautefeuille, Des droits et des devoirs de nations neutres Band 3, Titel XIII, Kap. III, Abschn. I, S. 355f; Kaltenborn, Grundsätze des praktischen europäischen Seerechts Band 2, Abschn. IV, § 219, S. 371f; Massé, Le droit commercial Band 1, Buch II, Titel I, Kap. II, Abschn. III, § VI, Nr. 417; Molloy, De iure maritimo et navali, Buch I, Kap. I, § XII; Pistoye/Duverdy, Traité des prises maritimes Band 2, Titel VII, Kap. II, S. 120; Valin, Traité des prises Band 1, Kap. XIV, § 43.

233 Azuni, Droit maritime de l'Europe Band 2, Kap IV, Art V, S. 277f; Massé, Le droit commercial Band 1, zweites Buch, Titel I, Kap II, Abschn. III, § VI, Nr 417.

234 Pistoye, Duverdy, Traité des prises maritimes Band 2, Titel VII, Kap II, S. 120.

235 Hautefeuille, Des droits et des devoirs des nations neutres Band 3, Titel XIII, Kap III, Abschn. I, S. 355f; Valin, Traité des prises Band 1, Kap VI, Abschn. I, §12.

236 Saalfeld, Grundriss eines Systems des europäischen Völkerrechts, Teil II, Kap. III, Abschn. II, § 257.

237 Molloy, De jure maritimo et navali, Buch I, Kap I, §XV.

Wiedernehmer, nicht aber jenes zwischen ursprünglichem Eigentümer und Wiedernehmer.[238]

Sei die ursprüngliche Beutenahme unrechtmäßig, könne auch der Wiedernehmer unter keinen Umständen Eigentum an der Reprise erlangen, müsse sie also zweifelsohne an den ursprünglichen Eigentümer restituieren.[239]

Wie aber wurde die Konstellation angesehen, in der zwar Beutenahme und Wiedernehmung beide nach den Regeln des Völkerrechts vonstattengegangen waren, Wiedernehmer und ursprünglicher Eigentümer aber derselben Nation angehörten? Nach rein völkerrechtlichen Erwägungen hätte die Reprise trotz allem dem Wiedernehmer zufallen müssen, denn sonst hätte die Erlangung der Eigentümerstellung neben der Rechtmäßigkeit der ersten Beutenahme auch noch davon abhängig gemacht werden müssen, welchem Staat Wiedernehmer und ursprünglicher Eigentümer angehörten. Zu berücksichtigen waren hier nach einhelliger Ansicht aber eben nicht nur rein formaljuristische Gesichtspunkte, sondern auch die Pflicht eines Souveräns, für das Eigentum seiner Angehörigen Sorge zu tragen und nicht durch die Ermächtigung privater Beutefahrer die Möglichkeit der Wiedererlangung ihres Hab und Guts zu unterlaufen.[240]

Die Lösung dieses Problems wurde auf nationaler Ebene gesucht.[241] Unter den europäischen Nationen habe sich die Praxis etabliert, die Reprise an den ursprünglichen Eigentümer zurück zu geben[242] und dem Wiedernehmer eine entsprechende Entschädigung zu zahlen.[243] Im Gegensatz zu der Konstellation, in der schon die erste Beutenahme keine Rechtmäßige war, sei der gutgläubige Erwerb der Prise durch einen Dritten jedoch möglich. Voraussetzung sei aber die Unkenntnis des Dritten über die gemeinsame Staatsangehörigkeit von ursprünglichem Eigentümer und Wiedernehmer.[244] Gerechtfertigt wurde die Möglichkeit eines gutgläubigen Erwerbs hier durch die Tatsache, dass nicht

238 Saalfeld, Grundriss eines Systems des europäischen Völkerrechts, 2.Teil, Kapitel III, Abschnitt II, §257.

239 Azuni, Droit maritime de l'Europe Band 2, Kap IV, Art V, S. 277f; Valin, Traité des prises Band 1, Kap VI, Abschn. I, §12.

240 Martens, Versuch über Caper, S. 139.

241 Martens, Versuch über Caper, S. 139.

242 Kaltenborn, Grundsätze des praktischen europäischen Seerechts Band 2, Abschn. IV, § 219, S. 370f; Lawrence, The principles of international law, Teil III, Kap. V, § 185; Oppenheim, System des Völkerrechts, Kap. XII, § 3, S. 306.

243 Martens, Versuch über Caper, S. 139; Massé, Le droit commercial Band I, Buch II, Titel I, Kap. II, Abschn. III, § VI, Nr. 418.

244 Massé, Le droit commercial Band I, Buch II, Titel I, Kap. II, Abschn. III, § VI, Nr. 418.

völkerrechtliche Grundregeln, sondern lediglich die Schutzpflichten des Souveräns gegenüber seinen Angehörigen den Eigentumserwerb durch den Wiedernehmer verhinderten.

Auf Grund des ähnlich gelagerten Sachverhalts würden dieselben Regelungen zur Restituierungspflicht des Eigentums und zum gutgläubigen Erwerb auch dann gelten, wenn Wiedernehmer und ursprünglicher Eigentümer alliierten Staaten angehörten.[245]

h. Das Prisenverfahren

(1) Die Durchführung des Prisenverfahrens als Voraussetzung für den Eigentumserwerb

Eine besondere Befassung der europäischen Rechtsgelehrten erfolgte auch mit der Notwendigkeit und dem Ablauf des Prisenverfahrens. Grundlegende Einigkeit bestand darin, dass die oben genannten Umstände, die für die Rechtmäßigkeit der Prisennahme von Bedeutung waren, prisengerichtlich festgestellt werden mussten. Die Durchführung eines Prisenverfahrens sei somit stets obligatorisch für den Eigentumserwerb,[246] erst mit dem entsprechenden Urteil des Prisengerichts erlange der Kaperfahrer das Eigentum an seiner Beute.[247] Die völkerrechtliche Notwendigkeit eines Prisenverfahrens für die Eigentumsübertragung ergebe sich sowohl aus der zunehmenden Humanisierung des europäischen Kriegsrechts[248] als auch aus der Tatsache, dass das Prisenrecht als Bestandteil des Kriegsrechts nur dem Staat, nicht aber dem Einzelnen Eigentumsrechte durch das bloße an-sich-bringen verschaffen konnte und so die Prüfung der Rechtmäßigkeit der Umstände der Beutenahme unumgänglich sei.[249]

---

245 Martens, Versuch über Caper, S. 141.

246 Bluntschli, Das moderne Völkerrecht, S. 462, §856; Heffter, Das europäische Völkerrecht der Gegenwart, Buch II, Abschn. II, § 138; Manning, Commentaries on the law of nations, Buch III, Kapitel XII, S. 382f; Molloy, De jure maritimo et navali, Buch I, Kap II, § XXI.

247 Bluntschli, Das moderne Völkerrecht, § 856, S. 462; Heffter, Das europäische Völkerrecht der Gegenwart, Buch II, Abschn. II, § 138; Manning, Commentaries on the law of nations, Buch III, Kap. XII, S. 382f; Molloy, De iure maritimo et navali, Buch I, Kap. II, § XXI.

248 Manning, Commentaries on the law of nations, Buch III, Kap. XII, S. 382f.

249 Bluntschli, Das moderne Völkerrecht, § 856, S. 462.

(2) Der Träger des Jurisdiktionsanspruchs

(a) Grundsätze

Um die Einrichtung von Prisengerichten und den Gang des prisengerichtlichen Verfahrens näher zu beleuchten, sahen sich die zeitgenössischen Rechtsgelehrten mit der Frage konfrontiert, wer den Jurisdiktionsanspruch in Prisensachen innehatte. Sollte er bei dem den Kaperfahrer ermächtigenden Souverän liegen? Oder sollte der Souverän des Genommenen hier zuständig sein? Bei der Bestimmung der Zuständigkeit war sowohl der Charakter des Kaperwesens als Mittel der maritimen Kriegsführung als auch der Ort der Beutenahme und der Aufenthaltsort der Prise zu berücksichtigen.

Wie schon dargelegt sah der juristische Diskurs zu Beginn des 18. Jahrhunderts die Praxis der Ermächtigung privater Kaperfahrer in Europa als adäquates Mittel der maritimen Kriegsführung an. Wer sollte nun aber über Rechtmäßigkeit oder Unrechtmäßigkeit eines eingesetzten Kriegsmittels entscheiden? Mangels einer völkerrechtlichen Instanz, die sich solcher Fragen hätte annehmen können, musste der Jurisdiktionsanspruch über die Entscheidung der Rechtmäßigkeit einer Prisennahme auf hoher See bei einem der beteiligten Souveräne liegen und auf Grund der Tatsache, dass mehrere Nationen von dieser Entscheidung betroffen waren, auf der Basis des Völkerrechts gefällt und in Hinblick auf die Beutenahmen von Angehörigen des Feindes und Angehörigen neutraler Nationen mit unterschiedlichen Argumenten unterfüttert werden.

(b) Die Beutenahme von Angehörigen des Feindes

Zunächst richtete das Schrifttum seinen Blick auf die Beutenahmen von Angehörigen des Feindes. Schon seit frühester Zeit habe sich nach Ansicht der sich mit der Thematik befassenden Juristen aus dem Wesen des Seekrieges ergeben, dass feindliches Eigentum zur See dem Eroberer zufalle. Die Einrichtung von Prisengerichten entspringe somit nicht aus einer völkerrechtlichen Notwendigkeit, sondern aus der moralischen Verantwortung der europäischen Staaten zur Überwachung der von ihnen legitimierten Kaperfahrer. Würden die europäischen Souveräne somit einen Richter anerkennen, der über die Rechtmäßigkeit ihrer Kriegshandlungen entscheiden solle, liege es auf der Hand, dass der Jurisdiktionsanspruch bei dem Staat liege, der sich des entsprechenden Kriegsmittels bediene. Denn die Bestimmung einer neutralen Nation als Richter käme der Aufgabe von Souveränitätsrechten gleich.[250] Außerdem lege die Tatsache, dass

250 Kaltenborn, Grundsätze des praktischen europäischen Seerechts Band 2, Abschn. IV,

der Kaperfahrer sein Recht zur Kriegsführung von seinem Souverän übertragen bekommen habe und dieser auch innerhalb der völkergewohnheitsrechtlichen Regeln über die Grenzen und Ausgestaltungen der Beutenahmen entscheide, nahe, dass auch nur der ermächtigende Souverän über die Rechtmäßigkeit der Prisennahme entscheiden könne, der Jurisdiktionsanspruch über das Prisenverfahren somit bei dem Nehmerstaat liege.[251]

Weiterhin stand die Frage zur Diskussion, ob eine vergleichbare Situation auch vorliege, sofern der Kaptor seine Prise nicht in einen seiner Heimathäfen, sondern in den Hafen eines alliierten oder neutralen Staates einbrachte? Diese Frage wurde wie folgt beantwortet: Erfolge die Einbringung in einen Hafen unter der Herrschaft eines alliierten Souveräns, sei kein Grund ersichtlich, warum der Alliierte dem Nehmerstaat seinen Jurisdiktionsanspruch versagen sollte, schließlich würden beide das gemeinsame Ziel der Schädigung und Niederschlagung des Feindes verfolgen. Dem alliierten Souverän könne somit unterstellt werden, dass er seine Häfen zur Erreichung des gemeinsamen Zieles zur Verfügung stelle, ohne aber Ansprüche auf die Jurisdiktion zu erheben.[252]

Eine solche Absicht könne einem neutralen Souverän jedoch nicht unterstellt werden. Dieser sei im Gegenteil bemüht, unter allen Umständen das Neutralitätsgebot zu wahren, um nicht in die Kriegshandlungen mit hineingezogen zu werden. Bei der Einbringung in einen neutralen Hafen könne der Jurisdiktionsanspruch des Nehmerstaates somit lediglich dadurch gestützt werden, dass die Prise auch in einem neutralen Hafen auf Grund des Ausschlusses neutraler Häfen als Ort der Beutenahme als in Sicherheit gebracht gelte und das Prisenverfahren folglich eröffnet werden könne.[253] Jedoch sei hier in die Überlegungen mit einzubeziehen, dass in einem solchen Fall mit nicht unwesentlichen Schwierigkeiten in der Beweisführung und in der Durchsetzung des Urteils gerechnet werden müsse.

---

§ 238, S. 486f; Massé, le droit commercial Band 1, Buch II, Titel I, Kap. II, Abschn. III, § V, Nr. 402; Pistoye/Duverdy, Traité des prises maritimes Band 2, Titel VIII, Kap. II, S. 185.

251 Lawrence, The principles of international law, Teil III, Kap. V, § 189; Manning, Commentaries on the law of nations, Buch III, Kap. XII, S. 379f; Massé, le droit commercial Band 1, Buch II, Titel I, Kap. II, Abschn. III, § V, Nr. 401; Phillimore, Commentaries Band 3, Teil X, Kap. IV, § CCCLXV, S. 344; Valin, Traité des prises Band 1, Kap. XIV, § 35f.

252 Wheaton, Elements of international law Band 2, Teil IV, Kap. II, § 12, S. 90.

253 Wheaton, Elements of international law Band 2, Teil IV, Kap. IX, § 10, S. 265f.

Somit sei fraglich, ob dem Anspruch des Nehmerstaates nicht ein Jurisdiktionsanspruch des neutralen Staates entgegenstehe, der sich aus der Belegenheit der Prise in seinem Hoheitsgebiet ergebe. Hier sei aber zu berücksichtigen, dass, wäre der Jurisdiktionsanspruch an den Neutralen gefallen, genau der Fall eingetreten wäre, den jeder neutrale Souverän zu verhindern gedächte, nämlich eine Miteinbeziehung in die Streitigkeiten der kriegführenden Staaten. Ein prisengerichtliches Urteil, welches dem einen Staat die Beute zuspräche, die der andere Staat gleichzeitig verlöre, verletze zwangsläufig das Neutralitätsgebot.[254] Außerdem ergebe sich die Einordnung der Prisennahme als rechtmäßig aus dem Verhältnis der verfeindeten Staaten, nicht aber aus ihrem Verhältnis zu einem neutralen Staat.[255]

All dies spreche folglich dafür, den Jurisdiktionsanspruch auch bei der Einbringung der feindlichen Prise in einen neutralen Hafen bei dem Nehmerstaat zu belassen. Der einzige Grund, der noch gegen diesen Verbleib des Jurisdiktionsanspruches hätte sprechen können, wäre der der Verletzung von Souveränitätsrechten des neutralen Staates. Diese Befürchtung könne aber dadurch entkräftet werde, dass dem neutralen Staat eben dieser Jurisdiktionsanspruch über seine Kaperfahrer gleichfalls zustehe, wenn er selber zur Kriegspartei werde.[256] Für die Aufgabe eines Teils seiner Souveränität erhalte er somit eine gleichwertige Kompensation. Außerdem könne der neutrale Staat seine Hoheitsrechte dadurch schützen, dass er allen kriegführenden Staaten die Einbringung von Prisen in seine Häfen verbiete.[257]

(c) Die Beutenahme von Angehörigen neutraler Nationen

Der Jurisdiktionsanspruch des Nehmerstaates bei der Beutenahme von Angehörigen des Feindes entsprach sonach der einhelligen Meinung der bedeutenden europäischen Völkerrechtler. Erstreckte er sich aber nach ihrem Dafürhalten auch auf Beutenahmen von Angehörigen neutraler Staaten? Welchen Einfluss auf die Entscheidung hatte die Frage, in welchen Hafen eine solche Prise eingebracht wurde?

Einigkeit bestand darin, dass für eine entsprechende Erweiterung des Jurisdiktionsanspruches des Nehmerstaates im Falle der Beutenahme von Neutralen

254 Halleck, International Law, Kap. XXXI, § 2; Wheaton, Elements of international law Band 2, Teil IV, Kap. IX, § 5, S. 259.

255 Azuni, Droit maritime de l'Europe Band 2, Kap. IV, Art. III, S. 247.

256 Valin, Traité des prises Band 1, Kap. XIV, § 39.

257 Phillimore, Commentaries Band 3, Teil X, Kap. IV, § CCCLXXV, S. 350.

und anschließender Einbringung in einen Hafen des ermächtigenden Souveräns spreche, dass eine Beutenahme von Neutralen nur bei Verletzung des Neutralitätsgebotes gerechtfertigt sein könne und die ursprünglich neutralen Opfer der Beutenahme somit auch nach den Regeln des Kriegsrechtes behandelt werden dürften. Selbst wenn sich herausstellen würde, dass keine Verletzung des Neutralitätsgebotes vorgelegen habe, ändere dies nichts an der Tatsache, dass die Jurisdiktion, der sich der Nehmerstaat durch die völkergewohnheitsrechtliche Anerkennung freiwillig unterworfen habe, als Teil seiner Souveränität dem selbigen zustehe[258]. Hierin liege auch kein Verstoß gegen den Souveränitätsanspruch der neutralen Nation, denn ein Verstoß eines Einzelnen gegen das Neutralitätsgebot werde von dem neutralen Staat auf Grund der Angst vor einer Verwicklung in Kriegshandlungen eben nur als isolierte Handlung eines Einzelnen und nicht als eine Handlung des Staates betrachtet.[259]

Sei die Beutenahme nicht auf Grund einer Verletzung des Neutralitätsgebotes erfolgt und somit auch nicht gerechtfertigt, bringe der Jurisdiktionsanspruch des Nehmerstaates dem Neutralen den Vorteil, dass der Nehmerstaat auch die Jurisdiktion über den von ihm ermächtigten Kaperfahrer innehabe und so für eine Restituierung des Eigentums und einen Ersatz des entstandenen Schadens sorgen könne. Lediglich soweit die, nach Ansicht der neutralen Nation bestehende, Widerrechtlichkeit der Beutenahme im prisengerichtlichen Verfahren nicht beachtet werde, müsse sich die neutrale Nation des Mittels der Diplomatie oder in letzter Konsequenz des Kriegseintritts bedienen, um zu ihrem Recht zu kommen.[260]

Wie nun änderte sich die Argumentationsstruktur, wenn ein neutrales Schiff aufgebracht wurde, welches später in den Hafen einer anderen neutralen Nation eingebracht wurde? Das Ergebnis war dasselbe. Der Jurisdiktionsanspruch über die Prise verbleibe auch hier bei dem Nehmerstaat, denn diese Konstellation unterscheide sich nicht wesentlich von der, dass feindliche Beute in einen neutralen Hafen eingebracht werde. Weder habe der neutrale Staat einen Jurisdiktionsanspruch über den Ort der Beutenahme, noch über den Nehmer, noch über den Genommenen. Auch sei er nicht in die Streitigkeiten der betroffenen Staaten involviert.[261] Lediglich auf Grund der Tatsache, dass es sich bei dem Hafen, in dem die Prise lag, um Hoheitsgebiet des neutralen Staates handele, könne nicht

258 Massé, Le droit commercial Band 1, Buch II, Titel I, Kap. II, Abschn. III, § V, Nr. 402.
259 Cauchy, Le droit maritime international Band 1, Einleitung, § 3, S. 67.
260 Massé, Le droit commercial Band 1, Buch II, Titel I, Kap. II, Abschn. III, § V, Nr. 402.
261 Massé, Le droit commercial Band 1, Buch II, Titel I, Kap. II, Abschn. III, § V, Nr. 405.

von einer Verletzung eines Hoheitsrechtes gesprochen werden. Denn der neutrale Staat habe durch die Erlaubnis der Einbringung von Prisen in seinen Häfen konkludent der Ausübung der Jurisdiktion durch einen anderen Staat auf seinem Staatsgebiet zugestimmt. Wolle er dem widersprechen, könne er den Kriegsparteien einfach die Einbringung von Prisen in seine Häfen untersagen.[262] Darüber hinaus erlange der neutrale Staat in dem Fall, in dem er selber zur Kriegspartei werden, ebenfalls den Jurisdiktionsanspruch über andere neutrale Staaten, profitiere somit von dieser Regelung.[263]

Eine andere Betrachtung gebiete allerdings der Fall, in dem ein Angehöriger einer neutralen Nation Opfer der Prisennahme geworden sei und die Prise anschließend in einen Hafen des neutralen Staates eingebracht werde, dem das Opfer der Beutenahme angehörte. Seien diese Voraussetzungen erfüllt, würden ausschließlich die Gerichte des neutralen Staates über die Rechtmäßigkeit der Beutenahme entscheiden.[264]

Begründet wurde dies damit, dass ein Souverän gegenüber seinen Untertanen für Gerechtigkeit sorgen müsse, wenn das ihnen entzogene Eigentum in seinen Herrschaftsbereich eingebracht werde.[265] Liege eine potentielle Rechtsverletzung des Kaptors gegenüber den Angehörigen des Staates vor, auf dessen Hoheitsgebiet er sich befinde, könne er sich nicht der Jurisdiktion dieses Staates entziehen.[266] Hierbei sei es unerheblich, ob der Beutefahrer freiwillig oder gezwungenermaßen den Hafen des Neutralen angesteuert habe, da die genauen Motive ohnehin nicht nachvollziehbar gewesen wären.[267] Die Gefahr der Verletzung des Neutralitätsgebotes durch die Ausübung des Jurisdiktionsanspruchs durch den neutralen Staat sei in diesem Fall nicht gegeben, da der Souverän mit der Übernahme des Jurisdiktionsanspruches lediglich die Interessen seiner eigenen Staatsangehörigen, nicht aber die einer der Kriegsparteien vertrete. Im Gegenteil verteidige der neutrale Staat mit einer Entscheidung im Prisenverfahren seine

---

262 Phillimore, Commentaries Band 3, Teil X, Kap IV, §CCCLXII, S. 343.

263 Valin, Traité des prises Band 1, Kap XIV, §39.

264 Azuni, Droit maritime de l'Europe Band 2, Kap. IV, Art. III, S. 247-249; Kaltenborn, Grundsätze des praktischen europäischen Seerechts Band 2, Abschn. IV, § 17, S. 362; Kent, Kent's commentary on international law, Kap. VII, S. 330; Lawrence, The principles of international law, Teil III, Kap. V, § 189; Saalfeld, Grundriss eines Systems des europäischen Völkerrechts, Teil II, Kap. III, Abschn. II, § 275; Tetens, Considerations sur les droits, Abschn. VI, § 4, S. 165.

265 Hübner, De la saisie des batiments neutres Band 2, Teil I, Kap. II, § 5, 52f.

266 Lampredi, Del commercio dei popoli neutrali in tempo de guerra, Teil I, § XIV.

267 Azuni, Droit maritime de l'Europe Band 2, Kap. IV, Art. III, S. 258.

Neutralität.[268] Außerdem habe er unzweifelhaft den Jurisdiktionsanspruch über den Genommenen inne[269] und eine konkludente Einwilligung zur Übertragung des Jurisdiktionsanspruches an den Nehmerstaat durch die Erlaubnis zur Einbringung von Prisen in seine Häfen könne nicht angenommen werden[270], da eine solche mit der Pflicht des Souveräns, die Interessen seiner Angehörigen[271] sowie seine Neutralität zu schützen, kollidiert wäre[272].

Neben dem Fall der Einbringung einer neutralen Prise in den Heimathafen des Genommenen bestand Konsens dahingehend, dass ein Jurisdiktionsanspruch eines neutralen Staates über die Prise selbst dann gegeben sei, wenn die Prise entgegen der völkerrechtlichen Vorschriften über den Ort der Beutenahme in neutralen Hoheitsgewässern genommen wurde. Hier liege eine eindeutige Verletzung des Souveränitätsanspruches und der Neutralität durch eine Kriegspartei vor, so dass ihm unzweifelhaft das Recht und die Pflicht zur gerichtlichen Feststellung der Unrechtmäßigkeit der Prisennahme zustehe.[273] Der unbedingte Schutz der Souveränität und der Neutralität der am Krieg unbeteiligten Staaten würde im Interesse aller Kriegsparteien liegen, um einen Ausweitung des Krieges zu verhindern.[274]

(3) Die Prisengerichte

Die Pflicht einer jeden Kriegspartei, die sich staatlich ermächtigter Kaperfahrer bediente, über die Rechtmäßigkeit der Prise in einem ordentlichen Prisenverfahren zu entscheiden, brachte die Notwendigkeit der Einrichtung von Gerichten mit sich, die sich dieser Prisenverfahren annahmen.

Auch die Stellung dieser Prisengerichte wurde von den europäischen Rechtsgelehrten detailliert behandelt. Auf Grund der Tatsache, dass sich die Gerichte

---

268 Wheaton, Elements of international law Band 2, Teil IV, Kap III, § 9, S. 141.

269 Tetens, Considerations sur les droits, Abschnitt VI, §4, S. 165.

270 Gessner, Das Recht des neutralen Seehandels, Abschnitt II, Kapitel II, §3, S. 133f.

271 Lampredi, Del commercio dei popoli neutrali in tempo di guerra Teil 1, § XIV.

272 Halleck, International Law, Kap XXXI, §3.

273 Cauchy, Le droit maritime international Band 1, Einleitung, § 3, S. 67; Gessner, Das Recht des neutralen Seehandels, Abschn. II, Kap. II, § 3, S. 133f; Kent, Kent's commentary on international law, Kap. VII, S. 330; Lawrence, The principles of international law, Teil III, Kap. V, § 189; Phillimore, Commentaries Band 3, Teil X, Kap. IV, § CCCLXXII, S. 349; Saalfeld, Grundriss eines Systems des europäischen Völkerrechts, Teil II, Kap. III, Abschn. II, § 275; Twist, The law of nations Band 2, Kap. XII, § 233; Wheaton, Elements of international law Band 2, Teil IV, Kap. III, § 9, S. 141.

274 Halleck, International law, Kap. XXXI, § 3.

mit kriegsrechtlichen Fragen auseinander setzen und sowohl allgemeine Regeln des Völkerrechts als auch unter Umständen bi- oder multilaterale Verträge und spezielle nationale Regelungen beachten müssten, seien die Prisenverfahren nicht an die einfachen Zivilgerichte, sondern an speziell eingerichtete Prisengerichte übertragen.[275] Das Prisengericht habe den Stand eines außerordentlichen Schiedsgerichtes, das in Kriegszeiten ad hoc eingerichtet werde[276] und als staatsrechtliche Spezialkommission mit völkerrechtlichen Einflüssen auf mehr Staaten einwirke, als am Krieg eigentlich beteiligt seien.[277]

An die Entscheidung des Prisengerichtes über die Rechtmäßigkeit der Beutenahme sei nur der Kaperfahrer selbst gebunden, denn dieser leite als Einziger seine Rechte von dem Souverän ab, der das Prisengericht eingerichtet habe. Angehörige neutraler Nationen könnten sich an ihren eigenen Souverän wenden und von diesem wegen der Verletzung prisenrechtlicher Regelungen Genugtuung verlangen.[278] Eine solche Genugtuung werde, sollten sich die Fälle unrechtmäßiger Entscheidungen der Prisengerichte eines der kriegführenden Staaten häufen, meist durch den Eintritt des vormals neutralen Staates in den Krieg erreicht.[279]

Die Notwendigkeit der Einrichtung spezieller Prisengerichte werde noch durch die Tatsache gestützt, dass eine effektive Kontrolle der ermächtigten Kaperfahrer und die Verhinderung von Grenzüberschreitungen durch den Souverän nur mit Hilfe besonders qualifizierter Gerichte möglich sei. Auch müsse sich der Kaperfahrer, der seinen Souverän bei der Kriegsführung unterstütze, sicher sein können, dass sein Anrecht auf die Prise von einem speziellen Fachgericht geprüft werde.[280] Die Besetzung und Organisation der Gerichte bleibe nationalen Regelungen überlassen.[281] Neben den einfachen Prisengerichten müsse

275 Azuni, Droit maritime de l'Europe Band 2, Kap. IV, Art IV, S. 263, Halleck, International law, Kap. XXXI, § 6; Massé, le droit commercial Band 1, Buch II, Kap. II, Abschn. III, § V, Nr. 408.

276 Bluntschli, Das moderne Völkerrecht, § 843, S. 456.

277 Oppenheim, System des Völkerrechts, Kap. XII, § 9, S. 322.

278 Kaltenborn, Grundsätze des praktischen europäischen Seerechts Band 2, Abschn. IV, § 238, S. 490; Manning, Commentaries on the law of nations, Buch III, Kap. XII, S. 383; Oppenheim, System des Völkerrechts, Kap. XII, § 9, S. 322.

279 Massé, Le droit commercial Band 1, zweites Buch, Titel I, Kap II, Abschn. III, § V, Nr 402

280 Pistoye/Duverdy, Traité des prises maritimes Band 2, Titel VIII, Kap. I, Abschn. II, S. 157.

281 Bluntschli, Das moderne Völkerrecht, § 672, S. 366; Halleck, International law, Kap. XXXI, § 6.

jede Nation eine Revisionsinstanz einrichten, die bei Bedarf das prisenrechtliche Urteil überprüfen könne.[282]

Der Ort für die Einrichtung von Prisengerichten werde ebenfalls durch eine einheitliche europäische Rechtspraxis ausgestaltet. Unzweifelhaft dürften Prisengerichte auf dem Staatsgebiet des ermächtigenden Souveräns und auf den eroberten Gebieten errichtet werden, da diese zum Jurisdiktionsbereich des Nehmerstaates zählten.[283] Auch in den Hoheitsgebieten alliierter Staaten sei die Einrichtung möglich,[284] sofern ein Einverständnis des alliierten Souveräns vorlag.[285] In der Praxis sei die Einrichtung somit immer möglich, da kein Grund ersichtlich sei, warum eine alliierte Nation ihr Einverständnis versagen sollte, da sie dasselbe Ziel verfolgen würde und ihr unterstellt werden könne, dass sie jede Maßnahme unterstütze, die zum Sieg führen würde und sie ihre Häfen für die Erreichung des gemeinsamen Zieles zur Verfügung stellen würde.[286]

Als problematisch wurde jedoch angesehen, ob auch eine Einrichtung von Prisengerichtshöfen auf neutralem Hoheitsgebiet möglich sei.

Dafür könnte sprechen, dass der Nehmerstaat seinen Jurisdiktionsanspruch nach herrschender Ansicht, wie bereits aufgezeigt, auch dann behielt, wenn die Prise in einen neutralen Hafen eingebracht werde. Eine Vergleichbarkeit der beiden Konstellationen sei hier aber nicht gegeben. Der neutrale Staat würde sich im ersten Fall durch das Ansichreißen des Jurisdiktionsanspruches einer Verletzung des Neutralitätsgebotes schuldig machen[287], während im zweiten Fall die Verletzung des Neutralitätsgebotes gerade durch die Erlaubnis zur Einrichtung von Prisengerichten auf neutralem Boden eintreten würde[288], solange der Neutrale nicht allen kriegführenden Nationen die Einrichtung von Prisengerichten auf seinem Staatsgebiet erlauben wolle.[289] Erschwerend käme noch hinzu, dass

---

282 Martens, Versuch über Caper, S. 93; Teten, Considerations sur les droits, Abschn. VI, § 7, S. 171; Saalfeld, Grundriss eines Systems des europäischen Völkerrechts, Teil 2, Kap. III, Abschn. II, § 268.

283 Halleck, international law, Kap. XXXI, § 12; Kent, Kent's commentary on international law, Kap. VI, S. 275.

284 Halleck, International law, Kap. XXXI, § 10; Lawrence′, The principles of international law, Teil III, Kap. V, § 188.

285 Lawrence, The principles of international law, Teil III, Kap V, §188.

286 Wheaton, Elements of international law Band 2, Teil IV, Kap II, § 12, S. 90.

287 Massé, Le droit commercial Band 1, zweites Buch, Titel I, Kap II, Abschn. III, § V, Nr 405.

288 Lawrence, The principles of international law, Teil III, Kap V, §188; Twist, The law of nations Band 2, Kap IX, §186.

289 Tetens, Considerations sur les droits, Abschnitt VI, §5, S. 166

der neutrale Souverän im Regelfall schon keinen Jurisdiktionsanspruch über die in seine Häfen eingebrachten Prisen habe, so dass ihm die Kompetenz fehle, der Einrichtung von Prisengerichten zuzustimmen.[290] Die Einrichtung eines Prisengerichtes des Nehmerstaates auf neutralem Boden ohne die Erlaubnis des neutralen Staates aber sei ebenfalls nicht völkerrechtlich gedeckt, da es durch die Ausübung der judikativen Gewalt einer Nation auf dem Staatsgebiet einer anderen zur Schaffung eines Staates im Staat unter Einschränkung der Souveränität des Letzteren käme.[291] Die Einrichtung von Prisengerichten auf neutralem Hoheitsgebiet stehe demnach nicht mit einem europäischen Völkergewohnheitsrecht in Einklang.[292]

Auch wenn sich der Gang des Prisenverfahrens nach den jeweiligen nationalen Rechtsvorschriften richtete, stellten die zeitgenössischen Rechtsgelehrten einige Verfahrensgrundsätze heraus, deren Notwendigkeit von allen Souveränen anerkannt würden.

Die Entscheidungsgrundlage für die Prisengerichte würden ausschließlich die allgemeinen Grundsätze des Völkerrechts oder die zwischen den beteiligten Nationen bestehenden Verträge darstellen, solange diese im Einklang mit dem Völkerrecht stehen würden.[293]

Zu den europaweit allgemein anerkannten Grundsätzen des Prisenverfahrens aufgrund der Tradition des römisch-kanonischen Verfahrensrechts gehöre das Recht auf die Gewährung rechtlichen Gehörs sowie die Pflicht zur Gleichbehandlung beider Parteien.[294] Nach der Ankunft im Hafen müssten Prise, Mannschaft und Schiffspapiere umgehend dem zuständigen Richter übergeben und

---

290 Wheaton, Elements of international law Band 2, Teil IV, Kap. II, § 14, S. 94.

291 Lawrence, The principles of international law, Teil III, Kap. V, § 188; Tetens, Considerations sur les droits, Abschn. VI, § 5, S. 166.

292 Azuni, Droit maritime de l'Europe Band 2, Anmerkung zu Kap. IV, Art. IV, S. 262; Halleck, International Law, Kap XXXI, §11; Kent, Kent's Commentary on international law, Kap VI, S. 275; Lawrence, The principles of international law, Teil III, Kap V, §188; Maclachlan, A treatise on the law of merchant shipping, Kap. I, S. 18; Phillimore, Commentaries Band 3, Teil X, Kap IV, §CCCLXVII, S. 348; Tetens, Considerations sur les droits, Abschnitt VI, §5, S. 166.

293 Gessner, Das Recht des neutralen Seehandels, Abschn. II, Kap. III, § 2, S. 143f; Kaltenborn, Grundsätze des praktischen europäischen Seerechts Band 2, Abschn. IV, § 238, S. 491; Lawrence, The principles of international law, Teil III, Kap. V, § 188; Manning, Commentaries on the law of nations, Buch III, Kap. XII, S. 378; Phillimore, Commentaries Band 3, Teil XI, Kap. I, § CCCCXXXVI, S. 385.

294 Phillimore, Commentaries Band 3, Teil XI, Kap. I, § CCCCXXXIII, S. 533.

die Umstände der Prisennahme angegeben werden.[295] Sobald sich der Eigentümer des genommenen Schiffes zu den Eigentumsverhältnissen äußere, beginne das Verfahren automatisch.[296] Sofern der Kaptor vor Beginn der Beutefahrt eine Kaution hinterlegt habe, entwickele eine eingelegte Revision keinen Suspensiveffekt, Beute und Ladung müssten nach Abschluss des erstinstanzlichen Verfahrens direkt an ihn abgetreten werden.[297] Würde die Beutenahme jedoch als unrechtmäßig erachtet, müsse der Kaptor dem Schiffseigner alle durch die Beutenahme entstandenen Schäden und Aufwendungen ersetzen.[298] Über den entsprechenden Schadens- und Aufwendungsersatz würden auf Grund ihres exklusiven Jurisdiktionsanspruches ebenfalls die Prisengerichte entscheiden.[299]

Die Einigkeit über die genannten Verfahrensgrundsätze ließ sich vor allem als ein Eingeständnis an die Rechte der neutralen Nationen einstufen. Durch ihre Akzeptanz des ausschließlichen Jurisdiktionsanspruches der Nehmerstaaten über das Prisenverfahren setzten sie sich und ihre Angehörigen zweifellos der Gefahr einer willkürlichen und opportunistischen Entscheidung der kriegführenden Staaten über die Prise aus. Dieses Eingeständnis war nur dann mit den Schutzpflichten des Souveräns gegenüber seinen Angehörigen vereinbar, wenn strenge Regelungen zu einer Minimierung der Gefahr des Missbrauchs beitrugen. Nur wenn sich die Kriegsparteien an diese Verfahrensregeln hielten konnten sie darauf bauen, dass diese auch ihnen zu Gute kämen, sollten sie im nächsten innereuropäischen Konflikt eine neutrale Stellung einnehmen.

Eine gewisse Relativierung des Schutzes der Neutralen sahen die Rechtsgelehrten jedoch in den von ihnen herausgearbeiteten Beweisregeln innerhalb des Prisenverfahrens. Bei Betrachtung eines prisengerichtlichen Verfahrens stelle sich der Nehmer als Kläger dar, der auf die Feststellung der Rechtmäßigkeit der Prise und somit auf Verschaffung der Eigentümerstellung klage. Nach kriminalpolitischen Grundsätzen hätte diesem folglich auch die Darlegungs- und Beweislast für die ihm günstigen Tatsachen, die die Rechtmäßigkeit der Beutenahme

---

295 Saalfeld, Grundriss eines Systems des europäischen Völkerrechts, Teil 2, Kap. III, Abschn. II, § 269; Valin, Traité des prises Band 1, Kap. XIII, Abschn. I, § 1.

296 Saalfeld, Grundriss eines Systems des europäischen Völkerrechts, Teil 2, Kap. III, Abschn. II, § 270; Wheaton, Maritime captures and prizes, Kap. IX, § 16, S. 276f.

297 Kaltenborn, Grundsätze des praktischen europäischen Seerechts Band 2, Abschn. IV, § 238, S. 498; Martens, Versuch über Caper, S. 93.

298 Kaltenborn, Grundsätze des praktischen europäischen Seerechts Band 2, Abschn. IV, § 238, S. 500.

299 Halleck, International law, Kap. XXXI, § 13.

begründeten, obliegen müssen.[300] Im Prisenverfahren gelte jedoch der Grundsatz der Beweislastumkehr, so dass nicht der Nehmer die Rechtmäßigkeit der Beutenahme beweisen müsse, sondern der Genommene die Beweislast für die Unrechtmäßigkeit der Beutenahme trage.[301]

Diese Umkehr der Beweislast und die damit einhergehende Abweichung von den allgemeinen Prozessregeln wurde mit der speziellen verfahrensrechtlichen Stellung des Prisennehmers begründet. Die Auferlegung der Beweislast für die Begründetheit eines Anspruches auf den Kläger in einem zivilrechtlichen Verfahren beruhe auf der Tatsache, dass der Beklagte sonst die Nichtexistenz des Anspruches beweisen müsse. Eine solche negative Beweisführung lasse sich in der Regel nicht erbringen.[302] Im Prisenverfahren nun müsse nach den allgemeinen Beweisregeln der Nehmer den negativen Beweis erbringen, dass die Beutenahme nicht gegen geltendes Recht verstoße, der Genommene hingegen lediglich, dass sie eben doch prisenrechtliche Regelungen verletze, so dass eine Umkehrung der Beweislast für gerechtfertigt gehalten wurde.[303]

Die häufigste Konstellation, in der ein Prisenverfahren geführt wurde, war diese, dass sich der Eigner eines genommenen Schiffes auf die Unrechtmäßigkeit der Beutenahme auf Grund seiner eigenen Neutralität berief. In diesem Falle musste er nur beweisen, dass er tatsächlich einer neutralen Nation angehörte und nicht gegen das Neutralitätsgebot verstoßen hatte.[304] Es musste somit lediglich die Existenz einer Tatsache bewiesen werden, so dass die Beweislastumkehr in dieser Konstellation nicht zu einer unangemessenen Benachteiligung des Beklagten führe. Selbiges gelte ebenso für die Beutenahme eines feindlichen Schiffes, das unter einem Geleitbrief fuhr, da der Schiffseigner auch hier lediglich

300 Hübner, De la saisie des bâtiments neutres Band 2, Teil I, Kap. III, § VI, S. 86f; Kaltenborn, Grundsätze des praktischen europäischen Seerechts Band 2, Abschn. IV, § 238, S. 496.

301 Martens, Einleitung in das positive europäische Völkerrecht Buch VIII, Hauptstück VII, § 317; Massé, Le droit commercial Band 1, Buch II, Titel I, Kap. II, Abschn. III, § I, Nr. 337; Oppenheim, System des Völkerrechts, Kap. XII, § 12, S. 329; Phillimore, Commentaries Band 3, Teil XI, Kap. IV, § CCCCLX, S. 410.

302 Hübner, De la saisie des bâtiments neutres Band 2, Teil I, Kap. III, § VI, S. 86f; Kaltenborn, Grundsätze des praktischen europäischen Seerechts Band 2, Abschn. IV, § 238, S. 496.

303 Hübner, De la saisie des bâtiments neutres Band 2 Teil I, Kapitel III, § VI, S. 86f ; Martens, Versuch über Caper, S. 91.

304 Hübner, De la saisie des bâtiments neutres Band 2 Teil I, Kapitel III, § VI, S. 86f; Massé, Le droit commercial Band 1, zweites Buch, Titel I, Kap II, .Abschn. III, § I, Nr 33

die Tatsache des Vorliegens eines solchen Dokumentes beweisen müsse.[305] Ein anderer Ansatz zur Rechtfertigung der Beweislastverteilung war der, dem Genommenen die Position als Kläger gegen die Prisennahme zuzuweisen.[306]

Der Vorteil dieser Sichtweise lag darin, dass eine Abweichung von den allgemeinen Beweisregeln des Zivilrechts nicht nötig war, sie änderte jedoch nichts an der Tatsache, dass die Auferlegung der Beweislast von den kriegführenden Staaten zu ihren Gunsten diktiert wurde.

Ein Ausgleich für die Nachteile dieser Beweislastverteilung sah das Schrifttum darin, dass auch Beweismittel für die Unrechtmäßigkeit der Prisennahme zugelassen würden, die zum Zeitpunkt der Beutenahme ohne Verschulden des Kapitäns nicht hätten vorgezeigt werden können.[307] Die Rechtmäßigkeit einer Beutenahme dürfe allein nach den tatsächlichen Umständen im Zeitpunkt der Prisennahme beurteilt werden, nicht aber auf Grund von Präklusionsvorschriften betreffend die Einbringung von Beweismitteln. Die bloße Nichtvorlage gewisser Dokumente könne nicht aus einer ursprünglich widerrechtlichen Prisennahme eine Rechtmäßige machen.[308] Besondere Bedeutung komme dieser Erweiterung der Zulässigkeit von Beweismitteln dadurch zu, dass die Schiffspapiere neben der Besatzung des genommenen Schiffes als primärer Beweis für die rechtliche Einordnung der Beutenahme gelten würden. Nur wenn diese anhand der Papiere nicht zweifelsfrei vorzunehmen sei, greife das Prisengericht auf andere Beweismittel zurück.[309], [310].

Die angeführten Autoren waren sich sonach einig, dass, konnte der ursprüngliche Eigentümer im Verlauf des Prisenverfahrens den Beweis führen, dass die

305 Heffter, Das europäische Völkerrecht der Gegenwart, Buch II, Abschn. II, §138.

306 Heffter, Das europäische Völkerrecht der Gegenwart, Buch II, Abschn. III, Nr. II, § 173; Klüber, Europäisches Völkerrecht Band 2, Titel II, Abschn. II, Kap. II, § 295; Saalfled, Grundriss eines Systems des europäischen Völkerrechts, Teil II, Kap. III, Abschn. II, § 271.

307 Hübner, De la saisie des bâtiments neutres Band 2, Teil I, Kap. III, § III, S. 73f; Kaltenborn, Grundsätze des praktischen europäischen Seerechts Band 2, Abschn. IV, § 238, S. 496f; Martens, Versuch über Caper, S. 91f.

308 Massé, Le droit commercial Band 1, Buch II, Titel I, Kap. II, Abschn. III, § I, Nr. 337.

309 Halleck, International law, Kap. XXXI, § 20; Valin, Traité des prises Band 1, Kap. XIII, Abschn. IV, § 2, Phillimore, Commentaries Band 3, Teil XI, Kap. IV, § CCCCLXXVIII, S. 419.

310 Zum Augenscheinprinzip siehe Nörr, Naturrecht und Zivilprozess: Studien zur Geschichte d. dt. Zivilprozessrechts während d. Naturrechtsperiode bis zum beginnenden 19. Jarhundert, Tübingen 1976

Prise unrechtmäßig genommen worden war, das Prisengericht den Kaptor zur Restitution der Prise an den Eigentümer verurteilte. Gelang ihm dieser Beweis jedoch nicht, gingen Schiff und Ladung je nach dem Inhalt des Kaperbriefes ganz oder teilweise in das Eigentum des Kaptors über.

Auch die Auferlegung der Prozesskosten sahen die Rechtsgelehrten als von den europäischen Prisengerichten weitgehend einheitlich gehandhabt an. Stufe das Prisengericht die Beutenahme als widerrechtlich ein, müsse der Kaperer die Prozesskosten tragen.[311] Werde die Beutenahme jedoch als rechtmäßig erachtet, würden die Kosten des Rechtsstreites dem Kapitän des genommenen Schiffes auferlegt. Darüber hinaus müsse er dem Kaperfahrer alle diesem durch den Prozess entstandenen Kosten ersetzen.[312] Ein Sonderfall ergebe sich, wenn sich die Beutenahme zwar als unrechtmäßig herausstelle, der Kapitän des genommenen Schiffes sich jedoch verdächtig verhalten oder die notwendigen Papiere nicht vorgelegt habe. In diesem Fall könnten ihm die Kosten des Verfahrens trotz Obsiegens aus Billigkeitsgründen auferlegt werden.[313] Komme es nach Abschluss des erstinstanzlichen Verfahrens noch zum Durchlaufen der Revisionsinstanz, komme es hinsichtlich der Kostentragungspflicht darauf an, ob in der Revision das erstinstanzliche Urteil bestätigt werde. Sei dies der Fall, trage der Verlierer die Kosten beider Instanzen. Werde das erstinstanzliche Urteil jedoch aufgehoben, würden die Kosten der Revisionsinstanz verglichen.[314]

4. Zwischenergebnis: Die Feststellung allgemeiner europäischer völkergewohnheitsrechtsrechtlicher Grundsätze im juristischen Diskurs der untersuchten Autoren als Reaktion auf die Anerkennung des Kaperwesens als legitimes Mittel der maritimen Kriegsführung

Im Ergebnis lässt sich festhalten, dass die untersuchten europäischen Völkerrechtsgelehrten das Kaperwesen zwischen den europäischen Staaten als legitimes Mittel der Kriegsführung anerkannten und zugleich allgemeine völkergewohnheitsrechtsrechtliche Grundsätze der europäischen Staaten zur Regelung des

311 Bluntschli, Das moderne Völkerrecht, S. 462, § 854; Saalfeld, Grundriß eines Systems des europäischen Völkerrechts Teil 2, Kapitel III, Abschn. II, § 273.

312 Martens, Versuch über Caper, S. 96.

313 Bluntschli, Das moderne Völkerrecht, S. 461, § 853; Heffter, Das europäische Völkerrecht der Gegenwart Buch 2, Abschn. III, Nr. 2, § 173; Saalfeld, Grundriß eines Systems des europäischen Völkerrechts Teil 2, Kapitel III, Abschn. II, §§ 271, 273.

314 Martens, Versuch über Caper, S. 98.

Kaperwesens als geltend betrachteten. Dies lässt sich sowohl aus der rechtlichen, wirtschaftlichen und politischen Bedeutung der einzelnen als geltend erachteten Regeln in qualitativer Hinsicht als auch an der quantitativen Anzahl der herausgearbeiteten übereinstimmenden Regeln und der damit einhergehenden Regelungsdichte betreffend die Materie des Kaperwesens verifizieren.

Grund für das Bedürfnis nach der Feststellung von Grundsätzen zur Regelung des Kaperwesens war, dass Angehörige jeder Nation Gefahr liefen, Opfer von Prisennahmen zu werden. Dies galt besonders für die Staaten, die durch die Ermächtigung eigener Kaperfahrer eine starke Präsenz auf See zeigten. Es bestand somit ein einheitliches Interesse der europäischen Staaten, die Risiken des Kaperwesens kalkulierbar zu halten, was die Thematik auch in den Fokus des juristischen Diskurses rückte.

Völkergewohnheitsrechtliche Regelungen wurden von den Voraussetzungen für die Ermächtigung des Kaperfahrers bis zur Beendigung des Prisenverfahrens herausgearbeitet, dargestellt und diskutiert.

Die schriftliche staatliche Ermächtigung wurde stets als Voraussetzung für den Beginn der Beutefahrt angesehen. Die Ermächtigung zur Prisennahme müsse sich gegen Angehörige des Feindes und gegen Neutrale bei Verletzung des Neutralitätsgebots richten und von dem eigenen, völkerrechtlich anerkannten Souverän des Kaperfahrers erteilt werden. Die Hinterlegung einer Sicherheitssumme vor Beginn der Beutefahrt zur Restituierung etwaiger Schäden sei ebenfalls verpflichtend.

Die völkerrechtliche Regulierung des Kaperwesens erfolge maßgeblich auch durch europaweit einheitliche prisenrechtliche Regelungen. Voraussetzung für einen Eigentumserwerb durch den Kaperfahrer sei stets, dass die Rechtmäßigkeit der Prisennahme in einem Prisenverfahren festgestellt werde. Der Gegenstand der Beutenahme bestimmte sich hierbei ab Beginn des 18. Jahrhunderts nach dem Dafürhalten der untersuchten europäischen Rechtsgelehrten, mit Ausnahme der englischen Gelehrten, nach dem Grundsatz: „Frei Schiff, frei Gut. Unfrei Schiff, frei Gut.“ Somit könne eine Prise nur rechtmäßig genommen werden, sofern es sich um feindliche Ladung auf feindlichen Schiffen, um den Transport von Kontrabanden auf neutralen Schiffen oder um neutrales Eigentum auf feindlichen Kriegsschiffen handelte. In allen anderen Fällen stehe das Völkerrecht der Rechtmäßigkeit der Prisennahme und sonach einem Eigentumserwerb durch den Beutefahrer entgegen. Rechtmäßige Beutenahmen hätten entweder auf dem offenen Meer zu erfolgen, welches nicht dem Souveränitätsanspruch einer Nation unterliege, oder nach den Regeln des Kriegsrechts, das auch die Okkupation feindlichen Gebietes erlaube, in feindlichen Hoheitsgewässern.

Die Erteilung von Kaperbriefen könne ab dem Beginn des offensichtlichen Ausbruchs von Kriegshandlungen erfolgen, nach dem Friedensschluss verliere die Prisennahme ihre völkerrechtliche Legitimität. Auch in Kriegszeiten schütze das Völkerrecht Schiffe, die unter Geleitbriefen des den Kaperfahrer ermächtigenden Souveräns fahren würden sowie wegen ihrer fehlenden Bedeutung für den gegnerischen Handel Fischerboote und Boote, deren Fahrt zu humanitären Zwecken erfolge.

Zur Sicherung der Prise bestimme die europäische Rechtspraxis, dass die Prise in den Heimathafen des Kaperfahrers eingebracht werden müsse. Zu diesem Zeitpunkt ende aus praktischen Erwägungen auch die Möglichkeit einer Reprisennahme, deren Rechtmäßigkeit sich auf Grund der von dem ersten Nehmer abgeleiteten rechtlichen Stellung des Wiedernehmers nach der Rechtmäßigkeit der ersten Beutenahme richte.

Auch die Grundzüge des Prisenverfahrens seien völkergewohnheitsrechtlich geregelt. Der Jurisdiktionsanspruch liege grundsätzlich bei dem Nehmerstaat, wenn nicht die Prise nach einer Beutenahme von einem Neutralen in dessen Heimathafen eingebracht werde oder die Beutenahme in neutralen Gewässern erfolgt sei. Die Prisengerichte eines jeden Staates würden alleine unter Anwendung des Kriegs- und Völkerrechts entscheiden und könnten in Kriegszeiten auf eigenem, erobertem oder alliiertem Gebiet des ermächtigenden Souveräns eingerichtet werden. Die Verfahrens- und Beweisgrundsätze seien ebenfalls europaweit einheitlich. Letztendlich lasse sich trotz eigener Regelungskompetenz der einzelnen Staaten eine einheitliche europäische Praxis erarbeiten.

III. Das Aufgreifen der von den zeitgenössischen Rechtsgelehrten als völkergewohnheitsrechtliche Regelungen herausgestellten Grundsätze durch die Seemächte England und Frankreich in Rechtsetzung und Rechtsprechung

1. Einleitung

Die in den Werken der behandelten Rechtsgelehrten dargestellten einzelnen Grundsätze finden sich auch in Rechtsetzung und Rechtsprechung der europäischen Nationen wieder. Exemplarisch soll dies hier aufgrund der herausragenden Bedeutung des Kaperwesens für diese Nationen sowie ihrer macht- und wirtschaftspolitischen Bedeutung in Europa und ihrer starken Präsenz auf den Weltmeeren, sowohl hinsichtlich des Treibens von Seehandel als auch hinsichtlich der Betätigung im Seekrieg[315], am Beispiel Englands und Frankreichs dargestellt werden. Im Anschluss wird sich sodann die Frage beantworten lassen, ob eine Verifizierung der durch die Rechtsgelehrten herausgearbeiteten Grundsätze durch die Entscheidungen des High Court of Admiralty an der englischen Rechtspraxis sowie durch die Entscheidungen des Conseil des prises und den Regelungen der einzelnen Ordonnance de la marine an der französischen Rechtspraxis möglich ist. Hierbei wird auch ein besonderes Augenmerk auf die Frage zu richten sein, wie viele der durch die zeitgenössischen Rechtsgelehrten als europäisches Völkergewohnheitsrecht angenommenen Regelungen sich in quantitativer Hinsicht hinsichtlich der Einzelheiten des Kaperwesens auch in der englischen und französischen Rechtspraxis wiederfinden lassen. Die Gliederung orientiert sich zur besseren Vergleichbarkeit an der Gliederung des ersten Teils der Arbeit.

Regelungen zu den Tatbeständen der Piraterie und des Kaperwesens finden sich in einzelnen Statuten und in bi- und multilateralen Verträgen, besonders aber in der Rechtsprechung des High Court of Admiralty sowie den französischen Ordonances de la Marine, den entsprechenden Regelemts du Roi und in der Rechtsprechung des Conseil des prises.

2. Die schriftliche staatliche Ermächtigung als Voraussetzung für den Beginn der Beutefahrt

a. England

Zunächst finden sich in der englischen Rechtspraxis verschiedene Regelungen, die die von den Rechtsgelehrten herausgearbeiteten völkerrechtlichen Voraussetzungen für die Rechtmäßigkeit der Beutenahme widerspiegeln. Zwingende Voraussetzung für den Beginn einer rechtmäßigen Kaperfahrt war die Erteilung eines Kaperbriefes an den Kaperfahrer. Die Ausgabe von Kaperbriefen durfte nur an britische Staatsangehörige erfolgen.[316] Jedem Kapitän, der es beantragte, sollte ein Kaperbrief ausgestellt werden, wenn die erforderlichen Sicherheiten durch ihn selbst und den Eigentümer geleistet worden waren.[317] Vor Ausgabe

315 Siehe hierzu beispielhaft: Baynes, The Encyclopedia Britannica, Band 8, S. 356.

316 Reports of cases argued and determined in the High Court of Admiralty, commencing with the judgments of the Right Hon. Sir William Scott, Michaelmas term, 1798 [to April, 1808], The San Bernado, 01. Februar 1799, 165 E.R. 140 (Adm. 1799), The Haase, 04. April 1799, 165 E.R. 140 (Adm. 1799).

317 An Act for the better Encouragement of Seamen in His Majesty`s Service, and Privateers, to annoy the Enemy 1744, 17 Geo II c 34.

eines Kaperbriefes mussten eine Kaution hinterlegt und Sicherheit geleistet werden. In dem Treaty of Amity, Commerce and Navigation zwischen England und den USA vom 19.11.1794 wurde diese Voraussetzung dahingehend konkretisiert, dass der Kapitän des Kaperschiffs vor Beginn der Kaperfahrt eine Bürgschaft abzugeben und zwei Bürgen zu stellen hatte. Waren die Voraussetzungen erfüllt und wurde der Kaperbrief erteilt, mussten sowohl der Kapitän des Schiffes als auch beide Sicherungsgeber anwesend sein. War der Kapitän verhindert, konnte er zwar einen Vertreter entsenden, in diesem Fall haftete der Vertreter jedoch anstatt des Kapitäns als Sicherungsgeber für Verfehlungen während der Kaperfahrt.[318] Solange der Kaperbrief gültig war, erlangte das Kaperschiff neben seinem privaten auch einen staatlichen Charakter.[319] Um einem Missbrauch des Kaperwesens vorzubeugen, wurde das Schiff eines Kaptors, der die Befugnisse seiner Kommission überschritt, selbst zum Gegenstand einer rechtmäßigen Prisennahme.[320] Wurde ein feindliches Schiff von einem Privaten ohne Kaperbrief in einen englischen Hafen eingebracht und an das Prisengericht übergeben, ging die Prise an die Admiralität über, der Kaptor erhielt aber eine Entschädigung für sein Risiko und seine Aufwendungen.[321]

b. Frankreich

Auch nach französischem Recht durfte ohne eine entsprechende Ermächtigung des Souveräns kein Schiff zur Beutenahme bewaffnet werden. Die Ermächtigung hatte stets schriftlich zu erfolgen. Eine Zuwiderhandlung wurde als Verbrechen gegen den Staat angesehen[322]. Grundsätzlich fiel ein ohne Kaperbrief

---

318 Reports of cases argued and determined in the High Court of Admiralty; commencing with the judgments of the Right Hon. Sir William Scott, Easter term 1808 [-1812] (1812) by Thomas Edwards, King v Fergusson, 02. May 1809 (S. 84-85), 165 E.R. 1041 (Adm. 1809).

319 Reports of cases argued and determined in the High Court of Admiralty; commencing with the judgments of the Right Hon. Sir William Scott, Easter term 1808 [-1812] (1812) by Thomas Edwards, The Dash and Others, 08. August 1810 (S. 271-274), 165 E.R. 1106 (Adm. 1810).

320 For prohibiting all Trade and Commerce with France , 3, 4 Ann c 13.

321 Reports of cases argued and determined in the High Court of Admiralty, commencing with the judgments of the Right Hon. Sir William Scott, Michaelmas term, 1798 [to April, 1808], The San Bernado, 01. Februar 1799, The Haase, 04. April 1799, 165 E.R. 140 (Adm. 1799).

322 L'Ordonnance de la marine, August 1681, Buch 3, Titel 9, Art. 1, http://gallica.bnf.fr/ark:/12148/bpt6k95955s/f19.image.

genommenes feindliches Schiff oder die entsprechenden Waren an die Admiralität[323], ein französischer Kaperfahrer, der unter einer anderen als der französischen Flagge fuhr, konnte keine rechtmäßige Prise machen.[324] Aber auch die französische Admiralität konnte hiervon eine Ausnahme machen, wenn es sich bei dem aufbringenden Schiff um ein Kauffahrtsschiff handelte, welches das feindliche Schiff in einem Akt der Selbstverteidigung aufgebracht hatte.[325]

Jeder französische Staatsangehörige durfte einen Kaperbrief ausschließlich von dem französischen Souverän annehmen, die Annahme einer entsprechenden Ermächtigung von einem fremden Souverän, egal ob feindlich, neutral oder alliiert, war grundsätzlich verboten. Eine Ausnahme bestand nur bei einer ausdrücklichen Erlaubnis durch den französischen Monarchen. Jede Zuwiderhandlung wurde als Piraterie behandelt, sofern das Schiff auch für den Krieg oder das Kaperwesen bewaffnet war[326] und das Schiff wurde im Falle der Aufbringung zur guten Prise erklärt.[327] Gleiches galt auch, wenn der Kaperfahrer eine Ermächtigung von zwei verschiedenen Souveränen angenommen hatte. [328]

Auch in Frankreich war die Ausgabe des Kaperbriefes von der Hinterlegung einer Kaution abhängig. Die Kaution betrug 15 Millionen Pfund und der Kommissionsnehmer musste sich in das Admiralitätsregister seines Heimathafens eintragen lassen.[329] Ursprünglich war die Haftung bei Grenzüberschreitungen des Kaperfahrers auf die hinterlegte Summe beschränkt, diese Beschränkung wurde jedoch durch die Ordonnance de la marine vom 23. Juli 1704 insoweit

323 L'Ordonnance de la marine, August 1681, Buch 1, Titel 1, Art. 10; Arrêt du conseil 23. Januar 1706.

324 Ordonance du Roi, Pour les matelots des corsaires, au sujet des prises qui seront faites après avoir tiré le coup d'assurance sous pavillon étranger vom 18. Juni 1704, abgedruckt in: Valin, Nouveau commentaire sur l'ordonnance de la marine, Band 2, S. 242f.

325 Conseil d' Etat – 31 mai 1807, La Vierge du Rosaire, abgedruckt bei Pistoye/Duverdy, Traité des Prises Maritimes Band 1, S. 168f.

326 L'Ordonnance de la marine, August 1681, Buch 3, Titel 9, Art. 3, 5, http://gallica.bnf.fr/ark:/12148/bpt6k95955s/f19.image.

327 L'Ordonnance de la marine, August 1681, Buch 3, Titel 9, Art. 5, http://gallica.bnf.fr/ark:/12148/bpt6k95955s/f19.image.

328 L'Ordonnance de la marine, August 1681, Buch 3, Titel 9, Art. 5, http://gallica.bnf.fr/ark:/12148/bpt6k95955s/f19.image.

329 L'Ordonnance de la marine, August 1681, Buch 3, Titel 9, Art. 2, http://gallica.bnf.fr/ark:/12148/bpt6k95955s/f19.image.

aufgehoben, dass sie dann nicht griff, wenn der Kaperfahrer die Rechte einer neutralen oder alliierten Nation verletzt hatte.[330]

3. Das Prisenrecht als Instrument der Regulierung des Kaperwesens

a. Der Gegenstand der Beutenahme

(1) Die Beutenahme von Staatsangehörigen des Feindes

(a) England

Für die Rechtmäßigkeit der Beutenahme stellte auch die englische Rechtspraxis, wie auch die zeitgenössischen Rechtsgelehrten, auf die Nationalität des genommenen Schiffes ab. Zur rechtmäßigen Prise konnte nur das Eigentum eines Angehörigen einer feindlichen Nation werden. Die Rechte der genommenen Schiffe und ihrer Ladung richteten sich nach dem rechtlichen Verhältnis Englands zu dem Staat, dem das genommene Schiff und die Ladung angehörten.[331] Um diese zu bestimmen, mussten zunächst die Eigentumsverhältnisse an Schiff und Ladung festgestellt werden.

Die Nationalität des Schiffes richtete sich nach der Nationalität des Schiffseigners.[332] Für die Bestimmung der Nationalität konnte im Zweifelsfall der Abfahrts- und Zielhafen, der Ort, an dem die Mannschaft aufgenommen wurde oder die Nation, die den Kapitän angestellt hatte, herangezogen werden.[333] Für die Bestimmung der Nationalität des persönlichen Eigentums an der Ladung galt, dass dieses dem Recht des Eigentümers folgte.[334] Konnte ein Kapitän keine

330 L'Ordonnance de la marine, 23. Juli 1704, Art. 13, abgedruckt bei: Valin, Nouveau commentaire sur l'ordonnance de la marine, Band 2, S. 222.

331 Reports of cases argued and determined in the High Court of Admiralty, commencing with the judgments of the Right Hon. Sir William Scott, Michaelmas term, 1798 [to April, 1808],The Herstelder, 17. Juli 1799, 165 E.R. 116 (Adm. 1799).

332 Reports of cases argued and determined in the High Court of Admiralty; commencing with the judgments of the Right Hon. Sir William Scott, Easter term 1808 [-1812] (1812) by Thomas Edwards, The Bourse, alias the Gute Erwartung,01. Januar 1811, 165 E.R. 1141 (Adm. 1811).

333 Reports of cases argued and determined in the High Court of Admiralty, commencing with the judgments of the Right Hon. Sir William Scott, Michaelmas term, 1798 [to April, 1808],High Court of Admirality, The Endraught, 19. Nov. 1798, 165 E.R. 82 (Adm. 1798).

334 Reports of cases argued and determined in the High Court of Admiralty, commencing with the judgments of the Right Hon. Sir William Scott, Michaelmas term, 1798 [to April, 1808], The Herstelder, 17. Juli 1799, 165 E.R. 116 (Adm. 1799).

Auskunft darüber erteilen, wer der Eigentümer des von ihm befehligten Schiffes war, verletzte er seine Pflichten als Kapitän. Die Staatsangehörigkeit des Eigentümers konnte dann nach den Schiffspapieren bestimmt werden.[335] Die Unterdrückung der Schiffspapiere gegenüber dem Kaptor reichte zwar für sich genommen nicht aus, um das Schiff zur rechtmäßigen Prise zu machen. Es erregte in jedem Fall aber den starken Verdacht, dass es in feindlichem Eigentum stand.[336] Führte ein Schiff verschiedene Papiere mit sich, aus denen alternative Zielorte hervorgingen, mussten sämtliche Papiere dem Kaptor vorgelegt werden. Legte der Kapitän die alternative Route nicht offen, reichte dies im anschließenden Prisenverfahren jedoch ebenfalls für sich genommen nicht, um die Glaubwürdigkeit des Kapitäns anzuzweifeln, da in dem bloßen Verschweigen der alternativen Route keine betrügerische Handlung gesehen wurde.[337]

Für den Fall, dass die Schiffspapiere zum Zeitpunkt der Beutenahme nicht vorgezeigt werden konnten, aber als Beweis für die Eigentumsverhältnisse an der Ladung nach Verbringung des Schiffes in den Heimathafen des Kaptors nachgereicht wurden, musste das Nachreichen unverzüglich geschehen, andernfalls konnte der zuständige Richter die Papiere zurück weisen[338] und das Schiff zur rechtmäßigen Prise erklären[339]. Der Kapitän durfte die auf dem Schiff mitgeführten Papiere nicht mit dem Argument vernichten, dass es sich lediglich um private Papiere handele.[340] Ließen die Schiffspapiere keine Aussage über die

335 Reports of cases argued and determined in the High Court of Admiralty, commencing with the judgments of the Right Hon. Sir William Scott, Michaelmas term, 1798 [to April, 1808], The Hoop, 10. Januar 1799, 165 E.R. 122 (Adm. 1799).

336 Reports of cases argued and determined in the High Court of Admiralty, commencing with the judgments of the Right Hon. Sir William Scott, Michaelmas term, 1798 [to April, 1808], The Two Brothers, 11 Januar 1799, 165 E.R. 123 (Adm. 1799)

337 Reports of cases argued and determined in the High Court of Admiralty, commencing with the judgments of the Right Hon. Sir William Scott, Michaelmas term, 1798 [to April, 1808], The Concordia, 20. Dez. 1798, 165 E.R. 114 (Adm. 1798).

338 Reports of cases argued and determined in the High Court of Admiralty, commencing with the judgments of the Right Hon. Sir William Scott, Michaelmas term, 1798 [to April, 1808],The Ann, 21. Mai 1799, 165 E.R. 195 (Adm. 1799).

339 Reports of cases argued and determined in the High Court of Admiralty, commencing with the judgments of the Right Hon. Sir William Scott, Michaelmas term, 1798 [to April, 1808],The Hoop, 10. Januar 1799, 165 E.R. 122 (Adm. 1799).

340 Reports of cases argued and determined in the High Court of Admiralty, commencing with the judgments of the Right Hon. Sir William Scott, Michaelmas term, 1798 [to April, 1808],The Two Brothers, 11 Januar 1799, 165 E.R. 123 (Adm. 1799).

Eigentumsverhältnisse zu, mussten weitere Beweise vorgelegt werden.[341] Hatte der selbe Schiffseigner schon mehrfach gegen eine Beutenahme geklagt und dabei falsch Eid abgelegt, konnte er zwar nach wie vor vor dem Prisengericht klagen, seine Aussagen wurden aber besonders kritisch gewürdigt.[342]

Unerheblich war, ob ein Schiff eines dem Feind angehörigen Schiffseigners unter der Flagge einer neutralen Nation fuhr. Das Schiff wurde trotzdem Gegenstand der rechtmäßigen Beutenahme, da es nur auf die tatsächlichen Eigentumsverhältnisse ankam.[343]

Wurde feindliches Eigentum auf See transportiert, konnte es auf dem Meer nicht seinen Charakter ändern. Es blieb folglich Gegenstand der Prise, auch wenn der Eigentümer durch eine Kapitulation vor der Beutenahme britischer Staatsbürger wurde.[344] Etwas anderes galt nur dann, wenn sich die feindliche Eigenschaft des Staates, dem der Genommene angehörte, während des Krieges durch Kapitulation erledigt hatte. Das Eigentum von Angehörigen einer Kolonie des Feindes wurde nicht rechtmäßiger Gegenstand der Beutenahme, wenn die Kolonie freiwillig kapitulierte, da das Recht der Individuen dem Recht ihres Staates folgte. Dies galt nur dann nicht, wenn die Kapitulation nicht freiwillig, sondern nur aufgrund der Unterlegenheit im Kampf erfolgte.[345]

(b) Frankreich

Zur guten Prise erklärt wurden nach französischem Recht grundsätzlich alle Schiffe des Feindes, Schiffe von Piraten oder aller anderen erklärt, die ohne

---

341 Reports of cases argued and determined in the High Court of Admiralty, commencing with the judgments of the Right Hon. Sir William Scott, Michaelmas term, 1798 [to April, 1808],The Hoop, 10. Januar 1799, 165 E.R. 122 (Adm. 1799)

342 Reports of cases argued and determined in the High Court of Admiralty, commencing with the judgments of the Right Hon. Sir William Scott, Michaelmas term, 1798 [to April, 1808],The Juffrouw Elbrecht, 10. Januar 1799, 165 E.R. 121 (Adm. 1799).

343 Reports of cases argued and determined in the High Court of Admiralty; commencing with the judgments of the Right Hon. Sir William Scott, Easter term 1808 [-1812] (1812) by Thomas Edwards, The Bourse, alias the Gute Erwartung,01. Januar 1811, 165 E.R. 1141 (Adm. 1811)

344 Reports of cases argued and determined in the High Court of Admiralty, commencing with the judgments of the Right Hon. Sir William Scott, Michaelmas term, 1798 [to April, 1808],The Danckebaar Africaan, 19. Dez. 1798, 165 E.R. 114 (Adm. 1798).

345 Reports of cases argued and determined in the High Court of Admiralty, commencing with the judgments of the Right Hon. Sir William Scott, Michaelmas term, 1798 [to April, 1808], The Herstelder, 17. Juli 1799, 165 E.R. 116 (Adm. 1799).

Kommission ihres Souveräns auf Beutefahrt gingen.[346] Darüber hinaus wurden die aufgebrachten Schiffe samt Ladung zur guten Prise, wenn sie keine Frachtpapiere, keinen Seefrachtbrief und keine Handelsrechnungen bei sich führten.[347] Grundsätzlich mussten die Schiffspapiere, die das Schiff als einer neutralen Nation zugehörig aufwiesen, zum Zeitpunkt der Aufbringung vorgelegt werden.[348] Sie konnten jedoch auch im Laufe des Prisenverfahrens nachgereicht werden, solange sie sich zum Zeitpunkt der Aufbringung bereits tatsächlich an Bord befunden hatten.[349] Anderes galt nur für die Angehörigen einer alliierten Nation. Sie konnten den Seefrachtbrief auch erst dann im Laufe des Prisenverfahrens vorlegen, wenn dieser sich bei der Beutename nicht an Bord befunden hatte.[350]

War zwar ein Seefrachtbrief an Bord, dieser aber nicht unterschrieben, wurde er als nichtig betrachtet, so dass auch in diesem Fall die Prise in das Eigentum des Kaperfahrers überging.[351] Gleiches galt für den Fall, dass die Schiffspapiere lediglich von dem Kapitän des aufgebrachten Schiffes, nicht jedoch von dem Frachtführer unterschrieben worden waren.[352] Wurden die Schiffspapiere über Bord geworfen oder sonst wie zerstört, wurden das Schiff und seine Ladung zu guten Prise, gleich, ob es sich bei dem genommenen Schiff um ein Schiff einer alliierten oder neutralen Nation handelte.[353]

346 L'Ordonnance de la marine, August 1681, Buch 3, Titel 9, Art. 4, http://gallica.bnf.fr/ark:/12148/bpt6k95955s/f19.image.

347 L'Ordonnance de la marine, August 1681, Buch 3, Titel 9, Art. 6, http://gallica.bnf.fr/ark:/12148/bpt6k95955s/f19.image.

348 Urteil des Conseil des prises - 3 brumaire an IX, Le Saint-Jean, abgedruckt bei Pistoye/Duverdy, Traité des Prises Maritimes Band 1, S. 444.

349 Urteil des Conseil des prises - 26 messidor an VIll, L'Antoinette contre Le Bordelais, abgedruckt bei Pistoye/Duverdy, Traité des Prises Maritimes Band 1, S. 440ff.

350 Urteil des Conseil d'Etat – 18 août 1811 et 3 juillet 1816, Le Jonge-Cornelis contre L'Actif, Le Duc de Reggio et L'Elise, abgedruckt bei Pistoye/Duverdy, Traité des Prises Maritimes Band 1, S. 450f.

351 Réglement du Roi, Concernant les passe-ports qui seront accordés aux vaisseaux ennemis par ses Princes neutres vom 17. Februar 1694, Art. 5, , abgedruckt in: Valin, Nouveau commentaire sur l'ordonnance de la marine, Band 2, S. 246.

352 Tribunal de Cassationn - 22 floréal an VII, Le Thuyskon, abgedruckt bei Pistoye/Duverdy, Traité des Prises Maritimes Band 1, S. 452f.

353 Urteil des Conseil des prises. — 13 ventôse an IX, l'Endback contre le Clairvoyant, abgedruckt in: Pistoye/Duverdy, Traité des Prises Maritimes Band 2, S. 74ff; Règlement du 26 juillet 1778. — Art. 3, abgedruckt in: Pistoye/Duverdy, Traité des Prises Maritimes Band 2, S. 70.

Eine Ausnahme zu der Verpflichtung zum Beisichführen ordnungsgemäßer Schiffspapiere bestand nur für den Fall, dass es sich bei dem aufgebrachten Schiff lediglich um ein Küstenschiff handelte und es dem üblichen Brauch der Nation, der das Schiff angehörte entsprach, dass ein solches keine Papiere bei sich führen musste. In diesem Fall konnte die Beute nicht zur guten Prise erklärt werden.[354]

(2) Die Beutenahme von Staatsangehörigen neutraler Nationen

(a) Grundsätze

(aa) England

Neben den Bestimmungen für die Voraussetzungen der Kaperfahrt wurden auch Regelungen getroffen, die das Verhältnis Englands in Kriegszeiten zu alliierten und neutralen Nationen vor einer Eintrübung durch das Verhalten der englischen Kaperfahrer schützen sollten.

Um die Seeleute auf den Kaperschiffen besser kontrollieren zu können, wurden diese denselben Regeln unterworfen wie Seeleute auf regulären Marineschiffen, eine Verurteilung wegen zu ahndenden Grenzüberschreitungen erfolgte vor dem Kriegsgericht.[355]

Das Verhältnis zu den alliierten Nationen wurde zusätzlich durch verschiedene bilaterale Verträge geregelt. Der Treaty of Amity, Commerce and Navigation zwischen England und den USA vom 19.11.1794 bestimmte für das Verhältnis zwischen diesen beiden Nationen, dass ein Beutefahrer, der einen Kaperbrief von einer fremden Nation annahm und unter diesem auf Kaperfahrt gegen andere Alliierte ging, von den anderen Alliierten als Pirat behandelt werden durfte. Ebenso bestimmte er, dass von feindlichen Kaperfahrern genommene Schiffe eines Alliierten nicht in die Häfen eines anderen Alliierten eingebracht werden durften.[356] Gleiches wurde auch in dem Vertrag über die Allianz zwischen England und Deutschland vom 20.08.1795 bestimmt, der darüber hinaus noch regelte, dass feindliche Kaperfahrer nicht in alliierten Häfen ausgerüstet werden durften.[357]

354 Conseil d' Etat - 3 décembre 1828, Le Nisus contre Le Mansoure et Le Rouge, abgedruckt bei Pistoye/Duverdy, Traité des Prises Maritimes Band 1, S. 423.

355 An Act for the better Encouragement of Seamen in His Majesty`s Service, and Privateers, to annoy the Enemy 1744, 17 Geo II c 34.

356 Treaty of Amity, Commerce, and Navigation, Between His Britannic Majesty and The United States of America, 19.11.1794.

357 Vertrag über die Allianz zwischen England und Deutschland vom 20.08.1795.

Ebenso wie das Verhältnis zu alliierten Nationen musste das englische Prisenrecht zur Aufrechterhaltung des Seehandels in Kriegszeiten auf der einen Seite und zur effektiven Kontrolle des Handels des Feindes auf der anderen Seite Regelungen zu dem Verhältnis zwischen englischen Kaperfahrern und Angehörigen neutraler Nationen treffen.

Neutrale durften auch nach Einschätzung des High Court of Admiralty, in Übereinstimmung mit der Ansicht der zeitgenössischen Rechtsgelehrten, in Kriegszeiten Handel über feindliche Häfen treiben. Die englischen Prisengerichte unterwarfen jedoch auch neutrale Schiffe zu einer effektiven Kontrolle des Seehandels in Kriegszeiten Anhalte- und Durchsuchungsrechten durch unter englischer Flagge segelnde Kaperfahrer. Das Recht eines rechtmäßig ermächtigten Kaperfahrers, auf den Weltmeeren Handelsschiffe zu besuchen und zu durchsuchen, wurde als unbestreitbar statuiert. Dies galt auch, wenn es sich bei den betretenen und durchsuchten Schiffen um neutrale Schiffe handelte, da die Neutralität nur durch Besuch und Durchsuchung festgestellt werden konnte und nur auf diese Weise die Aufbringung von feindlichem Eigentum möglich war. Das Recht, andere Schiffe zu durchsuchen, war jedoch auf Kriegszeiten beschränkt.[358] Wurde das Betreten und Durchsuchen eines Schiffes durch dessen Kapitän verweigert, wurde die Ladung als zwingende Konsequenz zum Gegenstand der Beutenahme.[359] Sollte ein neutrales Schiff von einem englischen Schifft angehalten und durchsucht werden, mussten die Neutralen, um einer Beutenahme zu entgehen, ihr Eigentum an Schiff und Ladung beweisen können. Der Beweis des Eigentums konnte hierbei durch „plea and proof", mithin Einrede und Nachweis geführt werden.[360]

Trotz der Beschränkung der Beutenahme neutraler Schiffe und Waren durfte ein neutrales Schiff durch den Kaperfahrer in Verwahrung genommen werden, wenn es sonst dem Feind in die Hände fallen würde. Zwar wurde das Schiff nicht zur guten Prise, der Kaperfahrer konnte seine Ausgaben für die Verwahrung jedoch von dem Eigentümer des neutralen Schiffs erstattet verlangen. Um die

---

358 Reports of cases argued and determined in the High Court of Admiralty; commencing with the judgments of the Right Hon. Sir William Scott, Trinity term, 1811[-1822] (1815), The Le louis, 15. Dezember 1817, 165 E.R. 1464 (Adm. 1817)

359 Reports of cases argued and determined in the High Court of Admiralty, commencing with the judgments of the Right Hon. Sir William Scott, Michaelmas term, 1798 [to April, 1808],The Maria, 11. Juni 1799, 165 E.R. 199 (Adm. 1799)

360 Reports of cases argued and determined in the High Court of Admiralty, commencing with the judgments of the Right Hon. Sir William Scott, Michaelmas term, 1798 [to April, 1808],The Magnus, 20. Nov. 1798, 165 E.R. 85 (Adm. 1798).

Neutralen durch diese Regelung nicht unangemessen zu benachteiligen, bestand der Erstattungsanspruch des Kaperfahrers nur, solange das Schiff in den nächsten und sichersten Hafen eingebracht wurde. War dies nicht der Fall, konnte der Kaperfahrer auch keinen Erstattungsanspruch geltend machen, da der Schiffseigentümer durch die Verbringung in einen entfernteren Hafen ohnehin schon mit höheren Kosten zur Rückerlangung seines Schiffes belastet war.[361] War die Verbringung des neutralen Schiffes in einen Heimathafen des Kaptors ausnahmsweise nicht möglich, durfte das neutrale Schiff sogar zerstört werden, bevor es dem Feind in die Hände fiel. Anschließend musste jedoch der voller Wert an den Eigentümer restituiert werden.[362]

Trotz dieser umfangreichen Kontrolle des neutralen Seehandels sollte dieser auch nach dem Willen Englands in Kriegszeiten nicht zum Erliegen kommen. Aus diesem Grund gestand es England den Staatsangehörigen neutraler Nationen zu, in feindlichen Staaten Schiffe zu kaufen, die dann neutralen Charakter annahmen. Der Kauf musste jedoch nachgewiesen werden. Dies konnte primär durch die Vorlage einer entsprechenden Rechnung geschehen. Konnte keine Rechnung vorgelegt werden, konnte der Neutrale den Eigentumserwerb auch durch Vorlage anderer Beweismittel führen. Die Erlaubnis zum Erwerb von Schiffen auf feindlichem Gebiet sowie die Möglichkeit, den Beweis des Eigentums auf anderem Wege als durch Vorlage der Rechnung zu erbringen, galt aber nur so lange, wie sich die neutralen Käufer auch neutral verhielten und nicht mit dem erworbenen Schiff mehr als einmal am Küstenhandel des Feindes teilnahmen. Denn in dem Fall der wiederholten Teilnahme am feindlichen Küstenhandel erhielt das vormals neutrale Schiff einen feindlichen Charakter, denn der Feind bediente sich in diesem Fall lediglich dem Schein des neutralen Schiffes.[363]

---

361 Reports of cases argued and determined in the High Court of Admiralty; commencing with the judgments of the Right Hon. Sir William Scott, Easter term 1808 [-1812] (1812) by Thomas Edwards, The Principe Athelante, 22. März 1809 (S. 70-72), 165 E.R. 1036 (Adm. 1809)

362 Reports of cases argued and determined in the High Court of Admiralty; commencing with the judgments of the Right Hon. Sir William Scott, Trinity term, 1811[-1822] (1815), The Felicity, 26. November 1819, 165 E.R. 1520 (Adm. 1819)

363 Reports of cases argued and determined in the High Court of Admiralty, commencing with the judgments of the Right Hon. Sir William Scott, Michaelmas term, 1798 [to April, 1808],The Welvaart, 08. Januar 1799, 165 E.R. 119 (Adm. 1799).

(ba) Frankreich

Auch Frankreich traf Sonderregelungen, um das Verhältnis zu den alliierten und neutralen Nationen durch seine Kaperfahrer nicht übermäßig zu belasten und das Eigentum der eigenen Staatsangehörigen weitest möglich zu schützen.

Eine Prise, die in neutralen Hoheitsgewässern genommen wurde, war stets nichtig.[364]

Auch der neutrale und alliierte Seehandel im Krieg unterlag nach der französischen Rechtspraxis der Kontrolle durch die Kriegsparteien, auch wenn die Schiffe und Waren grundsätzlich nicht zum Gegenstand der guten Prise wurden, auch dann nicht, wenn sie Handel mit dem Feind trieben[365]. Jedes Schiff, welches sich nach der Abgabe eines Warnschusses durch ein französisches Schiff weigerte, die Segel einzuholen, konnte durch Waffeneinsatz hierzu gezwungen werden. Wenn es sich jedoch weigerte und kämpfte, wurde es zwangsläufig zur guten Prise.[366] Gleiches galt auch für die Schiffe, die sich weigerten, ihre Frachtpapiere zu offenbaren und stattdessen den Kampf wählten.[367] Strich ein unter der Flagge einer alliierten Nation fahrendes Schiff jedoch nach Aufforderung die Segel und zeigte seine Schiffs- und Frachtpapiere vor, durfte es weder angehalten noch durchsucht werden.[368]

Grundsätzlich stand dem Erwerb von Schiffen des Feindes auch die französische Rechtspraxis nicht entgegen. Sofern sich ein Schiff zwar ursprünglich im Eigentum eines Angehörigen eines feindlichen Staates befunden hatte, aber sich aus dem Heimathafen und einem ordnungsgemäßen Akt der Übereignung ergab, dass es an den Angehörigen einer neutralen oder alliierten Nation oder einen französischen Staatsangehörigen übereignet worden war, wurde es nicht als feindliches Schiff behandelt und somit nicht zum Gegenstand einer

364 Urteil des Conseil des prises. — 27 thermidor an VIII, L'Éffronté et La Légére contre la Perle, abgedruckt bei Pistoye/Duverdy, Traité des Prises Maritimes Band 1, S. 100ff.

365 Urteil des Conseil des Prises – 13 fructidor an IX, Le Hardy contre La Voltigeante, abgedruckt in: Pistoye/Duverdy, Traité des Prises Maritimes Band 1, S. 321ff.

366 L'Ordonnance de la marine, August 1681, Buch 3, Titel 9, Art. 12, http://gallica.bnf.fr/ark:/12148/bpt6k95955s/f19.image; Urteil des Conseil des prises. — 13 vendémiaire an X, le Rodolphe-Frederick contre la Laure, abgedruckt in: Pistoye/Duverdy, Traité des Prises Maritimes Band 2, S. 100ff.

367 L'Ordonnance de la marine, August 1681, Buch 3, Titel 9, Art. 13, http://gallica.bnf.fr/ark:/12148/bpt6k95955s/f19.image.

368 Declaration du Roi, Portant Réglement sur le fait de la Navigation, armement de Vaisseaux, & des Prises qui se font en mer vom 01. Februar 1650, Art. 1, abgedruckt in: Valin, Nouveau commentaire sur l'ordonnance de la marine, Band 2, S. 217f.

rechtmäßigen Prisennahme. Voraussetzung war jedoch, dass der Verkauf vor der Kriegserklärung stattgefunden hatte und dass Schiff in seinem Heimathafen eingetragen worden war.[369] Dies musste von dem Kapitän des neutralen Schiffes durch die Vorlage der entsprechenden Papiere bewiesen werden.[370] Auch Waren, die sich ursprünglich im Eigentum des Feindes befunden hatten, dann jedoch an einen Angehörigen einer neutralen Nation übereignet worden waren, waren als neutrales Eigentum zu behandeln und somit vor der Aufbringung geschützt, selbst wenn die entsprechenden Waren ursprünglich Gegenstand der Prisennahme von einem französischen Staatsangehörigen gewesen waren.[371]

Sollte sich die Rechtmäßigkeit der Prisennahme erst aufgrund von Gesetzesänderungen ergeben, durften diese Regelungen zu Lasten eines Neutralen nur angewandt werden, sofern der Kapitän diese auch kennen konnte, sie mithin vor seiner Abfahrt erlassen worden waren.[372]

Um das Verhältnis zu den alliierten Nationen nicht einzutrüben, durfte kein fremde Kaperfahrer, der nicht einer alliierten Nation angehörte, mit einem genommenen Schiff länger als 24 Stunden in einem französischen Hafen bleiben. Eine Ausnahme bestand lediglich, wenn er von einem Sturm zurückgetrieben wurde oder die eingebrachte Prise ursprünglich im Eigentum des Feindes stand.[373]

Trug der fremder Kaperfahrer bei seiner Einfahrt in einen französischen Hafen eine Prise von einem französischen oder einem alliierten Staatsangehörigen mit sich, wurde diese an den ursprünglichen Eigentümer restituiert. Eine Prise, die ursprünglich im Eigentum eines neutralen oder eines feindlichen Staatsangehörigen gestanden hatte, durfte nicht in einem französischen Hafen

---

369 Réglement du Roi, Concernant les passe-ports qui seront accordés aux vaisseaux ennemis par ses Princes neutres vom 17 Februar 1694, Art. 4, abgedruckt in: Valin, Nouveau commentaire sur l'ordonnance de la marine, Band 2, S. 246; Règlement von 1778, Art. 7, abgedruckt in: Pistoye/Duverdy, Traité des Prises Maritimes Band 2, S. 1f.

370 Urteil des Conseil des prises. — 6 thermidor an VIII, le Républicain contre le Spartiate, abgedruckt in: Pistoye/Duverdy, Traité des Prises Maritimes Band 2, S. 4ff.

371 Urteil des Tribunal de Cassation –29 fructidor au VII, Le Saint-Vincent contre La Tonnante, abgedruckt in: Pistoye/Duverdy, Traité des Prises Maritimes Band 1, S. 320.

372 Urteil des Conseil d'Ètat --- 7 mars 1808, La Princess Elisa et La Bataille d'Iéna contre L'Alexandder, abgedruckt in: Pistoye/Duverdy, Traité des Prises Maritimes Band 1, S. 130; Urteil des Conseil d'Ètat --- 8 octobre 1810, Le Brutus contre La Dame-Ernouf, abgedruckt in: Pistoye/Duverdy, Traité des Prises Maritimes Band 1, S. 131f.

373 L'Ordonnance de la marine, August 1681, Buch 3, Titel 7, Art. 14, http://gallica.bnf.fr/ark:/12148/bpt6k95955s/f19.image.

eingelagert oder dort verkauft werden, der Nehmer musste diese stattdessen auf seinem Schiff lagern.[374] Die Prisennahme von Angehörigen einer alliierten Nation durch französische Kaperfahrer war nur ausnahmsweise dann rechtmäßig, wenn sie von Rebellen gegen den rechtmäßigen Souverän erfolgt war, denn diese galten als Feinde des Souveräns und seiner Alliierten.[375]

(b) Ausnahmen

(aa) England

Die englische Rechtspraxis gestattete in engen Grenzen die Beutenahme von Angehörigen neutraler Nationen, namentlich bei dem Transport feindlicher Güter und als Kontrabande qualifizierten Waren.

Sollte der Kaperfahrer den Verdacht haben, dass ein neutrales Schiff feindliche Güter transportierte, dann war er angehalten, das neutrale Schiff in den nächsten Hafen zu verbringen. Sollte sich dort herausstellen, dass auf diesem tatsächlich feindliche Güter transportiert wurden, durften nur diese genommen werden, dass neutrale Schiff durfte hingegen weitersegeln.[376] In diesem Zusammenhang wurde festgehalten, dass das Völkerrecht den Kriegsparteien zwar das Recht zugestand, feindliches Eigentum auf neutralen Schiffen zu nehmen, dass England jedoch auf dieses Recht verzichtete, solange das Schiff keine Kontrabande geladen hatte.[377]

Soweit es in früheren Zeiten völkerrechtlich üblich war, bei einem Transport von Kontrabanden durch Neutrale auch das neutrale Schiff zu nehmen, entschied sich England im Laufe der Zeit für die mildere Praxis, das Schiff nicht mehr zum Gegenstand der Priese zu deklarieren.[378] Fuhr das neutrale Schiff

---

374 L'Ordonnance de la marine, August 1681, Buch 3, Titel 7, Art. 15, http://gallica.bnf.fr/ark:/12148/bpt6k95955s/f19.image.

375 Urteil des Conseil d'Etat – 19 janvier 1811, Don Joseph Napoléon, Roi d'Espagne et des Indes, abgedruckt in: Pistoye/Duverdy, Traité des Prises Maritimes Band 1, S. 327f.

376 Treaty of Amity, Commerce, and Navigation, Between His Britannic Majesty and The United States of America, 19.11.1794.

377 Declaration of her Majesty with reference to Neutrals and Letters of Marque, 28.03.1854.

378 Reports of cases argued and determined in the High Court of Admiralty, commencing with the judgments of the Right Hon. Sir William Scott, Michaelmas term, 1798 [to April, 1808],The Ringende Jakob, 11. Dez. 1798, 165 E.R. 107 (Adm. 1798).

jedoch in einem Konvoi feindlicher Kriegsschiffe, um den Betretungs- und Durchsuchungsrechten zu entgehen, wurde es zur rechtmäßigen Prise.[379]

Der von den anderen europäischen Nationen als geltend angesehene Grundsatz, dass das neutrale Schiff die feindliche Ladung bedeckte und die Ladung ebenfalls zum neutralen Eigentum wurde, wurde von den englischen Prisengerichten als inakzeptabel abgetan.[380] Wurde in Einzelfällen durch einen bilateralen Vertrag zwischen den Kriegsparteien der Grundsatz „Frei Schiff. Frei Gut." ausnahmsweise entgegen der englischen Rechtspraxis vereinbart, so dass das neutrale Schiff die feindliche Ladung vor der Aufbringung schützte, hatte dies jedoch keinen Einfluss auf den Schutz neutraler Waren auf feindlichen Schiffen. Denn diese Vereinbarung ließ, entgegen der Hoffnung einzelner Kaperfahrer, nicht den Umkehrschluss zu, dass in diesem Fall ein feindliches Schiff neutrale Ware zur feindlichen Ware und somit zum Gegenstand von Beutenahme machte. Die neutrale Ware durfte auch in diesem Fall nicht genommen werden.[381]

Nicht nur neutrale, sondern auch englische Seefahrer wurden in Kriegszeiten durch das Prisenrecht in ihrer Handelsfreiheit begrenzt. Englische Kauffahrer durften ohne die ausdrückliche Erlaubnis des Königs keinen Handel mit dem Feind treiben. Setzten sie sich hierüber hinweg, wurden alle Waren, die in diesem nicht genehmigten Handel erworben worden waren, Gegenstand der Beutenahme durch englische Kaperfahrer.[382]

(ba) Frankreich

Ausnahmen davon, dass das Eigentum von Angehörigen neutraler und alliierter Nationen vor der Aufbringung geschützt war, bestanden nach französischem Recht in den folgenden Fällen:

---

379 Reports of cases argued and determined in the High Court of Admiralty, commencing with the judgments of the Right Hon. Sir William Scott, Michaelmas term, 1798 [to April, 1808],The Maria, 11. Juni 1799, 165 E.R. 199 (Adm. 1799).

380 Reports of cases argued and determined in the High Court of Admiralty, commencing with the judgments of the Right Hon. Sir William Scott, Michaelmas term, 1798 [to April, 1808],The Maria, 11. Juni 1799, 165 E.R. 199 (Adm. 1799).

381 Reports of cases argued and determined in the High Court of Admiralty; commencing with the judgments of the Right Hon. Sir William Scott, Trinity term, 1811[-1822] (1815), The Cygnet, 02. Mai 1818, 165 E.R. 1493 (Adm. 1818)

382 Reports of cases argued and determined in the High Court of Admiralty, commencing with the judgments of the Right Hon. Sir William Scott, Michaelmas term, 1798 [to April, 1808],The Hoop, 13. Februar 1799, 165 E.R. 146 (Adm. 1799)

Zum einen tat auch Frankreich die Regel, dass das neutrale Schiff die feindliche Ladung bedeckte und die Ladung ebenfalls zum neutralen Eigentum wurde, als inakzeptabel ab.[383] Darüber hinaus wurde jedes neutrale Schiff selbst, welches mit Waren des Feindes beladen war, nach der Aufbringung zur rechtmäßigen Prise erklärt.[384] Eine Änderung dieser Rechtspraxis erfolgte jedoch ab dem Jahre 1744. Zwar wurde nach wie vor das feindliche Eigentum zum Gegenstand der rechtmäßigen Prise, das neutrale Schiff selber, welches die feindlichen Waren geladen hatte, blieb jedoch von der Aufbringung verschont.[385] Etwas anderes galt nur dann, wenn das neutrale Schiff zu mehr als 3/4 mit Kontrabanden beladen war, in diesem Fall wurde auch das Schiff nach wie vor zum Gegenstand der Prise.[386]

Zum anderen wurden alle Waren, die im Eigentum eigener oder alliierter Staatsangehöriger standen, jedoch auf feindlichen Schiffen transportiert wurden, zum Gegenstand der guten Prise.[387]

Darüber hinaus wurden Waffen, Schießpulver, Kugeln, Pferde und Munition, die zur Unterstützung des Feines gedacht waren und von französischen Staatsangehörigen oder Angehörigen alliierter Nationen transportiert wurden und in deren Eigentum standen, als rechtmäßige Prise erachtet.[388] Auch die Verletzung einer Blockade führte dazu, dass das Eigentum von Neutralen zum Gegenstand der rechtmäßigen Prise wurde, sofern die Blockade im Allgemeinen

---

383 Urteil des Conseil des Prises, -- 23 vendémaire an IX, Henry Moser contre L'Héraclée, abgedruckt in: Pistoye/Duverdy, Traité des Prises Maritimes Band 1, S. 362ff.

384 Arrest du Conseil d'Etat du Roi, Qui confisque le vaisseau le Saint-Jean-Baptiste, Capitaine Sugliasich, & ordonne que l'article VII de l'Ordonnance de 16é , au titre des prises, sera exécuté vom 26 October 1692, abgedruckt in: Valin, Nouveau commentaire sur l'ordonnance de la marine, Band 2, S. 524f; L'Ordonnance de la marine, August 1681, Buch 3, Titel 7, Art. 13, http://gallica.bnf.fr/ark:/12148/bpt6k95955s/f19.image; Réglement vom 23. Juli 1704, abgedruckt in: Valin, Nouveau commentaire sur l'ordonnance de la marine, Band 2, S. 524f.

385 Réglement du 21 Octobre 1744, Art. 5, abgedruckt in: Valin, Nouveau commentaire sur l'ordonnance de la marine, Band 2, S. 524f.

386 Règlement du 26 juillet 1778. — Art. 1, abgedruckt in: Pistoye/Duverdy, Traité des Prises Maritimes Band 1, S. 392f; Urteil des Conseil des prises. — 6 thermidor an VIII, Le corsaire le Hasard contre le navire la Statira, abgedruckt in: Pistoye/Duverdy, Traité des Prises Maritimes Band 2, S. 122ff.

387 L'Ordonnance de la marine, August 1681, Buch 3, Titel 7, Art. 7, http://gallica.bnf.fr/ark:/12148/bpt6k95955s/f19.image.

388 L'Ordonnance de la marine, August 1681, Buch 3, Titel 7, Art. 11, http://gallica.bnf.fr/ark:/12148/bpt6k95955s/f19.image.

ordnungsgemäß bekannt gegeben[389] und das betroffene Schiff im Konkreten ordnungsgemäß über die Blockade informiert worden war.[390]

(c) Der Sonderfall des Geleits

(aa) England

In der englischen Rechtsprechung bestand zunächst, abweichend von der von den europäischen Rechtsgelehrten vertretenen Ansicht, die Auffassung, dass auch die Versicherung des Kommandanten eines das Kauffahrtschiff begleitenden Konvois nicht ausreichte, um die Durchsuchungsrechte auszuschließen[391]. Wehrte sich ein unter Geleit fahrendes Kauffahrtsschiff gegen die Visitationsrechte, so wurde dies als strafbare Handlung eingestuft, deren Folge die Konfiszierung war. Dies sollte auch dann geltend, wenn das Kauffahrtsschiff von staatlicher Seite angewiesen worden war, der Durchsuchung in jedem Falle zu widersprechen.[392] Der Grund hierfür lag darin, dass die Durchsuchungsrechte in Kriegszeiten als unumstößliches Recht der Kriegsparteien angesehen wurden.[393] Die Verweigerung der Durchsuchung war selbst für den Fall als strafbare Handlung zu werten, in dem die Durchsuchung unrechtmäßig erfolgte, da der Kauffahrer in diesem Falle auf seine Schadensersatz- und Restitutionsrechte verwiesen wurde.[394] Da jedoch einem Handelsschiff, welches in einem Konvoi aus

389 Urteil des Conseil d'Etat – 21 décembre 1847, La Lousia, abgedruckt in: Pistoye/Duverdy, Traité des Prises Maritimes Band 1, S. 382.

390 Urteil des Conseil d'Ètat — 21 décembre 1847, La Louisa, abgedruckt in: Pistoye/Duverdy, Traité des Prises Maritimes Band 1, S. 382.

391 Reports of cases argued and determined in the High Court of Admiralty, commencing with the judgments of the Right Hon. Sir William Scott, Michaelmas term, 1798 [to April, 1808], The Elsabe, 28. November 1803, 4 C. Rob, 108; Reports of cases argued and determined in the High Court of Admiralty, commencing with the judgments of the Right Hon. Sir William Scott, Michaelmas term, 1798 [to April, 1808],The Maria, 11.06.1799, 1 C. Rob, 340.

392 Reports of cases argued and determined in the High Court of Admiralty, commencing with the judgments of the Right Hon. Sir William Scott, Michaelmas term, 1798 [to April, 1808], The Elsabe, 28. November 1803, 4 C. Rob, 108.

393 Reports of cases argued and determined in the High Court of Admiralty, commencing with the judgments of the Right Hon. Sir William Scott, Michaelmas term, 1798 [to April, 1808], The Maria, 11.06.1799, 1 C. Rob, 340.

394 Reports of cases argued and determined in the High Court of Admiralty, commencing with the judgments of the Right Hon. Sir William Scott, Michaelmas term, 1798 [to April, 1808], The Maria, 11.06.1799, 1 C. Rob, 340.

Schiffen einer neutralen Nation fuhr primär nicht der Verdacht eines Verstoßes gegen die Neutralitätspflichten anhaftetet, musste der Kaptor im Prozess beweisen, dass das neutrale Schiff tatsächlich die Durchsuchung verweigert hatte.[395]

Die Visitationsrechte wurden schließlich bei entsprechender Versicherung des Konvoikommandanten durch den Vertrag zwischen England und Russland vom 5/17 Juni 1801 abgeschafft[396] und für die Zukunft als zwischen den Vertragsparteien geltendes Recht statuiert[397].

(ba) Frankreich

Gleiches galt für die französische Rechtspraxis. Auch hier reichte die Versicherung des Konvoikommandanten zunächst nicht aus, um eine Durchsuchung rechtmäßig verweigern zu können[398], was jedoch ebenfalls in der Folgezeit durch bilaterale Verträge modifiziert wurde[399].

b. Ort und Zeitpunkt der Beutenahme

(1) England

Für den Zeitpunkt der Bestimmung der Eigentumsverhältnisse an dem genommenen Schiff samt Ladung wurde auf den Zeitpunkt des Ausspruchs einer offiziellen Kriegserklärung abgestellt. Eine Beutenahme durfte nur erfolgen, wenn zwischen den verfeindeten Nationen der Kriegszustand herrschte. Schiffe, die in Friedenszeiten aufgebracht wurden, konnten nicht zum Gegenstand guter Prise erklärt werden und mussten somit restituiert werden.

---

395 Reports of cases argued and determined in the High Court of Admiralty, commencing with the judgments of the Right Hon. Sir William Scott, Michaelmas term, 1798 [to April, 1808],The Maria, 11.06.1799, 1 C. Rob, 340

396 Convention between his Britannic Majesty, and the Emperor of Russia, 5- 17th June., 1801, Art. IV, abgedruckt in: Playfair, European Commerce, S. 44ff.

397 Convention between his Britannic Majesty, and the Emperor of Russia, 5- 17th June., 1801, Art. VIII, abgedruckt in: Playfair, European Commerce, S. 44ff.

398 L'Ordonnance de la marine, August 1681, Buch 3, Titel 7, Art. 12, http://gallica.bnf.fr/ark:/12148/bpt6k95955s/f19.image.

399 Décret imperial portant promulgation du traité d'amitié de commerce et de navigation entre la France et le Chili (XI Bull. 77. Nr. 681), Art. 17, abgedruckt in:Galisset, Corps du droit français Band 13, S. 344; Traité d'amitié, de commerce et de navigation entre Sa Majesté le Roi des Francais et la Rèpublique de Vénézuela, Art. 18, abgedruckt in: Galisset, Corps du droit français Band 8, S. 207f. Art. 17

Es gab aber eine Ausnahme, in deren Fall von der Restituierung des vor der offiziellen Kriegserklärung genommenen Eigentums von Angehörigen der später feindlichen Nation abgesehen wurde. Fielen der Zeitpunkt des Ausbruches des Kriegszustandes und der offiziellen Kriegserklärung auseinander, wurde eine Prise, die im Kriegszustand, jedoch noch vor Ausspruch einer offiziellen Kriegserklärung genommen wurde, nicht an den ursprünglichen Eigentümer restituiert. Diese Entscheidung hatte ihren Ursprung in der Tatsache, dass schon vor Ergehen der Kriegserklärung feindliches Eigentum von der Marine genommen werden durfte. Zwar durfte der Kaperfahrer auch nach den nationalen Regelungen ein feindliches Schiff erst ab Ausspruch der offiziellen Kriegserklärung nehmen, hierbei handelte es sich aber nur um nationale Regelungen, die keinen Einfluss auf die Restituierungspflicht hatten. Die Kriegserklärung wirkte auf den Zeitpunkt zurück, an dem die Feindseligkeiten angefangen hatten.[400]

Eine Ausnahme zu der Pflicht zur Schadensersatzleistung in Folge einer unrechtmäßig genommenen Prise bestand, wenn die Überschreitung der Grenzen der rechtmäßigen Beutenahme darin lag, dass der Kaptor den Zeitpunkt des Endes der rechtmäßigen Prisennahme überschritten hatte. Generell konnte der Schiffseigner die Restituierung seines Eigentums verlangen, wenn dieses nach Friedensschluss genommen worden war. Brachte der Kaptor aber ein ehemals feindliches Schiff auf, weil er nichts von dem Friedensschluss wusste und wurde dieses Schiff dann ohne sein Verschulden aufgrund widriger Umstände zerstört, musste er keinen Ersatz leisten. Der gute Glaube an das Fortdauern des Kriegszustandes bestand dann, wenn der Kapitän von der Tatsache des Friedensschlusses mit den ihm zur Verfügung stehenden Mitteln nichts hatte erfahren können. Hierbei ging es nicht um die Unkenntnis der Gesetzte, sondern lediglich um die Unkenntnis des zwischenzeitlich erfolgten Friedensschlusses, denn der Kaptor verließ sich bei der Beutenahme auf Rechte, die ihm zuvor zweifellos zugestanden hatten. Sollte bei solch einer Beutenahme in gutem Glauben ein Unglück passieren, lag die Verantwortlichkeit für das Unglück bei dem ursprünglichen Eigentümer, nicht jedoch bei dem Kaptor.[401]

---

400 Reports of cases argued and determined in the High Court of Admiralty, commencing with the judgments of the Right Hon. Sir William Scott, Michaelmas term, 1798 [to April, 1808], The Herstelder, 17. Juli 1799, 165 E.R. 116 (Adm. 1799).

401 Reports of cases argued and determined in the High Court of Admiralty; commencing with the judgments of the Right Hon. Sir William Scott, Trinity term, 1811[-1822] (1815), The John, 01. Dezember 1818, 165 E.R. 1505 (Adm. 1818).

(2) Frankreich

Für den Zeitpunkt der Beurteilung der Rechtmäßigkeit der Prise kam es auch nach französischem Recht auf den Zeitpunkt der Prisennahme selbst, nicht aber auf den Zeitpunkt des Prisenverfahrens an.[402] Da eine rechtmäßige Prisennahme grundsätzlich nur in Kriegszeiten erfolgen konnte, war eine Prise, die nach der Ratifikation eines Friedensvertrages genommen wurde, als nichtig zu betrachten. [403] Etwas andere galt nur, wenn der Kaptor zum Zeitpunkt der Prise nnahme noch keine Kenntnis von dem Friedensschluss hatte oder hätte haben müssen.[404]

c. Die Praxis der Lösegeldforderung

(1) England

Auch in der englischen Rechtsetzung fanden sich Regelungen zur Legalisierung und Konkretisierung der verbreiteten Praxis der Freilassung genommener Schiffe gegen die Erhebung einer Lösegeldforderung. Statt der Inbesitznahme des aufgebrachten Schiffes und der geladenen Waren war eine Freilassung des Schiffes gegen Lösegeld möglich. Bei einer eventuellen Wiedernehmung erlosch entweder das Lösegeldversprechen oder die Forderung ging auf den Wiedernehmer über.[405]

(2) Frankreich

Auch Frankreich erlaubte die Freilassung eines genommenen Schiffes gegen Lösegeld. Wurde ein genommenes Schiff, welches grundsätzlich Gegenstand der rechtmäßigen Prise war, gegen Lösegeld freigelassen, konnte es solange nicht erneut als rechtmäßige Prise genommen werden, solange es nicht von der genehmigten Route abwich oder den genehmigten Zeitraum für seine Reise überschritt.[406]

---

402 Conseil d‘ Etat – 20 novembre 1815, La Cérès contre La Sophie, abgedruckt bei Pistoye/Duverdy, Traité des Prises Maritimes Band 1, S. 145.

403 Conseil des Prises – 7 ventônse an X, La Thétis contre Le Serpent, abgedruckt bei Pistoye/Duverdy, Traité des Prises Maritimes Band 1, S. 148f.

404 Conseil des Prises – 2 et 14 floréal an XI, abgedruckt bei Pistoye/Duverdy, Traité des Prises Maritimes Band 1, S. 149ff

405 Prize Act 1782, 22 Geo c15; Prize Act 1783, 23 Geo c 25.

406 Réglement, Concernant les rançons des Bâtimens pris en mer vom 27. Januar 1706, Art. 8, abgedruckt in: Valin, Nouveau commentaire sur l'ordonnance de la marine, Band 2, S. 289 ff.

Zum Schutz aller die See Befahrenden verbot es Frankreich seinen Kaperfahrern unter der Androhung der Todesstrafe, ein genommenes Schiff zu versenken oder die Mannschaft auf einer einsamen Insel auszusetzten.[407]

d. Begleitumstände, die die Rechtmäßigkeit der Prisennahme hinderten

(1) England

Zur Sicherung des Handels auch in Kriegszeiten konnte die Krone an einzelne Handelsschiffe neutraler und alliierter Nationen sowie an eigene Staatsangehörige und Angehörige des Feindes Geleitbriefe ausgegeben, unter welchen sie unbehelligt Seehandel mit dem Feind treiben konnten.[408] In den Geleitbrief wurde aufgenommen, auf welche Schiffe, auf welche Ware, auf welche Zielhäfen, auf welcher Route und auf welche zeitliche Dauer sich der Geleitbrief bezog. Solange der Geleitbrief Bestand hatte, konnte das unter ihm segelnde Schiff nicht als rechtmäßige Prise genommen werden. Der königliche Schutz konnte sich darüber hinaus auch über den zeitlichen Geltungsbereich hinaus erstrecken, wenn der Kaufmann ohne sein Verschulden daran gehindert war, den Handel rechtzeitig abzuschließen.[409]

Über diese zeitliche Extension über den Wortlaut des Kaperbriefes hinaus gab es keine entsprechende räumliche Extension. Der Geleitbrief gewährte nur Schutz auf der Route, die in diesem ausdrücklich aufgenommen worden war. Wich das Handelsschiff von dieser Route ab, bot der Geleitbrief keinen Schutz mehr, da Sinn und Zweck der Erteilung von Geleitbriefen war, dass die Regierung einen Überblick über die Einzelheiten des Handels mit dem Feind erhielt. Dieser Zweck konnte nur dann erreicht werden, wenn ausschließlich der in dem Geleitbrief angegebene Hafen angefahren wurde.[410] Bezog sich die königliche

407 L'Ordonnance de la marine, August 1681, Buch 3, Titel 7, Art. 18, http://gallica.bnf.fr/ark:/12148/bpt6k95955s/f19.image.

408 Reports of cases argued and determined in the High Court of Admiralty; commencing with the judgments of the Right Hon. Sir William Scott, Easter term 1808 [-1812] (1812) by Thomas Edwards, Twee Gebroeders, 19. Mai 1809 (S. 95-96), 165 E.R. 1044 (Adm. 1809).

409 Reports of cases argued and determined in the High Court of Admiralty; commencing with the judgments of the Right Hon. Sir William Scott, Easter term 1808 [-1812] (1812) by Thomas Edwards, The Goede Hoop, 07. November 1809, 165 E.R. 122 (Adm. 1799)

410 Reports of cases argued and determined in the High Court of Admiralty; commencing with the judgments of the Right Hon. Sir William Scott, Easter term 1808 [-1812]

Erlaubnis ausschließlich darauf, ohne Ladung in einen feindlichen Hafen einzulaufen, waren Güter, die in den feindlichen Hafen eingebracht wurden, nicht von dem Geleitbrief umfasst und konnten zum Gegenstand rechtmäßiger Prise warden.[411]

Wurde ein unter einem Geleitbrief fahrendes Schiff nicht etwa als Prise genommen, sondern auf hoher See zerstört, war der Kaptor dem Schiffseigner für den Verlust ersatzpflichtig Die Schadensersatzpflicht bestand jedoch nicht, sofern der Geleitbrief dem Kapitän des Kaperschiffes nicht vorgelegt worden war und er auch sonst keine Möglichkeit hatte, davon Kenntnis zu erlangen. Der Grund für diese Ausnahme lag darin, dass eine Schadensersatzpflicht auch dann entfallen wäre, wenn das Schiff in den Heimathafen eingebracht und der Geleitbrief erst dort vorgezeigt worden wäre. Das gleiche Prinzip musste aus Fairnesserwägungen auch dann gelten, wenn das feindliche Schiff auf See zerstört wurde.[412]

Gerechtfertigt wurde die Zulassung des Handeltreibens mit dem Feind in Einzelfällen dadurch, dass die Krone über die Erklärung und Beendigung des Krieges entschied und so auch den Kriegszustand in Ausnahmefällen zu Gunsten des Handels begrenzen konnte. Die Entscheidung war jedoch einzig und alleine durch die Krone zu fällen, da alleine diese, anders als jeder Private, nicht nach finanziellen Interessen handeln und somit das Allgemeinwohl nicht gefährden würde.[413]

Der zwar in der Praxis im Regelfall auch durch englische Kaperfahrer beachtete Grundsatz, dass Fischerboote aufgrund der Armut der Fischer nicht Gegenstand einer rechtmäßigen Prise werden sollten, wurde vor dem High Court of Admiralty nicht als zwingendes Recht angesehen. Da dieser Grundsatz nur aus humanitären Gründen beachtet werde, entfalte er keine rechtlich bindende

---

(1812) by Thomas Edwards, Twee Gebroeders, 19. Mai 1809 (S. 95-96), 165 E.R. 1044 (Adm. 1809).

411 Reports of cases argued and determined in the High Court of Admiralty; commencing with the judgments of the Right Hon. Sir William Scott, Easter term 1808 [-1812] (1812) by Thomas Edwards, The Catherina Maria, 07. November 1809, 165 E.R. 1130 (Adm. 1809).

412 Reports of cases argued and determined in the High Court of Admiralty; commencing with the judgments of the Right Hon. Sir William Scott, Trinity term, 1811[-1822] (1815), The Felicity, 26. November 1819, 165 E.R. 1520 (Adm. 1819).

413 Reports of cases argued and determined in the High Court of Admiralty, commencing with the judgments of the Right Hon. Sir William Scott, Michaelmas term, 1798 [to April, 1808], The Hoop, 13. Februar 1799, 165 E.R. 146 (Adm. 1799).

Entscheidung, so dass eine abweichende Entscheidung jederzeit möglich sei. Aus rein rechtlichen Gesichtspunkten konnten Fischerboote somit Gegenstand einer rechtmäßigen Beutenahme sein, da auch sie dauernd und ausschließlich in den feindlichen Handel eingebunden waren und immer in ihren heimischen Hafen zurückkehrten.[414] Insbesondere konnten Fischerboote dann zur guten Prise werden, wenn sie aus einem feindlichen Hafen ausliefen und anschließend zum Treiben von Handel dorthin zurückkehrten. Etwas anderes galt nur, wenn sie zum Zeitpunkt ihres Auslaufens noch nicht wussten, dass sie in diesem Fall nicht mehr durch das Völkergewohnheitsrecht geschützt waren.[415]

(2) Frankreich

Auch in Frankreich war die Praxis der Ausgabe von Geleitbriefen etabliert. Ein neutrales Schiff, welches mit einem Geleitbrief des französischen Souveräns einen französischen Hafen verließ, konnte nicht Gegenstand einer rechtmäßigen Aufbringung werden, solange es tatsächlich die in dem Geleitbrief angeführten Waren geladen hatte.[416] Gleiches galt auch, wenn der Geleitbrief an ein feindliches Kauffahrtsschiff ausgegeben wurde.[417] Der Geleitbrief schützte das Schiff sowohl bei der Ausfahrt aus als auch bei der Einfahrt in den Hafen. Eine Ausnahme bestand nur, wenn der Hafen blockiert, umschlossen oder belagert wurde.[418] Sofern das mit einem Geleitbrief ausgestattete Schiff neben der eigentlichen Ladung auch Kontrabande geladen hatte, wurden lediglich diese konfisziert. Der Rest der Ladung wurde nicht zum Gegenstand der rechtmäßigen Prise, solange die Kontrabande nicht mehr als 3/4 des Wertes der Ladung

414 Reports of cases argued and determined in the High Court of Admiralty, commencing with the judgments of the Right Hon. Sir William Scott, Michaelmas term, 1798 [to April, 1808],The young Jacob and Johanna, 13. Nov. 1798, 165 E.R. 81 (Adm. 1798)

415 Reports of cases argued and determined in the High Court of Admiralty; commencing with the judgments of the Right Hon. Sir William Scott, Easter term 1808 [-1812] (1812) by Thomas Edwards, The Johan, Abraham, 10. August 1810 (S. 275-278), 165 E.R. 1107 (Adm. 1810); Order in Council, 02. Mai 1810.

416 Règlement de 1778. — Art. 12, abgedruckt in: Pistoye/Duverdy, Traité des Prises Maritimes Band 2, S. 85

417 Urteil des Tribunal de Cassation. — 9 nivôse an VII, Navire la Dame Jestok contre le Neptune, abgedruckt in: Pistoye/Duverdy, Traité des Prises Maritimes Band 2, S. 87ff.

418 Urteil des Conseil des prises. — 17 frimaire an X, Le Hasard contre l'Elisabeth, abgedruckt in: Pistoye/Duverdy, Traité des Prises Maritimes Band 2, S. 88; Urteil des Tribunal de Cassation. — 9 nivôse an VII, Navire la Dame Jestok contre le Neptune, abgedruckt in: Pistoye/Duverdy, Traité des Prises Maritimes Band 2, S. 87ff.

ausmachten. Erst bei Überschreitung dieser Grenze wurde das Schiff mit der gesamten Ladung zum Gegenstand der rechtmäßigen Prise.[419] Wurde ein Schiff trotz Geleitbrief aufgebracht, musste der Kaptor für die entstandenen Schäden aufkommen.[420]

Ein Geleitbrief konnte auch heimlich an einen Angehörigen einer neutralen Nation ausgegeben werden. Wurde dies im Prisenverfahren offengelegt, musste das Eigentum an den Neutralen restituiert werden.[421]

Die Aufbringung von Fischerboten, gleich welcher Nation sie angehörten, war nach französischem Recht in Einklang mit den durch die europäischen Rechtsgelehrten aufgestellten Grundsätzen grundsätzlich unzulässig.[422]

e. Die Reprise als Sonderfall der Prisennahme

(1) England

Auch die von den zeitgenössischen Völkerrechtlern herausgearbeiteten Grundsätze für den Fall der Reprise finden sich in der englischen Rechtspraxis.

Wurde durch einen englischen Kaperfahrer im Wege der Wiedernehmung ein Schiff von einem Feind genommen, welches ursprünglich im Eigentum eines Angehörigen einer alliierten Nation gestanden hatte, dann wurde das Eigentum des ursprünglichen Eigentümers wiederhergestellt. Diese Restituierungspflicht galt allerdings nur dann, wenn auch der betroffene alliierte Souverän gleichlautende Regelungen erlassen hatte. Grund für diese Einschränkung war, dass der englische Souverän seine Kaperfahrer nur dann vor einer Benachteiligung durch die Pflicht zur Restituierung der Prise schützen konnte, sofern der entsprechende alliierte Staat im umgekehrten Fall genauso verfuhr und ehemals englisches Eigentum nicht zum Gegenstand der Prise machte.[423]

---

419 Urteil des Tribunal de Cassation. — 9 nivôse an VII, Navire la Dame Jestok contre le Neptune, abgedruckt in: Pistoye/Duverdy, Traité des Prises Maritimes Band 2, S. 87ff.

420 Urteil des Conseil des prises. — 17 brumaire an IX, Le Wrou-Jelsk contre le Neptune, abgedruckt in: Pistoye/Duverdy, Traité des Prises Maritimes Band 2, S. 88.f

421 Urteil des Conseil d'Etat— Le Gioseppino contre le Brave, abgedruckt in: Pistoye/Duverdy, Traité des Prises Maritimes Band 1, S. 135f

422 Urteil des Conseil des Prises - 9 thermidor an IX, La Nostra Segnora de la Piedad Y Animals contre La Carmagnole, abgedruckt in: Pistoye/Duverdy, Traité des Prises Maritimes Band 1, S. 331ff.

423 Reports of cases argued and determined in the High Court of Admiralty, commencing with the judgments of the Right Hon. Sir William Scott, Michaelmas term, 1798 [to April, 1808],The Santa Cruz, 7. Dez. 1798, 165 E.R. 92 (Adm. 1798).

Kam es bei einer Beutenahme eines feindlichen Schiffes gleichzeitig zu einer Wiedernehmung von Eigentum englischer Staatsangehöriger aus den Händen des Feindes, mussten Schiff und Ladung an den ursprünglichen Eigentümer restituiert werden, ein Teil des Wertes der Ladung ging aber als Aufwandsentschädigung an den Kaperfahrer.[424] Gleiches galt, wenn es zu einer Wiedernehmung von Eigentum eines Angehörigen einer alliierten Nation kam, mit dessen Heimatstaat ein entsprechendes Abkommen bestand.[425] Die Höhe der Aufwandsentschädigung war davon abhängig, wie lange sich das Schiff vor der erneuten Aufbringung schon in der Hand des Feindes befunden hatte.[426] Die Verpflichtung zur Zahlung dieses Bergungslohnes bestand unabhängig davon, ob die Wiedernehmung für den Wiedernehmer mit einem Risiko behaftet gewesen war.[427]

Die Restituierungspflicht des Wiedernehmers an den ursprünglichen Eigentümer bestand aber nur dann, wenn das wiedergenommene Schiff ursprünglich nicht als Kaperschiff unter feindlicher Ermächtigung gegen den englischen Staat eingesetzt worden war. Dies wurde von den englischen Gerichten auch entgegen der eigentlichen Praxis des Völkerrechts entsprechend entschieden, da England in der Restituierung an den ursprünglichen Eigentümer kein allgemeingültiges Völkerrecht, sondern nur ein Entgegenkommen an seine Kaufleute sah. Dies hatte zur Konsequenz, dass von der Restituierungspflicht abgewichen werden durfte, wenn die Kaufleute aufgrund ihres vorhergehenden Handelns nicht schutzbedürftig waren.[428]

424 Statute 33 Geo. 3. c. 68 (1793).

425 Reports of cases argued and determined in the High Court of Admiralty; commencing with the judgments of the Right Hon. Sir William Scott, Easter term 1808 [-1812] (1812) by Thomas Edwards, The Victoria, otherwise Alfred the Great, 19. Mai 1809 (S. 97-102), 165 E.R. 1045 (Adm. 1809).

426 An Act for the better Encouragement of Seamen in His Majesty`s Service, and Privateers, to annoy the Enemy 1744, 17 Geo II c 34.

427 Reports of cases argued and determined in the High Court of Admiralty; commencing with the judgments of the Right Hon. Sir William Scott, Easter term 1808 [-1812] (1812) by Thomas Edwards, The Henry, Hannay, 17. Februar 1810 (S. 192-), 165 E.R. 1079 (Adm. 1810).

428 Reports of cases argued and determined in the High Court of Admiralty; commencing with the judgments of the Right Hon. Sir William Scott, Easter term 1808 [-1812] (1812) by Thomas Edwards, L'Actif, Lorrial, 23. Januar 1810 (S. 185-187), 165 E.R. 1076 (Adm. 1810)

(2) Frankreich

Auch Frankreich orientierte sich für den Fall der Wiedernehmung an den von den zeitgenössischen Autoren herausgearbeiteten Rechtsgrundsätzen. Für den Fall, dass eine Wiedernehmung von Schiffen und Waren von einem Angehörigen einer feindlichen Nation stattfand, welche ursprünglich im Eigentum eines französischen Staatsangehörigen oder eines Angehörigen einer alliierten oder neutralen Nation gestanden hatte, existierten umfangreiche Sonderregelungen.

Grundsätzlich richtete sich die Rechtmäßigkeit der Wiedernehmung nach der Rechtmäßigkeit der ersten Beutenahme, was bedeutete, dass eine Wiedernehmung nur dann für rechtmäßig erklärt werden konnte, wenn bereits die erste Aufbringung durch die feindliche Nation rechtmäßig erfolgt war.[429]

Sofern das Schiff eines französischen Staatsangehörigen zunächst von einem Angehörigen einer feindlichen Nation genommen worden war, sich sodann mindestens 24 Stunden in der Hand des Feindes befand und erst nach dem Ablauf dieser Zeitspanne von einem ebenfalls französischen Staatsangehörigen wiedergenommen wurde, wurde es im Prisenverfahren zur guten Prise erklärt und ging in das Eigentum des Kaptors über. Sofern die Wiedernehmung jedoch vor Ablauf dieser 24 Stunden erfolgte, wurde die Prise nicht für rechtmäßig erklärt sondern musste an den ursprünglichen Eigentümer restituiert werden.[430] Gleiches galt, wenn es sich bei dem wiedergenommenen Schiff um das Schiff eines Angehörigen einer alliierten Nation handelte.[431] Die Regelung fand jedoch keine Anwendung auf Schiffe von Angehörigen neutraler Nationen. Diese mussten auch nach einer Wiedernehmung nach Ablauf von 24 Stunden in der Hand des Feindes an den ursprünglichen Eigentümer restituiert werden, jedoch ohne einen Anspruch des ursprünglichen Eigentümers gegen den Kaptor auf den Ersatz entstandener Schäden, da die Befreiung des Schiffes aus der Hand des Feindes rechtmäßig

429 Urteil des Conseil des prises. — 9 messidor an IX, La Johanna-Elisabeth contre le Tippoo-Saeb, abgedruckt in: Pistoye/Duverdy, Traité des Prises Maritimes Band 2, S. 135f; Urteil des Conseil des prises. — 29 germinal an IX, l'Anna-Maria contre le Tigre, abgedruckt in: Pistoye/Duverdy, Traité des Prises Maritimes Band 2, S. 136ff.

430 L'Ordonnance de la marine, August 1681, Buch 3, Titel 9, Art. 8, http://gallica.bnf.fr/ark:/12148/bpt6k95955s/f19.image.

431 Urteil des Conseil des prises. — 3 nivôse an IX, La Notre-Dame de Miséricorde contre les Bouches-du-Rhone, abgedruckt in: Pistoye/Duverdy, Traité des Prises Maritimes Band 2, S. 112 ff; Urteil des Conseil des prises. — 23 pluviôse an IX, L'Inesperado et le sant-antonio y animas contre l'Eole, abgedruckt in: Pistoye/Duverdy, Traité des Prises Maritimes Band 2, S. 113 ff.

war.[432] Begründet wurde dies damit, dass Angehöriger einer alliierten Nation ebenfalls so zu behandeln waren, wie französische Staatsangehörige, dies aber nicht für Neutrale gelten konnte, die ausdrücklich keine Position gegenüber den Kriegsparteien bezogen.[433]

Sofern sich ein französisches Schiff in dem Moment, in dem der Kaptor hinzustieß, selber aus der Hand des Feindes befreit hatte, lag kein Fall einer Wiedernehmung vor und das Schiff wurde ebenfalls nicht zur guten Prise, unabhängig davon, wie lange es sich in der Hand des Feindes befunden hatte.[434] Gleiches galt für den Fall, dass das Schiff eines französischen Staatsangehörigen nach der Aufbringung durch den Feind ohne Kampf zurückgelassen wurde, zum Beispiel als Folge eines Sturmes. Auch in diesem Fall fiel es in das Eigentum des ursprünglichen Eigentümers zurück, sofern es noch nicht in einen feindlichen Hafen eingebracht worden war und der ursprüngliche Eigentümer es binnen eines Jahres und eines Tages zurückforderte, auch wenn es sich bereits mehr als 24 Stunden in der Hand des Feindes befunden hatte. Lediglich dann, wenn der ursprüngliche Eigentümer binnen eines Jahres und eines Tages nicht die Restituierung seines Eigentums verlangte ging es in das Eigentum desjenigen über, der das Schiff in seinen Besitz gebracht hatte.[435]

Eine weitere Sonderregelung galt für Schiffe und Waren, die ursprünglich im Eigentum eines französischen Staatsangehörigen oder dem Angehörigen einer alliierten Nation gestanden hatten und die ein französischer Staatsangehöriger sodann von einem Piraten aufbrachte. Da der ursprüngliche Eigentümer sein Eigentum durch die Aufbringung durch einen Piraten nicht verlor, wurde es auch dann nicht zur guten Prise, wenn es sich vor der Aufbringung durch einen französischen Staatsangehörigen länger als 24 Stunden in der Hand der Piraten befunden hatte.[436] Sofern der ursprüngliche Eigentümer das Eigentum binnen eines Jahres und eines Tages zurückforderte, wurde es an ihn restituiert,

---

432 Urteil des Conseil des prises. — 17 prairial an IX, l'Esther contre le corsaire lé Zé.nodore, abgedruckt in: Pistoye/Duverdy, Traité des Prises Maritimes Band 2, S. 130.

433 Urteil des Conseil des prises. — 3 nivôse an IX, La Notre-Dame de Miséricorde contre les Bouches-du-Rhone, abgedruckt in: Pistoye/Duverdy, Traité des Prises Maritimes Band 2, S. 112ff.

434 Urteil vom 08 Januar 1748, abgedruckt in: Valin, Nouveau commentaire sur l'ordonnance de la marine, Band 2, S. 258.

435 L'Ordonnance de la marine, August 1681, Buch 3, Titel 9, Art. 9, http://gallica.bnf.fr/ark:/12148/bpt6k95955s/f19.image.

436 L'Ordonnance de la marine, August 1681, Buch 3, Titel 9, Art. 9, http://gallica.bnf.fr/ark:/12148/bpt6k95955s/f19.image.

er hatte jedoch den Wiedernehmer für die Kosten der Wiedernehmung zu entschädigen.[437]

f. Das Prisenverfahren

(1) England

Das englische Prisenrecht wurde, wie auch in der zeitgenössischen völkerrechtlichen Literatur angenommen, zur Steuerung und Regulierung des Kaperwesens genutzt. Um die englischen Untertanen zu ermutigen auf Kaperfahrt zu gehen, ging die gesamte Prise nach Abschluss des Prisenverfahrens an den Kaperfahrer über, ohne dass er einen Teil an die Krone abzuführen hatte.[438] Auch sonstige Abgaben mussten nicht geleistet werden. Außerdem wurde zusätzlich zu dem Eigentumsübergang an der genommenen Prise eine Belohnung für jedes genommene Schiff gezahlt.[439] Die Durchführung eines Prisenverfahrens war jedoch zwingende Voraussetzung für den Eigentumsübergang an der genommenen Prise.[440] Vor Beginn des Prisenverfahrens musste die Prise durch Einbringung in den Heimathafen des Kaperschiffes gesichert werden.[441]

Die Prisengerichte waren verpflichtet, die vor sie gebrachten Streitigkeiten ohne Ansehen der Nationalität zu entscheiden, was dazu führte, dass nationale Interessen bei der Entscheidung über die Rechtmäßigkeit der Prise keine Berücksichtigung finden durften.[442]

Die Durchführung des Prisenverfahrens unterlag besonderen Regelungen, die neben der Feststellung der Rechtmäßigkeit der Beutenahme auch dafür

---

437 L'Ordonnance de la marine, August 1681, Buch 3, Titel 9, Art. 10, http://gallica.bnf.fr/ark:/12148/bpt6k95955s/f19.image.

438 An Act for the better Encouragement of Seamen in His Majesty`s Service, and Privateers, to annoy the Enemy 1744, 17 Geo II c 34; An Act for the better securing the Trade of this Kingdom by Cruisers and Convoys 1708, 6 Ann c 13.

439 An Act for the better Encouragement of Seamen in His Majesty`s Service, and Privateers, to annoy the Enemy 1744, 17 Geo II c 34.

440 An Act for the better securing the Trade of this Kingdom by Cruisers and Convoys 1708, 6 Ann c 13.

441 Reports of cases argued and determined in the High Court of Admiralty; commencing with the judgments of the Right Hon. Sir William Scott, Easter term 1808 [-1812] (1812) by Thomas Edwards, The Nuestra Senora de los Dolores, 01. März 1809 (S. 60-62), 165 E.R. 1032 (Adm. 1809).

442 Reports of cases argued and determined in the High Court of Admiralty, commencing with the judgments of the Right Hon. Sir William Scott, Michaelmas term, 1798 [to April, 1808] The Maria, 11. Juni 1799, 165 E.R. 199 (Adm. 1799).

sorgen sollten, dass das Verfahren zügig abgewickelt wurde. Denn eine lange Verfahrensdauer hätte wiederrum eine abschreckende Wirkung auf potentielle Kaperfahrer entfaltet. Das Prisengericht war sonach gehalten, innerhalb von fünf Tagen nach dem Eingang des Antrages des Kaperfahrers alle vorbereitenden Befragungen der notwendigen Personen durchzuführen, die für die Entscheidung über die Rechtmäßigkeit der Prisennahme nötig waren. Bedurfte es einer Ermahnung zur Abgabe der Stellungnahme, sollte die Stellungnahmefrist auf drei Tage festgesetzt werden. Erhob innerhalb von 20 Tagen nach entsprechender Aufforderung niemand außer dem Kaptor unter Eid Anspruch auf das genommene Schiff, erfolgte eine Entscheidung nach den durch den Kaptor vorgelegten Schiffspapieren. Gleiches galt, wenn der Anspruch zwar erhoben wurde, innerhalb von fünf Tagen aber keine Sicherheit für die Durchführung des Prozesses geleistet wurde. Gegen das Urteil des Prisengerichts konnte 40 Tage nach Erlass des erstinstanzlichen Urteils Berufung eingelegt werden. Auch hier musste der Unterlegene der ersten Instanz entsprechende Sicherheit leisten.[443]

Nach Durchführung des Prisenverfahrens durfte die Prise verkauft werden, auch in neutrale Staaten. Das Prisenverfahren musste stets in einem Heimathafen des Kaperfahrers, unter gleichzeitiger Verbringung des gekaperten Schiffs in diesen Hafen, erfolgen. Hintergrund war, dass das Prisenverfahren als Gerichtsverfahren über Sachen eingeordnet wurde („proceeding in rem“) und diesbezüglich in England anerkannt war, dass sich bei dieser Verfahrensart die Sachsubstanz an dem Ort befinden musste, an dem das Verfahren stattfand. Aus diesem Grund war es nicht ausreichend, dass nur die Schiffspapiere in den Heimathafen gesendet und anschließend das Verfahren dort ohne das genommene Schiff stattfand.[444]

Neben der Möglichkeit der Durchführung des Prisenverfahrens im Heimathafen des Kaptors entsprach es geltendem Recht, dass das Schiff nach der Beutenahme für die Durchführung des Prisenverfahrens in den Hafen eines alliierten Staates eingebracht werden durfte.[445]

---

443 An Act for the better Encouragement of Seamen in His Majesty`s Service, and Privateers, to annoy the Enemy 1744, 17 Geo II c 34.

444 Reports of cases argued and determined in the High Court of Admiralty, commencing with the judgments of the Right Hon. Sir William Scott, Michaelmas term, 1798 [to April, 1808], The Flad Oyen, 16. Januar 1799, 165 E.R. 124 (Adm. 1799).

445 Reports of cases argued and determined in the High Court of Admiralty; commencing with the judgments of the Right Hon. Sir William Scott, Easter term 1808 [-1812] (1812) by Thomas Edwards, The Victoria, otherwise Alfred the Great, 19. Mai 1809 (S. 97-102), 165 E.R. 1045 (Adm. 1809).

Ein Prisengericht konnte hingegen nicht in einem neutralen Staat eingerichtet werden, da ein Prisengericht stets die Autorität seines Staates hinter sich haben musste. Ein feindlicher Staat hatte auf neutralem Boden jedoch ausschließlich die Autorität über die eigenen Staatsangehörigen inne und selbst diese verdankte er lediglich der Nachsichtigkeit des neutralen Staates. Dieser konnte nicht den Jurisdiktionsanspruch über fremde Staatsangehörige und erst recht nicht über Angehörige der feindlichen Nation gewähren, da die neutrale Nation sonst ihre Neutralitätspflichten verletzt hätte. Das Gesagte führte dazu, dass ein Schiff, welches von einem Feind durch ein Prisengericht auf eigenem Boden, aber ohne Anwesenheit des Schiffes oder durch ein Prisengericht auf neutralem Boden zur guten Prise erklärt wurde, trotz des zusprechenden Urteils des Prisengerichts an den Eigentümer restituiert werden musste.[446]

War die Beute zur rechtmäßigen Prise erklärt worden, konnte der Eigentümer des Kaperschiffes damit verfahren, wie es ihm beliebte. Hatte das Prisengericht jedoch entschieden, dass das Schiff durch den Kaptor in ungerechtfertigter Weise aufgebracht worden war, mussten Schiff und Ladung an den ursprünglichen Eigentümer restituiert werden und der Kaptor musste diesem sämtliche Aufwendungen und Schäden erstatten. Darauf, ob der Kaperfahrer wusste, dass die Beutenahme unrechtmäßig erfolgt war, kam es nicht an.[447]

Wenn der Kaptor die Prise, deren unrechtmäßige Beutenahme gerichtlich festgestellt worden war, nicht zeitnah an den Eigentümer restituierte, musste er für die Verzögerung ebenfalls Schadensersatz leisten.[448]

Hatte der Kaptor nicht die Möglichkeit, ein feindliches Schiff in seinen Heimathafen einzubringen um es dort einem Prisenverfahren zuzuführen, durfte er das Schiff zerstören, da er, im Gegenteil, das feindliches Eigentum nicht ungestört abziehen lassen durfte.[449]

---

446 Reports of cases argued and determined in the High Court of Admiralty, commencing with the judgments of the Right Hon. Sir William Scott, Michaelmas term, 1798 [to April, 1808], The Flad Oyen, 16. Januar 1799, 165 E.R. 124 (Adm. 1799).

447 Reports of cases argued and determined in the High Court of Admiralty; commencing with the judgments of the Right Hon. Sir William Scott, Trinity term, 1811[-1822] (1815), The Acteon, 11. Mai 1815, 165 E.R. 1411 (Adm. 1815).

448 Reports of cases argued and determined in the High Court of Admiralty, commencing with the judgments of the Right Hon. Sir William Scott, Michaelmas term, 1798 [to April, 1808], The Corier Maritimo, 09. April 1799, 165 E.R. 179 (Adm. 1799).

449 Reports of cases argued and determined in the High Court of Admiralty; commencing with the judgments of the Right Hon. Sir William Scott, Trinity term, 1811[-1822] (1815), The Felicity, 26. November 1819, 165 E.R. 1520 (Adm. 1819).

Ebenfalls geregelt wurde die Verteilung der Prise für den Fall, dass die Beutenahme durch ein gemeinsames Manöver, ein sogenanntes „Joint capture“ erfolgte. In diesem Fall wurden beide Schiffe an dem Erlös aus der Prise beteiligt.[450] Wurde die Prise im Wege eines „joint capture“ von einem englischen und einem alliierten Kaperfahrer zusammen genommen und das genommene Schiff auf britisches Territorium eingebracht, hatte der Court of Admiralty den Jurisdiktionsanspruch inne. Denn das Recht an der von Privaten genommenen Prise stand ursprünglich ihrem Heimatstaat zu und England gab dieses Recht nur freiwillig an den Kaptor weiter.[451]

Für eine entsprechende Beteiligung an der Aufbringung war es nicht ausreichend, dass sich das andere Schiff bloß in Sichtweite befand. Stieß ein zweites Schiff zu einer Aufbringung erst nach Beginn der Jagd hinzu, lag ein Hilfeleisten, welches ein Recht zur Beteiligung an der Prise gab, nur vor, wenn das zweite Schiff tatsächlich seinen Teil dazu beigetragen hatte, die Jagd zu beenden, nicht aber, wenn es die Prise bloß nach Beendigung der Aufbringung „abgestaubt“ hatte.[452] Ebenfalls lag kein Fall des „joint capture“ vor, wenn ein Schiff die Verfolgung der Beute bereits erfolglos beendet hatte, bevor das zweites Schiff die Beutenahme begann, das zunächst verfolgende Schiff wurde dann nicht an der Prise beteiligt.[453]

(2) Frankreich

Auch der französische Souverän nutze die Regelungen des Prisenrechts zur Steuerung und Regulierung des Kaperwesens.

Voraussetzung für das Behaltendürfen der genommenen Prise durch den Kaptor war auch in Frankreich die Durchführung eines Prisenverfahrens mit dem Ergebnis der Erklärung der Prise als rechtmäßig. Der Jursidiktionsanspruch

450 Reports of cases argued and determined in the High Court of Admiralty; commencing with the judgments of the Right Hon. Sir William Scott, Easter term 1808 [-1812] (1812) by Thomas Edwards, The Wanstead, Morton, 17. August 1810 (S. 268-270).

451 Reports of cases argued and determined in the High Court of Admiralty; commencing with the judgments of the Right Hon. Sir William Scott, Trinity term, 1811[-1822] (1815), The French Guiana, 13. März 1817, 165 E.R. 1445 (Adm. 1817).

452 Reports of cases argued and determined in the High Court of Admiralty; commencing with the judgments of the Right Hon. Sir William Scott, Easter term 1808 [-1812] (1812) by Thomas Edwards, The Wanstead, Morton, 17. August 1810 (S. 268-270)

453 Reports of cases argued and determined in the High Court of Admiralty; commencing with the judgments of the Right Hon. Sir William Scott, Trinity term, 1811[-1822] (1815), The Rattlesnake, 06. Mai 1815, 165 E.R. 1406 (Adm. 1815).

über die von den Kaperfahrern genommenen Prisen wurde ausschließlich bei der jeweiligen Nation gesehen, der der Kaperfahrer angehörte.[454] Eine Ausnahme wurde nur dann angenommen, wenn der Kaperfahrer das von einer alliierten Nation genommenen Schiff in den Hafen derselben alliierten Nation einbrachte. In diesem Fall lag auch der Jurisdiktionsanspruch bei der alliierten Nation.[455]

Jeder französische Kapitän, der eine Prise genommen hatte, musste diese in den Hafen einbringen, in dem er ausgerüstet worden war, etwas anderes galt nur bei Sturm oder bei der Gefahr, durch den Feind aufgebracht zu werden. In diesem Falle reichte die Einbringung in den nächstgelegenen Hafen.[456] Sobald der Kapitän die Prise in seinen Heimathafen eingebracht hatte, musste er dies bei einem Offizier der Admiralität melden, ihm die Schiffspapier und die Gefangenen übergeben und Angaben zu Zeit, Ort und Umständen der Aufbringung machen.[457]

Sodann begann die Durchführung des Prisenverfahrens. Der Comte de Toulouse, Admiral de France, und in seiner Abwesenheit der von ihm zur Entscheidung berufene Rat das „Conseil des Prises“ war für die Durchführung des Prisenverfahrens über alle Schiffe zuständig, die in der Levante und Ponant von französischen Kaperfahrern aufgebracht wurden.[458] Die Beweisaufnahme über die Umstände der Prisennahme wurde von den Offizieren der Admiralität durchgeführt.[459] Zunächst besichtigten die Offiziere der Admiralität das genommene

454 Urteil des Conseil des prises. — 13 frimaire an X, Le corsaire le Clairvoyant contre le navire danois le Die Veranderukg, abgedruckt in: Pistoye/Duverdy, Traité des Prises Maritimes Band 2, S. 186f.

455 Urteil des Conseil d'État. — 17. Juli 1816, Le corsaire le Satanique contre le navire hollandais l'Aryet Maria, abgedruckt in: Pistoye/Duverdy, Traité des Prises Maritimes Band 2, S. 191ff.

456 L'Ordonnance de la marine, August 1681, Buch 3, Titel 9, Art. 17, http://gallica.bnf.fr/ark:/12148/bpt6k95955s/f19.image.

457 L'Ordonnance de la marine, August 1681, Buch 3, Titel 9, Art. 21, http://gallica.bnf.fr/ark:/12148/bpt6k95955s/f19.image.

458 Lettres Patents, Portant nomination des Commissaires pour tenir le Conseil des prises sous l'Amiral de France vom 09. März 1695, abgedruckt in: Valin, Nouveau commentaire sur l'ordonnance de la marine, Band 2, S. 315f; Réglement fait par le Roi, sur le fait de la procédure des prises qui se font en mer, Avec l'Arrêt du conseil d'Etat qui ordonne que ledit Réglement sera exécuté parles Officiers des Sieges de l'Amirauté , à peine d'interdiction vom 06. Juni 1672, Art. 11, abgedruckt in: Valin, Nouveau commentaire sur l'ordonnance de la marine, Band 2, S. 312f.

459 Réglement, Que le Roi veut étre observé dans l'instruction & le Jugement des Prises vom 09. März 1695, Art. 10, abgedruckt in: Valin, Nouveau commentaire sur l'ordonnance de la marine, Band 2, S. 316ff.

Schiff und fertigten einen Bericht über den Zustand des Schiffes und der Ladung an.[460] Bei der Besichtigung anwesend waren der Kapitän oder Eigner des aufbringenden Schiffes oder zwei Offiziere, der Kapitän oder ein Offizier des aufgebrachten Schiffes und derjenige, der das Eigentum für sich reklamierte.[461] Sodann wurden der Kommandant des genommenen Schiffes und nach Bedarf die Offiziere des aufbringenden Schiffes zu der Aufbringung vernommen.[462]

En Detail gestaltete sich dies so, dass die Angaben, die der Kaperfahrer zu den Umständen der Aufbringung gemacht hatte, von zwei führenden Offizieren des aufbringenden Schiffes in der mündlichen Anhörung bestätigt werden mussten. Sodann wurden der Kapitän und die führenden Offiziere des genommen Schiffes getrennt voneinander zu Fahrtroute, Schiff und Ladung befragt. Soweit es die ermittelnden Offiziere der Admiralität für nötig erachteten, konnten sie auch die weitere Mannschaft befragen, aber lediglich zu den Tatsachen, über die diese auch aufgrund ihrer Aufgaben an Bord Kenntnis haben konnten.[463] Brachte der Kaptor das gestellte Schiff nicht auf, sondern nahm lediglich die Ladung an sich und ließ das Schiff frei, musste er die Schiffspapiere und mindestens zwei Offiziere mitnehmen, damit er die Voraussetzungen für die Rechtmäßigkeit der Prisenahme nachweisen konnte.[464]

Sollte die Prise ausnahmsweise ohne die Mannschaft und Schiffspapiere des aufgebrachten Schiffes eingebracht worden sein, wurde die Besatzung des aufbringenden Schiffes zu den Umständen und Einzelheiten der Prisennahme befragt, insbesondere auch zu der Frage, warum keine Gefangenen gemacht worden waren.[465]

---

460 L'Ordonnance de la marine, August 1681, Buch 3, Titel 9, Art. 22, http://gallica.bnf.fr/ark:/12148/bpt6k95955s/f19.image.

461 L'Ordonnance de la marine, August 1681, Buch 3, Titel 9, Art. 23, http://gallica.bnf.fr/ark:/12148/bpt6k95955s/f19.image.

462 L'Ordonnance de la marine, August 1681, Buch 3, Titel 9, Art. 24, http://gallica.bnf.fr/ark:/12148/bpt6k95955s/f19.image.

463 Instruction, Que le Roi veut être observée dans les procédures des prises qui seront faites en mer vom 16. August 1692, abgedruckt in: Valin, Nouveau commentaire sur l'ordonnance de la marine, Band 2, S. 313ff.

464 L'Ordonnance de la marine, August 1681, Buch 3, Titel 7, Art. 19, http://gallica.bnf.fr/ark:/12148/bpt6k95955s/f19.image.

465 L'Ordonnance de la marine, August 1681, Buch 3, Titel 9, Art. 25, http://gallica.bnf.fr/ark:/12148/bpt6k95955s/f19.image; Urteil des Tribunal de cassation. — 19 germinal an VII, le Pourvoyeur contre le John-William, abgedruckt in: Valin, Nouveau commentaire sur l'ordonnance de la marine, Band 2, S. 209f.

Zweifel über die Herkunft der Prise gingen zu Lasten des Kaptors. Ließen sich die Umstände der Prisennahme nicht aufklären, wurde die Prise an den ursprünglichen Eigentümer restituiert, wenn dieser binnen eines Jahres und eines Tages die Restitution derselbigen forderte. Nur in dem Fall, in dem eine solche Forderung ausblieb, fiel die Prise zur Hälfte dem Kaptor und zur Hälfte der Admiralität zu.[466]

Grundsätzlich war es während der Dauer des Prisenverfahrens verboten, die Prise zu verkaufen oder die genommenen Waren zu öffnen. Bei einer Zuwiderhandlung musste der vierfache Wert der Prise restituiert werden und es drohten dem Zuwiderhandelnden körperliche Strafen.[467] Etwas anderes galt nur dann, wenn die Bergung der Ladung vor Abschluss des Prisenverfahrens erforderlich war, um eine Beschädigung zu verhindern. Vor der Entladung wurde in diesem Fall zunächst ein Inventarverzeichnis im Beisein der interessierten Personen erstellt. Die katalogisierten Waren wurden sodann entweder bei einer vertrauenswürdigen Person hinterlegt oder in einem Lagerhaus eingelagert, welches mit drei verschiedenen Schlüsseln verschlossen war, von welchen einen der Kaperfahrer, einen die Admiralität und einen der ursprüngliche Eigentümer erhielten.[468] Verderbliche Waren wurden zum Höchstgebot versteigert[469] und der Erlös bis zum Abschluss des Prisenverfahrens bei einer verantwortungsvollen Person hinterlegt.[470]

Wurde die Prise nach Abschluss des Prisenverfahrens für rechtmäßig erklärt, wurde sie entweder in natura an den Kaptor übergeben, sofern er dies verlangte, oder andernfalls verkauft und der Erlös nach den jeweiligen Vereinbarungen aufgeteilt.[471] Die Aufteilung gestalteten sich wie folgt: Zunächst wurden die für

466 L'Ordonnance de la marine, August 1681, Buch 3, Titel 7, Art. 26, http://gallica.bnf.fr/ark:/12148/bpt6k95955s/f19.image.

467 L'Ordonnance de la marine, August 1681, Buch 3, Titel 9, Art. 20, http://gallica.bnf.fr/ark:/12148/bpt6k95955s/f19.image.

468 L'Ordonnance de la marine, August 1681, Buch 3, Titel 9, Art. 27, http://gallica.bnf.fr/ark:/12148/bpt6k95955s/f19.image.

469 L'Ordonnance de la marine, August 1681, Buch 3, Titel 9, Art. 28, http://gallica.bnf.fr/ark:/12148/bpt6k95955s/f19.image.

470 L'Ordonnance de la marine, August 1681, Buch 3, Titel 9, Art. 29, http://gallica.bnf.fr/ark:/12148/bpt6k95955s/f19.image.

471 Réglement fait par le Roi, Sur le fait de la procédure des prises qui se font en mer, Avec l'Arrêt du conseil d'Etat qui ordonne que ledit Réglement sera exécuté parles Officiers des Sieges de l'Amirauté à peine d'interdiction vom 06. Juni1672, Art. 12, , abgedruckt in: Valin, Nouveau commentaire sur l'ordonnance de la marine, Band 2,S. 312f.

die Verwahrung der Prise entstandenen Kosten abgezogen.[472] Sodann wurde 1/10 für die Admiralität eingezogen,[473] der Rest wurde gedrittelt und jeweils zu 1/3 an den Eigentümer des Schiffes, zu 1/3 an den Inhaber des Kaperbriefes und zu 1/3 an die Mannschaft ausgezahlt.[474] Hatte ein Kaptor während einer rechtmäßigen Aufbringung ein weiteres Schiff zur Hilfe gerufen, und wurde die Aufbringung erst durch das Zusammenwirken Beider erfolgreich abgeschlossen, wurde die Prise hälftig aufgeteilt.[475]

Kam das Prisengericht zu dem Schluss, dass die Prise zu Unrecht genommen worden war, wurde sie an den ursprünglichen Eigentümer restituiert und der Kaptor hatte diesem die durch die Aufbringung entstandenen Schäden zu ersetzen.[476]

Auch war es allen französischen Staatsangehörigen untersagt, Waren und Schiffe zu kaufen oder mit ihnen Handel zu treiben, bevor sie von dem zuständigen Prisengericht zur rechtmäßigen Prise erklärt worden waren. Für den Fall der Zuwiderhandlung drohte eine Gefängnisstrafe und die Konfiszierung der entsprechenden Güter.[477]

Der Kaptor konnte die Klage vor dem Prisengericht mit Einverständnis des ursprünglichen Eigentümers im Laufe des Verfahrens zurücknehmen, die Prisennahme wurde dann durch das Prisengericht für nichtig erklärt.[478]

Um das Prisenverfahren zu beschleunigen wurde den Offizieren des aufbringenden Schiffes von der Admiralität auferlegt, die Prise unverzüglich abzuliefern und unverzüglich alle Anordnungen und Weisungen auszuführen, die ihnen im

---

472 L'Ordonnance de la marine, August 1681, Buch 3, Titel 9, Art. 25, http://gallica.bnf.fr/ark:/12148/bpt6k95955s/f19.image.

473 L'Ordonnance de la marine, August 1681, Buch 3, Titel 9, Art. 32, http://gallica.bnf.fr/ark:/12148/bpt6k95955s/f19.image.

474 Réglement fait par le Roi. Sur le fait de la procédure des prises qui se font en mer, Avec l'Arrêt du conseil d'Etat qui ordonne que ledit Réglement sera exécuté parles Officiers des Sieges de l'Amirauté à peine d'interdiction vom 06. Juni1672,. Art. 13, abgedruckt in: Valin, Nouveau commentaire sur l'ordonnance de la marine, Band 2, S. 312f.

475 Urteil des Conseil des prises. — 13 nivôse an IX, l'Adolphe contre l'Espérance, abgedruckt in: Valin, Nouveau commentaire sur l'ordonnance de la marine, Band 2, S. 418f.

476 Urteil des Conseil des prises. — 27 fructidor an VIII., L'Esther contre la Légère, abgedruckt in: Pistoye/Duverdy, Traité des Prises Maritimes Band 2, S. 357f.

477 Declaration du Roi, Portant Réglement sur le fait de la Navigation, armement de Vaisseaux, & des Prises qui se font en mer vom 01. Februar 1650, Art. 2, abgedruckt in: Valin, Nouveau commentaire sur l'ordonnance de la marine, Band 2, S. 217f.

478 Urteil des Conseil des prises. — 19 fructidor an VIII, Le Jean et l'Amitié contre l'Espérance, abgedruckt in: Pistoye/Duverdy, Traité des Prises Maritimes Band 2, S. 360f.

Verlauf des Prisenverfahrens auferlegt wurden. Für den Fall der Zuwiderhandlung drohten ein Einfuhrverbot für genommene Prisen, eine Geldstrafe von 500 Pfund und die Auferlegung der Prozesskosten sowie die Haftung für entstandenen Schäden.[479]

Die Appellationen gegen die Entscheidungen des „Conseil des Prises" wurden zunächst vor dem „Conseil Royal des Finances" entschieden.[480] Von 1854 bis 1965 lag die letztinstanzliche Zuständigkeit bei dem Conseil d'Etat.[481]

4. Regelungen zur Kontrolle und Bekämpfung der Piraterie

a. England

Aufgrund der maritimen Präsenz Englands auf den Weltmeeren und der Bedeutung des Seehandels für das Prosperieren der englischen Gesellschaft fanden sich in Rechtsetzung und Rechtsprechung neben Regelungen betreffend das Kaperwesen auch Konkretisierungen der völkergewohnheitsrechtlichen Regelungen zur Kontrolle und Bekämpfung der Piraterie. Zunächst wurde der Pirateriebegriff dahingehend konkretisiert, dass englische Seefahrer, die unter Kaperbriefen fremder Nationen fuhren, als Piraten behandelt und entsprechend bestraft wurden.[482] Meuterer sowie diejenigen, die einen Pirat ausrüsteten oder ihm Hilfe leisteten, wurden gleichfalls als Piraten behandelt.[483] Gleiches galt für denjenigen, der mit einem Piraten Handel trieb. Ein Schiff, das ausgerüstet wurde, um mit Piraten Handel zu treiben, durfte als gute Prise genommen werden.[484]

Nicht unter den Pirateriebegriff subsumiert werden durfte jedoch der Sklavenhandel. Dieser wurde auch nach seinem Verbot als bloßes Treiben von Handel angesehen, da er, auch wenn er illegal betrieben wurde, nicht als Terrorisierung der Meere und der Küsten gegen den Willen der Staaten angesehen

483 Piracy Act 1698, 11 Wm III c 7.
484 An Act for the more effectual suppressing of Piracy 1721, 8 Geo c 24.

479 L'Ordonnance de la marine, August 1681, Buch 3, Titel 9, Art. 30, http://gallica.bnf.fr/ark:/12148/bpt6k95955s/f19.image.
480 Reglement, Que le Roi veut étre observé dans l'instruction & le Jugement des Prises vom 09. März 1695, Art. 15, abgedruckt in: Valin, Nouveau commentaire sur l'ordonnance de la marine, Band 2, S. 316ff.
481 482 Piracy Act 1698, 11 Wm III c 7; An Act to ammend an Act made in the Eleventh Year of the Reign of King William the Third, intituled An Act for the more effectual Suppression of Piracy 1745, 18 Geo II c 30

wurde, wie es für das Eingreifen des Tatbestandes der Piraterie jedoch zwingend erforderlich war.[485]

Gegen Piraten als Feinde aller Menschen herrschte stets der Kriegszustand, so dass jedes Schiff bei Piraterieverdacht auch in Friedenszeiten durchsucht werden durfte.[486] Ein Pirat verlor durch seine Taten den Schutz der Kirche.[487] Um die Mannschaft eines Handelsschiffes zu ermutigen, gegen Piraten zu kämpfen, bekam jeder für den Kampf eine Belohnung und wurde bei einer eventuellen Verwundung in einem Militärkrankenhaus behandelt. Verteidigte sich ein bewaffnetes Schiff jedoch nicht gegen die Aufbringung durch Piraten, erhielten die Mannschaft und der Kapitän keinen Lohn und mussten für sechs Monate ins Gefängnis.[488] War ein Pirat auf hoher See gefangen genommen worden, konnte ihm von jedem englischen Kapitän unmittelbar auf dem Schiff der Prozess gemacht werden[489]. Der Grund für diese Regelung lag darin, dass die Todesstrafe gegen einen Piraten nur dann verhängt werden konnte, wenn der Täter entweder die Tat gestand oder der Zeugenbeweis geführt werden konnte. Da es zur Ablegung eines Geständnisses aber schon aufgrund der zu erwartenden Strafe in der Regel nicht kam und die Zeugen meist Seefahrer aus verschiedenen Nationen waren, die nur schwer und nur unter hohen Kosten zu dem Prozess hinzugezogen werden konnten, wurden die Verfahren unmittelbar auf die hohe See verlagert.[490] Zu diesem Zwecke wurde ein Court of Admiralty aus sieben Personen an Bord zusammengerufen. Räumte der der Piraterie Verdächtige die Tat nicht ein, wurden Zeugen vernommen. Der Beschuldigte konnte Zeugen ins Kreuzverhör nehmen oder selber Zeugen aufrufen. Nach Ausurteilung der Todesstrafe durfte die Hinrichtung direkt auf dem Schiff vollzogen werden.[491]

---

485 Reports of cases argued and determined in the High Court of Admiralty; commencing with the judgments of the Right Hon. Sir William Scott, Trinity term, 1811[-1822] (1815), The Le louis, 15. Dezember 1817, 165 E.R. 1464 (Adm. 1817).

486 Reports of cases argued and determined in the High Court of Admiralty; commencing with the judgments of the Right Hon. Sir William Scott, Trinity term, 1811[-1822] (1815), The Le louis, 15. Dezember 1817, 165 E.R. 1464 (Adm. 1817).

487 An Act concerning Pirates and Robbers of the Sea 1536, 27 Hen VIII c 4.

488 An Act for the more effectual suppressing of Piracy 1721, 8 Geo c 24.

489 Piracy Act 1698, 11 Wm III c 7. An Act concerning Pirates and Robbers of the Sea 1536, 27 Hen VIII c 4

490 An Act concerning Pirates and Robbers of the Sea 1536, 27 Hen VIII c 4.

491 Piracy Act 1698, 11 Wm III c 7.

b. Frankreich

Auch in Frankreich galten strenge Regelungen zur Bekämpfung der Piraterie auf den Weltmeeren.

Piraten wurden mit dem Tode bestraft, ihr Hab und Gut wurde konfisziert. Jedermann, der einen Piraten unterstütze, wurde zu lebenslanger Galeerenstrafe verurteilt, auch sein Eigentum wurde konfisziert. Verurteilte Piraten wurden von einer generellen Amnestie nicht erfasst.[492],

Besonders detaillierte Regelungen fanden sich in einem am 10. April 1825 erlassenen Gesetz zur Sicherung der Seefahrt und des maritimen Handels.[493] Jedes Besatzungsmitglied eines Schiffes, welches ohne Kommission bewaffnet die Meere befuhr, wurde als Pirat behandelt.[494] Der Kommandant und die Offiziere wurden in diesem Fall zu lebenslangen Zwangsarbeit, der Rest der Mannschaft zur zeitlich begrenzten Zwangsarbeit verurteilt.[495] Ebenfalls als Pirat galt die Besatzung eines Schiffes, welches einen Kaperbrief von zwei oder mehr verschiedenen Nationen bei sich trug[496], die gesamte Mannschaft wurde in diesem Fall zu lebenslanger Zwangsarbeit verurteilt.[497] Gleiches galt für jedes Besatzungsmitglied eines Schiffes, welches in französischen Gewässern Gewalt gegen französischen Schiffen oder gegen Schiffen einer Nation verübte, mit der sich Frankreich nicht im Krieg befand.[498] Sofern kein Besatzungsmitglied des anderen Schiffes verletzt oder getötet wurde, wurde lediglich der Kapitän zum Tode verurteilt, die übrigen Besatzungsmitglieder zur lebenslanger Zwangsarbeit. Kam es hingegen zu körperlicher Gewalt, traf die Todesstrafe die gesamte

---

492 Ordonnance du Roy portant amnistie pour les forbans. Du 5 septembre 1718, abgedruckt in: Legier, Traité des prises Band 1, S. 120f.

493 Loi du 10 avril 1825 pour la sûreté de la navigation et du commerce maritime, https://www.legifrance.gouv.fr/affichTexte.do?cidTexte=LEGITEXT000006074265.

494 Loi du 10 avril 1825 pour la sûreté de la navigation et du commerce maritime, Art. 1, https://www.legifrance.gouv.fr/affichTexte.do?cidTexte=LEGITEXT000006074265.

495 Loi du 10 avril 1825 pour la sûreté de la navigation et du commerce maritime, Art. 5, https://www.legifrance.gouv.fr/affichTexte.do?cidTexte=LEGITEXT000006074265.

496 Loi du 10 avril 1825 pour la sûreté de la navigation et du commerce maritime, Art. 1, https://www.legifrance.gouv.fr/affichTexte.do?cidTexte=LEGITEXT000006074265.

497 Loi du 10 avril 1825 pour la sûreté de la navigation et du commerce maritime, Art. 5, https://www.legifrance.gouv.fr/affichTexte.do?cidTexte=LEGITEXT000006074265; Urteil des Conseil d'Etat – 23. November 1847, Les tres Caracoes, Le Sempar et Le Trovada, abgedruckt bei Pistoye/Duverdy, Traité des Prises Maritimes Band 1, S. 37.

498 Loi du 10 avril 1825 pour la sûreté de la navigation et du commerce maritime, Art. 2, https://www.legifrance.gouv.fr/affichTexte.do?cidTexte=LEGITEXT000006074265.

Mannschaft.[499] Auch jedes Besatzungsmitglied eines Schiffes, welches außerhalb des Krieges und ohne Repressalienbrief Gewalt gegen französische Schiffe anwendete, sah sich dem Vorwurf der Piraterie ausgesetzt.[500] Der Kapitän und die Offiziere wurden mit dem Tode bestraft, der Rest der Mannschaft wurde wiederrum zu lebenslanger Zwangsarbeit verurteilt, sofern niemand verletzt wurde oder zu Tode kam. In diesem Fall traf auch sie wieder die Todesstrafe.[501]

Nahm ein Kapitän einen Kaperbrief von einer Nation an und wendete sich dann gegen ein Schiff derselben Nation, wurden er und seine Offiziere zu lebenslanger Zwangsarbeit verurteilt.[502] Jeder Franzose, der ohne Erlaubnis seines Souveräns einen Kaperbrief von einer anderen Nation annahm und jeder Franzose, der zwar die Erlaubnis hierzu von seinem Souverän inne hatte, dann aber feindliche Handlungen gegen französische Staatsangehörige vornahm, galt als Pirat. [503] Im ersten Fall erfolgte die Verurteilung zu einer Freiheitsstrafe, im zweiten Fall die Verurteilung zum Tode. [504] Zuletzt galt jedes Mitglied der Mannschaft, welches in französischen Gewässern aufgegriffen wurde, nachdem eine Meuterei stattgefunden hatte sowie ein jeder, der ein Schiff einem Feind oder einem Piraten überlassen hatte, als Pirat.[505] In letzterem Fall griff die Todesstrafe ohne Ausnahme, im ersten Fall lediglich gegen die Offiziere, die Verurteilung für den Rest der Mannschaft lautete auf lebenslange Zwangsarbeit, solange es zu keiner Tötung oder Verletzung eines anderen Besatzungsmitgliedes gekommen war. [506]

499 Loi du 10 avril 1825 pour la sûreté de la navigation et du commerce maritime, Art. 6, https://www.legifrance.gouv.fr/affichTexte.do?cidTexte=LEGITEXT000006074265

500 Loi du 10 avril 1825 pour la sûreté de la navigation et du commerce maritime, Art. 2, https://www.legifrance.gouv.fr/affichTexte.do?cidTexte=LEGITEXT000006074265

501 Loi du 10 avril 1825 pour la sûreté de la navigation et du commerce maritime, Art. 6, https://www.legifrance.gouv.fr/affichTexte.do?cidTexte=LEGITEXT000006074265

502 Loi du 10 avril 1825 pour la sûreté de la navigation et du commerce maritime, Art. 6, https://www.legifrance.gouv.fr/affichTexte.do?cidTexte=LEGITEXT000006074265

503 Loi du 10 avril 1825 pour la sûreté de la navigation et du commerce maritime, Art. 3, https://www.legifrance.gouv.fr/affichTexte.do?cidTexte=LEGITEXT000006074265

504 Loi du 10 avril 1825 pour la sûreté de la navigation et du commerce maritime, Art. 7, https://www.legifrance.gouv.fr/affichTexte.do?cidTexte=LEGITEXT000006074265

505 Loi du 10 avril 1825 pour la sûreté de la navigation et du commerce maritime, Art. 4, https://www.legifrance.gouv.fr/affichTexte.do?cidTexte=LEGITEXT000006074265

506 Loi du 10 avril 1825 pour la sûreté de la navigation et du commerce maritime, Art. 8, https://www.legifrance.gouv.fr/affichTexte.do?cidTexte=LEGITEXT000006074265

5. Zwischenergebnis: Verifizierung der dargestellten Grundsätze durch die Entscheidungen des High Court oft Admiralty an der englischen Rechtspraxis sowie durch die Entscheidungen des Conseil des prises und den Regelungen der einzelnen Ordonnance de la marine an der französischen Rechtspraxis

Die Auswertung der englischen und französischen Rechtspraxis zeigt, dass sich die aus der zeitgenössischen Literatur herausgearbeiteten Grundsätze zu großen Teilen exemplarisch an der englischen sowie der französischen Rechtspraxis nachweisen lassen. Hieraus lässt sich auf eine Verifizierung der durch die Rechtsgelehrten dargestellten Grundsätze durch die Entscheidungen des High Court oft Admiralty an der englischen Rechtspraxis sowie durch die Entscheidungen des Conseil des prises und den Regelungen der einzelnen Ordonnance de la marine an der französischen Rechtspraxis schließen. Der Grund hierfür liegt darin, dass England und Frankreich als Staaten mit starker maritimer Präsenz und ausgeprägtem Seehandel zwar einerseits auf den Einsatz privater Beutefahrer angewiesen waren, andererseits aber auch ein gewichtiges Interesse daran hatte, die Risiken des Kaperwesens kalkulierbar zu halten.

Die Einhaltung der von den zeitgenössischen Rechtsgelehrten als völkergewohnheitsrechtliche Regelungen zur Regulierung und Kontrolle des Kaperwesens angesehenen Grundsätze durch die anderen europäischen Nationen konnten sowohl England als auch Frankreich nur dann erwarten, sofern diese Grundsätze auch in ihrer Rechtsprechung und Rechtsetzung Beachtung fanden. Aus diesem Grunde finden sich besonders die Eckpfeiler des im juristischen Diskurs als geltend betrachteten europäischen Völkergewohnheitsrechts, die zur Definition und Eingrenzung des Kaperwesens geschaffen wurden, in der englischen und französischen Rechtspraxis wieder.

Insbesondere erachteten beide Nationen die Erteilung eines Kaperbriefes an den Kaperfahrer als zwingende Voraussetzung für den Beginn einer rechtmäßigen Kaperfahrt. Die Durchführung eines Prisenverfahrens war zwingende Voraussetzung für den Eigentumsübergang an der genommenen Prise, um das Prisenrecht zur Steuerung und Regulierung des Kaperwesens nutzen zu können. Um die Kontrolle über das Prisenverfahren zu sichern, musste die Prise vor Beginn des Prisenverfahrens durch Einbringung in den Heimathafen des Kaperschiffes gesichert werden. Für die Rechtmäßigkeit der Beutenahme stellten sowohl die englische als auch die französische Rechtspraxis auf die Nationalität des genommenen Schiffes ab. Zur rechtmäßigen Prise konnte im Regelfall nur das Eigentum eines Angehörigen einer feindlichen Nation werden. Das Eigentum neutraler Nationen war solange geschützt, solange das Neutralitätsgebot nicht verletzt wurde. Die Rechte der genommenen Schiffe und ihrer Ladung richteten sich nach dem rechtlichen Verhältnis zu dem Staat, dem das genommene Schiff und die Ladung angehörten. Für den Zeitpunkt der Bestimmung der Eigentumsverhältnisse an dem genommenen Schiff samt Ladung wurde auf den Zeitpunkt des Ausspruchs einer offiziellen Kriegserklärung abgestellt.

Der Ausgang des Prisenverfahrens war maßgeblich für das Schicksal der Prise. War die Beute zur rechtmäßigen Prise erklärt, konnte der Eigentümer des Kaperschiffes damit verfahren, wie es ihm beliebte. Hatte das Prisengericht jedoch entschieden, dass das Schiff durch den Kaptor in ungerechtfertigter Weise aufgebracht worden war, mussten Schiff und Ladung an den ursprünglichen Eigentümer restituiert werden und der Kaptor musste diesem sämtliche Aufwendungen und Schäden erstatten.

Auch wurden die von den Rechtsgelehrten angenommenen völkerrechtlichen Rechtsgrundsätze bestätigt, die das Verhältnis Englands und Frankreichs in Kriegszeiten zu alliierten und neutralen Nationen vor einer Eintrübung durch das Verhalten der eigenen Kaperfahrer schützen sollten. Um die Seeleute auf den Kaperschiffen besser kontrollieren zu können, wurden sie denselben Regeln unterworfen wie Seeleute auf regulären Marineschiffen, eine Verurteilung wegen zu ahndender Grenzüberschreitungen erfolgte vor dem Kriegsgericht. Besondere Beachtung fand im englischen und französischen Prisenrecht, ebenso wie im juristischen Diskurs gefordert, das Verhältnis des nationalen Kaperwesens zu Angehörigen neutraler Nationen. Neutrale durften auch nach Einschätzung des High Court of Admiralty sowie des Conseil des Prises in Kriegszeiten Handel über feindliche Häfen treiben. Die englischen Prisengerichte unterwarfen jedoch, anders als das Conseil des Prises, auch neutrale Schiffe mit dem Ziel einer effektiven Kontrolle des Seehandels in Kriegszeiten Anhalte- und Durchsuchungsrechten durch unter englischer Flagge segelnde Kaperschiffe.

Eine maßgebliche Abweichung der englischen sowie der französischen Rechtspraxis von den durch die zeitgenössischen Völkerrechtler als bindend erachteten Regelungen des europäischen Völkergewohnheitsrechts bestand jedoch in der Behandlung von feindlicher Ware auf neutralen Schiffen. Den Grundsatz, dass das neutrale Schiff die feindliche Ladung schützte und die Ladung ebenfalls zum neutralen Eigentum wurde, wurde sowohl von den englischen als auch von den französischen Prisengerichten als inakzeptabel abgetan. Dies erklärt sich durch das besonders ausgeprägte Bedürfnis beider Nationen zur Schädigung des feindlichen Seehandels, um den Ausgang kriegerischer Auseinandersetzungen zu beeinflussen. Auffällig ist hier im Besonderen, dass diese Rechtspraxis von den englischen Rechtsgelehrten auch in dem zeitgenössischen juristischen Diskurs vehement verteidigt wurde, wohingegen sich die untersuchten französischen Rechtsgelehrten nicht gegen den Grundsatz „Frei Schiff. Frei Gut." aussprachen.

Aus den selben kriegstaktischen Erwägungen erkannten auch beide Nationen den Ausschluss von Visitationsrechten bei entsprechender Versicherung des Konvoikommandanten bei unter Geleit eines neutralen Konvois fahrenden neutralen Kauffahrtsschiffen nicht als völkerrechtlich bindend an, sondern machten dies von entsprechenden bilateralen Abkommen abhängig.

Die Präsenz Englands und Frankreichs auf den Weltmeeren und die damit einhergehende Bedrohung englischer und französischer Interessen durch Akte der Piraterie führte dazu, dass auch die englische und französische Rechtspraxis eine Konkretisierung der nach Ansicht der zeitgenössischen Autoren geltenden völkergewohnheitsrechtlichen Regelungen zur Kontrolle und Bekämpfung der Piraterie vornahm.

Aufgrund der macht- und wirtschaftspolitischen Bedeutung Englands und Frankreichs in Europa und ihrer starken Präsenz auf den Weltmeeren, sowohl hinsichtlich des Treibens von Seehandel als auch hinsichtlich der Betätigung im Seekrieg, können die Eckpfeiler des im juristischen Diskurs als geltend betrachteten europäischen Völkergewohnheitsrechts, die zur Definition und Eingrenzung des Kaperwesens geschaffen wurden und die sich identisch in der englischen und französischen Rechtsetzung und Rechtsprechung wiederfinden, als geltende europäische völkergewohnheitsrechtliche Rechtsgrundsätze angesehen werden.

IV. Die übereinstimmende völkerrechtliche Abgrenzung zwischen dem Erlaubnistatbestand des Kaperwesens und dem Verbotstatbestand der Piraterie

1. Vorbemerkung

Die Anerkennung des Kaperwesens durch die zeitgenössischen europäischen Rechtsgelehrten schaffte neben dem Bedürfnis nach dem Aufzeigen einer völkerrechtlichen Regelung eine weitere, weitreichende Problematik, der sich der juristische Diskurs jener Zeit zu widmen hatte, nämlich die Frage nach der Abgrenzung zwischen der legalen Beutenahme durch staatlich ermächtigte Private und der illegalen Beutenahme durch eigenverantwortlich handelnde Piraten. War eine deutliche Unterscheidung nach übereinstimmender Ansicht der untersuchten Rechtsgelehrten hier überhaupt möglich oder verliefen die Grenzen fließend? Welche Kriterien ließen sich heranziehen, um eine möglichst scharfe Trennung zwischen dem Erlaubnistatbestand des Kaperwesens und dem Verbotstatbestand der Piraterie zu gewährleisten? Diese Frage war sowohl für die ermächtigenden Souveräne als auch besonders für die Kaperfahrer selbst von zentraler Bedeutung, denn kein privater Beutenehmer wollte das Risiko eingehen, in den Diensten seines Souveräns als Pirat aufgebracht und aufgehängt zu werden.

2. Der Verbotstatbestand der Piraterie

a. Der völkerrechtliche Pirateriebegriff

Erste Voraussetzung, um die beiden Tatbestände voneinander abgrenzen zu können, war eine möglichst genaue Definition des Pirateriebegriffs. Im Rahmen dieser Definition stellten die untersuchten Rechtsgelehrten ausschließlich auf den Pirateriebegriff ab, den sie als völkerrechtlich anerkannt annahmen. Erweiterungen oder Begrenzungen, die einzelne Nationen in Bezug auf den Tatbestand der Piraterie trafen, konnten nicht tauglich sein, um eine klare Abgrenzung zum dem als von ihnen als völkergewohnheitsrechtlich definiert angenommenen Erlaubnistatbestand des Kaperwesens zu schaffen.

Piraten im Sinne des Völkerrechts waren nach Ansicht des herrschenden Schrifttums all jene, die ohne Ermächtigung eines kriegführenden Staates auf Beutefahrt fuhren und auf den Raub oder die Zerstörung fremder Schiffe und Güter aus waren.[507] Eine Beutesicherungsabsicht sei nicht erforderlich.[508] Der Tatbestand umfasse den gewaltsamen Angriff, die Wegnahme fremden Guts sowie Mord und Menschenraub.[509] Der Eintritt eines Taterfolges sei auch für eine Vollendungsstrafbarkeit nicht erforderlich, der bloße Versuchsbeginn sei für eine Strafbarkeit aus Vollendung ausreichend.[510] Ob die Taten auf hoher See oder an den Küsten ausgeführt wurden, sei unerheblich,[511] ebenso, ob sie in Kriegs- oder Friedenszeiten erfolgten.[512] Auch unter den völkerrechtlichen Pirateriebegriff ließen sich die Fälle subsumieren, in denen die Besatzung eines

507 Bluntschli, Das moderne Völkerrecht S. 197, § 343; Oppenheim, International Law Band 1, Teil II, Kap. II, Abschn. V, § 272, S. 340f.

508 Oppenheim, International Law Band 1, Teil II, Kap. II, Abschn. V, § 275, S. 344f.

509 Bluntschli, Das moderne Völkerrecht S. 198, § 343.

510 Bluntschli, Das moderne Völkerrecht S. 198, § 343; Oppenheim, International Law Band 1, Teil II, Kap. II, Abschn. V, § 276, S. 345f; Phillimore, Commentaries Band 1, Teil III, Kap. XX, § CCCLIII, S. 379.

511 Hall, International Law, S. 256.

512 Ortolan, Règles internationales Band 1, Buch II, Kapitel XII, S. 250f.

Schiffes eine Meuterei begehe, Schiff und Ladung in ihre Gewalt brächte und sich von aller Unterordnung frei mache.[513]

Einig waren sich die untersuchten europäischen Rechtsgelehrten auch darin, dass die Einordnung des Sklavenhandels unter den völkerrechtlichen Tatbestand der Piraterie nicht durchsetzbar war. Zwar war die Sklaverei im Rahmen des Wiener Kongress am 08.02.1815 verboten worden, eine Behandlung der nach wie vor praktizierenden Sklavenhändler als Piraten könne dennoch nicht erfolgen. Der Grund hierfür liege in dem Interesse der europäischen Nationen an der Durchführung eines ungestörten Schiffsverkehrs in Friedenszeiten, denn nach den Regeln des allgemeinen Völkerrechtes hätte jede Nation bei dem Bestehen eines Piraterieverdachts auch in Friedenszeiten Anhalte- und Durchsuchungsrechte inne gehabt.[514] Diese Anhalte- und Durchsuchungsrechte seien eine Ausnahme von dem Grundsatz, dass kein Staat in Friedenszeiten auf hoher See Macht über solche Schiffe habe, die unter einer anderen Flagge fuhren und seien aus dem Bedürfnis nach der Etablierung von Sicherheit und Freiheit für den friedlichen Schiffsverkehr erwachsen.[515]

Ohne die Einräumung dieser Ausnahmen bei Bestehen eines begründeten Piraterieverdachts wäre die Verfolgung von Seeräubern praktisch unmöglich gewesen. Um dem Missbrauch der Anhalte- und Durchsuchungsrechte zu Lasten der freien Schifffahrt vorzubeugen, könnten angehaltene Schiffe, die keine Piratenschiffe seien, von dem Anhaltenden Schadensersatz für die durch die Durchsuchung entstandenen Schäden verlangen.[516] Ginge man nun davon aus, dass der Sklavenhandel unter den völkerrechtlichen Pirateriebegriff falle, bestünden Anhalte- und Durchsuchungsrechte einer jeden Nation auch bei dem begründeten Verdacht des Sklaventransportes, was zu einer weitreichenden Überwachung des Schiffsverkehrs der rivalisierenden Seemächte untereinander unter dem Deckmantel der Bekämpfung des Sklavenhandels geführt hätte. Da eine ausdrückliche Vereinbarung zwischen den europäischen Nationen über die Erweiterung der Anhalte- und Durchsuchungsrechte auf Sklavenschiffe nicht

---

513 Lawrence, The principles of international law, Teil II, Kap. III, § 102; Oppenheim, International Law Band 1, Teil II, Kap. II, Abschn. V, § 272, S. 340f; Ortolan, Règles internationales Band 1, Buch II, Kapitel XII, S. 257f.

514 Bluntschli, Das moderne Völkerrecht S. 202, § 352; Hall, International law, S. 261; Oppenheim, International Law Band 1, Teil II, Kap. II, Abschn. IV, § 266, S. 336.; Stiel, Geschichte des Piraterierechts, S. 29; Wheaton, Elements of international Law Band 1, Teil II, Kap. II, § 16, S. 171f.

515 Bluntschli, Das modern Völkerrecht, § 344, S. 198.

516 Bluntschli, Das modern Völkerrecht, § 345, S. 198f.

getroffen wurde[517] könne eine Einordnung des Sklavenhandels unter den völkerrechtlichen Pirateriebegriff im Wege der Rechtsfortbildung nur im dem Fall erfolgen, in dem sich der Sklavenhandel unter den völkerrechtlich festgelegten Piraterietatbestand subsumieren ließe. Der Sklavenhandel bedrohe aber weder die Sicherheit des Seeverkehrs, noch richtete er sich in feindlicher Absicht gegen Angehörige aller Nationen. Auch würden die Sklavenschiffe unter nationaler Flagge fahren und so die Staatsgewalt ihres Souveräns anerkennen.[518] Nur auf Grund der Tatsache, dass der Sklavenhandel von allen europäischen Nationen verboten und die Abschaffung in völkerrechtlichen Verträgen vereinbart worden sei, lasse sich nicht auf eine Erweiterung des völkerrechtlichen Piraterietatbestandes auf den Sklavenhandel schließen.[519]

b. Die rechtliche Stellung des Piraten

Wie nun aber war nach Ansicht des Schrifttums ein Seebeuter, der die Merkmale des völkerrechtlichen Piraterietatbestandes ausfüllte, rechtlich zu behandeln? Wie konnte ein Vorgehen gegen diesen auf den Weltmeeren gerechtfertigt werden und welche Voraussetzungen waren an ein solches Vorgehen geknüpft?

Bereits im 15. Jahrhundert sahen die zeitgenössischen Rechtsgelehrten die Verfolgung und Aufbringung von Piraten auf hoher See durch Angehörige aller seefahrenden Nationen als eine Form des gerechten Krieges an,[520] der von jeder Nation zu jeder Zeit geführt werden konnte. Eine offizielle Kriegserklärung sei nicht erforderlich,[521] die Kampfhandlungen würden nur durch den Tod des Piraten oder seine Gefangennahme enden.[522] Begründet wurde dies durch die Tatsache, dass Piraten auf Grund der Charakterisierung ihrer Verbrechen als Angriff auf das „*commune ius gentium*“ [523] als Feind aller Menschen, als „*hostis humanis*

---

517 Lawrence, The principles of international law, Teil II, Kap. III, § 103; Wheaton, Elements of international Law Band 1, Teil II, Kap. II, § 16, S. 171f.

518 Bluntschli, Das moderne Völkerrecht, § 351, S. 202,.

519 Calvo, Le droit international Band 1, Buch VI, § 267; Oppenheim, International Law Band 1, Teil II, Kap. II, Abschn. V, § 280, S. 347f; Ortolan, Règles internationales Band 1, Buch II, Kapitel XII, S. 257; Phillimore, Commentaries Band 1, Teil III, Kap. XVII, § CCCVIII, S. 334f.

520 Grotius, De iure belli ac pacis Buch 2 , Kapitel XX, § XL.

521 Azuni, Droit maritime de l'Europe Band 2, Kap. V, Art. III, S. 362.

522 Ayala, De iure et officiis bellicis, Buch I, Kap. VI, Nr. 12; Gentili, De iure belli, Buch I, Kapitel IV, S. 3 5f.

523 Gentili, De iure belli, Buch I, Kapitel IV, S. 35.

generis", einzustufen seien.[524] Die Piraterie gelte als allgemeiner Kriegszustand gegen die Gesellschaft.[525] Piraten würden auf den allen Völkern frei zugänglichen Weltmeeren unterschiedslos alle freien Seefahrer überfallen, ohne dass vorhersehbar sei, wo sie als nächstes zuschlagen würden.[526] Somit sei ein derart rigoroses Vorgehen gegen die Piraterie gerechtfertigt.

Aus dem Charakter der von ihnen begangenen Verbrechen ergebe sich auch die rechtliche Stellung des Piraten. Jeder der sich aufmache, um als Pirat die Weltmeere zu terrorisieren, werde automatisch staatenlos und verliere den Schutz seiner Flagge. Denn jemand, der zum Feind der freien Welt avanciert sei und weder die Verkehrssicherheit noch die Schifffahrtsfreiheit achte, solle sich nicht auf diese durch den Schutz der Flagge gewährten Freiheiten berufen können.[527] Fahre ein Pirat trotz allem unter der Flagge seines ehemaligen Heimatstaates oder führe entsprechende Schiffsdokumente mit sich, würden diese keine Schutzwirkungen zu seinen Gunsten entfalten.[528] Zwar käme es in der Praxis nicht selten vor, dass sich eine große Anzahl von Piraten in eigenen sozialen Strukturen organisieren oder ganze Staaten die Praxis der willkürlichen Seebeutenahme in Friedenszeiten von Angehörigen aller Nationen legalisieren würden. Jedoch ändere auch eine solche Organisation nichts an der Aberkennung des Schutzes der Flagge, da das entsprechende Gemeinwesen nicht dem eines regulären Staates entspreche. Der gesellschaftliche Zusammenschluss diene nicht etwa dem Ziel, Gerechtigkeit untereinander oder im Verhältnis zu anderen, zum Beispiel durch Verzicht auf Gewalt und Mord oder den Ausschluss gewisser Güter von der Aufbringung, zu etablieren, sondern nur der Vereinfachung des Überlebens. Darüber hinaus unterliege der Zusammenschluss keiner Staatsgewalt, sondern die Einbindung in gewisse soziale Strukturen hinge ausschließlich von der Kooperationsbereitschaft des Einzelnen ab.[529] Unstreitig seien Piraten auch vom Schutz der Kirche ausgenommen,[530] da die Begehung von Akten der

---

524 Molloy, De jure maritimo et navali, Buch I, Kap. IV, § I; Oppenheim, System des Völkerrechts Kap. XII, § 9, S. 321; Ortolan, Règles internationales Band 1, Buch 2, Kap. XII, S. 251.

525 Cussy, Phases et causes célèbres du droit maritime des nations Band 1, Buch I, Titel II, § 58, S. 143.

526 Gentili, De iure belli, Buch I, Kap. IV, S. 36, 39.

527 Bluntschli, Das moderne Völkerrecht, §343, S. 198; Oppenheim, International Law Band 1, Teil II, Kap. II, Abschn. V, § 272, S. 341.

528 Ortolan, Règles internationales Band 1, Buch 2, Kap. XII, S. 253.

529 Molloy, De jure maritimo et navali, Buch I, Kap. IV, § III.

530 Freitas, De iure imperio, Kap. X, Nr. 34.

Piraterie alle Beteiligten zu Atheisten mache.[531] Im Falle einer Verurteilung entfalle das Recht des Piraten auf geistlichen Beistand.[532]

Weniger eindeutig beantworten die europäischen Rechtsgelehrten die Frage, ob sich ein Individuum durch die Entscheidung zur Ausübung der Piraterie neben seiner staatsbürgerlichen und kirchlichen Rechte auch aller seiner völkerrechtlich garantierten Rechte begab. Die Befürworter der Aberkennung aller völkerrechtlichen Rechte argumentierten, dass der Pirat, in dem er sich zum Feinde aller Menschen erhoben habe, sich auch aus den göttlichen Regeln des menschlichen Zusammenlebens gelöst habe und somit auch nicht mehr von diesen Regeln profitieren dürfe.[533] Auf das Völkerrecht sollten sich nur die berufen dürfen, die sich in eine Gemeinschaft mit dem Ziel der Schaffung einer gerechten Rechtsordnung eingliederten.[534] Hier zeigte sich der schon erwähnte Gedanke, dass nur derjenige, der die Rechte anderer achtete, in ihren Schutzbereich mit einbezogen werden sollte.

Jedoch wurden auch Bedenken gegen die Versagung aller völkerrechtlich garantierten Rechte geäußert. Es existiere keine ausdrückliche Regelung, die die Versagung völkerrechtlichen Schutzes kodifiziere, so dass die Anwendung im Umkehrschluss erlaubt sei.[535]

Mangels Anwendbarkeit des Völkerrechtes und somit auch des Kriegsrechtes waren aufgebrachte Piraten nach einhelliger Ansicht als einfache Verbrecher zu behandeln[536] und konnten somit kein Eigentum an den von ihnen erbeuteten Gütern erlangen. Jegliche Beute, die aus dem Besitz eines Piraten sichergestellt werde, müsse an den ursprünglichen Eigentümer restituiert werden.[537] Auch

---

531 Baer, The complicated plot of piracy, in: The Eighteenth Century. Theory and Interpretation Band 23, 1982, 3-26, hier: S. 15; Pufendorf, De iure naturae et gentium, Buch IV, Kap. II, § 8.

532 Molloy, De jure maritimo et navali, Buch I, Kap. IV, § XXVIII.

533 Gentili, De iure belli, Buch I, Kap. IV, S. 35; Molloy, De jure maritimo et navali, Buch I, Kap. IV, § V; Pufendorf, De iure naturae et gentium, Buch IV, Kap. II, §8 .

534 Grotius, De iure belli ac pacis, Buch III, Kap. III, §II; Pufendorf, De iure naturae et gentium, Buch VIII, Kap. IV, § 5.

535 Hotman, Quaestionum illustrium liber, S. 53, 56.

536 Bluntschli, Das moderne Völkerrecht, § 513, S. 289; Oppenheim, System des Völkerrechts, Kap. XII, § 13, S. 333.

537 Ayala, De iure et officiis bellicis, Buch I, Kap. II, Nr. 15; Azuni, Droit maritime de l'Europe Band 2, Kap. IV, Art. V, S. 275; Grotius, De iure belli ac pacis Buch 3 , Kapitel IX, § XVI; Hautefeuille, Des droits et des devoirs des nations neutres Band 3, Titel XIII, Kap. II, Abschn. IV, S. 389f; Phillimore, Commentaries Band 1, Teil III, Kap. XX, § CCLIII, S. 379; Wheaton, Maritime captures and prizes, Kap. II, § 13, S. 54.

eine Übertragung des Eigentums an Dritte sei demnach nicht möglich.[538] Eine Ausnahme von dieser Restitutionspflicht bestünde nur dann, wenn derjenige, der die Beute dem Piraten abnahm und der ursprüngliche Eigentümer zwei unterschiedlichen Nationen angehören würden, die sich miteinander in einem gerechten Krieg befänden und der Kaptor entweder zur regulären Marine zähle oder den Status eines staatlich legitimierten Kaperfahrers inne habe. Denn hier dürfe es keinen Unterschied machen, ob die Beute direkt von einem Angehörigen einer feindlichen Nation oder über einen Umweg von einem Piraten genommen worden sei.[539]

Auch nach Ansicht der europäischen Rechtsgelehrten versetzten sich die Piraten durch die Begehung ihrer Verbrechen nicht in einen Zustand völliger Rechtlosigkeit. Es bestünden Ausnahmen, in denen das Recht auch ihnen zur Seite stehen. So könnten sie sich auf gewisse Grundregeln der Menschlichkeit berufen, wenn sie sich selbst in der konkret abzuurteilenden Situation an die Regeln des menschlichen Zusammenlebens gehalten hatten.[540] Der Status des Piraten als Feind aller Menschen könne weder den Bruch eines mit einem Piraten abgeschlossenen Vertrages, noch die Nichterfüllung eines Eides oder das Leisten eines Meineides rechtfertigen. In diesen Situationen komme es lediglich darauf an, dass der Vertragsschluss oder das Ableisten des Eides ohne Zwang geschehen sei. In diesen Fällen verhalte der Pirat sich nicht schlechter als ein regulärer Feind und achte die Regeln des menschlichen Zusammenlebens, so dass keine Rechtfertigung für Vertragsbruch, Eidbruch oder Meineid entstehen könne. Die fehlende Unterwerfung unter staatliche Herrschaft könne in dem Fall einer Rechtsbeziehung zwischen Privatpersonen nicht der Entstehung von gegenseitigen Rechten und Pflichten entgegenstehen. [541] Zwar gab es auch hier entgegenstehende Meinungen,[542] diese verkannten jedoch, dass einem Menschen, der sich freiwillig unter das Dach der zivilen Rechtsordnung begab, dieser Schutz nicht versagt werden durfte. Insbesondere konnte es nicht darauf ankommen, ob dem Gegenüber bewusst war, dass es sich bei seinem Vertragspartner oder

---

538 Calvo, Le droit international Band 1, Buch VI, § 271; Ortolan, Règles internationales Band 1, Buch 2, Kap. XII, S. 269.

539 Ayala, De iure et officiis bellicis, Buch I, Kap. V, Nr. 40.

540 Pufendorf, De iure naturae et gentium, Buch III, Kap. VI, § 11.

541 Azuni, Droit maritime de l'Europe Band 2, Kap. IV, Art. VI, S. 314f; Grotius, De iure belli ac pacis, Buch II, Kap. XIII, §§ XV, XX; ebd. Buch III, Kap. XXIII, § II; Pufendorf, De iure naturae et gentium, Buch III, Kap. VI, § 11.

542 Ayala, De iure et officiis bellicis, Buch I, Kap. VI, Nr. 7; Gentili, De iure belli, Buch I, Kap. IV, S. 35.

dem Eidesempfänger um einen Piraten handelte, da der gute Glaube hier für die Entstehung einer Rechtsbeziehung, anders als für einen gutgläubigen Eigentumserwerb, nicht von Bedeutung war.

Eine weitere Situation, in der die Pirateneigenschafft für die rechtliche Behandlung des Einzelnen nach herrschender Meinung unbedeutend war, war der Fall des Schiffbruches. Die Plünderung eines schiffbrüchigen Piratenschiffes sei untersagt, da jedes schiffbrüchige Schiff dem Schutz des Souveräns unterliege, an dessen Küste es angespült werde.[543]

Wandte ein Pirat sich aus freien Stücken an ein Gericht, um dort Gerechtigkeit für ein gegen ihn begangenes Unrecht zu suchen, welches er nicht durch eigenes Unrecht provoziert hatte, hatte er nach Dafürhalten der untersuchten Autoren Anrecht auf ein faires Verfahren. Auch in diesem Fall sei ein anderes Vorgehen nicht zu rechtfertigen, denn es sei für die gesamte Rechtsordnung erstrebenswert, dass sich Piraten zur Beilegung ihrer Streitigkeiten Recht und Gesetz unterwerfen würden, statt diese durch Selbstjustiz aus der Welt zu schaffen.[544] Auch bestehe für jeden Piraten die Möglichkeit, bei einem Staatsoberhaupt um Asyl und Straffreiheit zu bitten. Dem Piraten solle durch diese Möglichkeit eine „goldene Brücke" zum Schutz zukünftiger potentieller Opfer gebaut werden, denn die Aussicht auf Straffreiheit berge die Möglichkeit, dass ein Pirat von der Begehung weiterer Verbrechen Abstand nehme[545]. Werde ein Pirat jedoch rechtskräftig verurteilt, werde er von einer generellen Begnadigung nicht erfasst. Auf Grund der besonderen Schwere der von ihnen begangenen Straftaten müsse die Begnadigung von Piraten immer gesondert erwähnt werden.[546]

c. *Die Strafverfolgung*

Die völkerrechtliche Besonderheit des Straftatbestandes der Piraterie und die einschneidenden Konsequenzen dieses Verbrechens für die Freiheit des weltweiten Seehandels und Schiffsverkehrs schlugen sich nach einhelliger Ansicht auch in den völkerrechtlichen Regelungen zur Strafverfolgung nieder. Es liege auf der Hand, dass jede Nation das Recht habe, die staatenlosen Feinde der gesamten Menschheit auf See zu verfolgen und aufzubringen. Bei einem bloßen Recht zur

543 Cussy, Phases et causes célèbres du droit maritime des nations Band 1, Buch I, Titel III, § 35, S. 290; Valin, Traité des prises Band 1, Kap. III, Abschn. II, § 7.

544 Molloy, De jure maritimo et navali, Buch I, Kap. IV, § VII.

545 Grotius, De iure belli ac pacis, Buch II, Kap. IX, § XVI.

546 Molloy, De jure maritimo et navali, Buch I, Kap. IV, § XXVIII; Phillimore, Commentaries Band 1, Teil III, Kap. XX, § CCCLVI, S. 388.

Strafverfolgung solle es aber nicht bleiben. Vielmehr treffe alle seefahrenden europäischen Nationen sogar die Pflicht zur Verfolgung und Ahndung der Piraterie.[547] Jeder Staat müsse alles in seiner Macht stehende tun, um die Piraterie zu bekämpfen, wolle er nicht selber zum Straftäter werden.[548] Besonders intensiv treffe diese Pflicht den Staat, dem der Pirat ursprünglich angehört habe.[549] Konkretisiert werde die Pflicht der einzelnen Nationen zur Gewährleistung der Sicherheit der Meere durch die Verpflichtung zur Entsendung ausreichend bemannter und bewaffneter Schiffe zur Patrouille auf See.[550]

Auch der einzelne Seefahrer, der den Weg eines Piraten kreuze, sei verpflichtet, diesen zu verfolgen und aufzubringen, um der Verletzung der Regeln menschlichen Zusammenlebens Einhalt zu gebieten.[551] Werde ein Schiff von Piraten angegriffen, werde von Kapitän und Mannschaft erwartet, dass sie sich, solange Aussicht auf Erfolg bestehe, verteidigten.[552] Ein Kapitän, der dieser Pflicht nicht nachkomme, sei dem Schiffseigentümer für die entstandenen Schäden höchstpersönlich verantwortlich.[553]

Wie aber nun wurde der Fall beurteilt, indem ein Pirat auf hoher See von einem privaten Schiff oder einem Schiff der Marine aufgebracht wurde? Ging der juristische Diskurs von einem einheitlichen Vorgehen der europäischen Nationen aus? Die Frage wurde wie folgt beantwortet: Das allgemeine Völkerrecht gestatte zwar die direkte Hinrichtung eines Piraten durch jeden Privatmann.[554] In Europa habe sich jedoch die Gewohnheit etabliert, die Hinrichtung eines Piraten von der Durchführung eines entsprechenden Verfahrens abhängig zu machen.[555] Grund für diese Entwicklung sei, dass die Statuierung eines Exempels wirkungsvoller erreicht werden könne, wenn die Regeln des Prozessrechtes

---

547 Bluntschli, Das moderne Völkerrecht, § 343, S. 200; Grotius, De iure belli ac pacis Buch II, Kap. XVII, § XX.

548 Anonymous, Trial of Jospeh Dawson, in: A complete collection of state trials, Band 13, 1816,S. 451-486, hier: S. 482; Pufendorf, De iure naturae et gentium, Buch VII, Kap. VI, § 12.

549 Ortolan, Règles internationales Band 1, Buch II, Kap. XII, S. 251.

550 Molloy, De iure maritimo et navali, Buch I, Kap. IV, § II.

551 Gentili, De iure belli, Buch I, Kap. XXV, Nr. 202.

552 Bluntschli, Das moderne Völkerrecht, § 348, S. 200.

553 Jacobsen, Laws of the Sea, S. 226.

554 Molloy, De iure maritimo et navali, Buch I, Kap. IV, § XIII.

555 Calvo, Le droit international Band 1, Buch VI, § 270; Grotius, De iure belli ac pacis, Buch II, Kap. XX, § XIV; Oppenheim, International Law Band 1, Teil II, Kap. II, Abschn. V, § 278, S. 346; Valin, Traité des prises Band 1, Kap. III, Abschn. II, § 6.

eingehalten würden,[556] mithin der Vorwurf der Willkürlichkeit der Tötung widerlegt werden könne. Außerdem sei die veraltete und barbarische Praxis der sofortigen Hinrichtung nicht mehr mit der zunehmenden Humanisierung des Völkerrechtes vereinbar.[557] Eine Hinrichtung auf See unter Einhaltung eines standesgemäßen Verfahrens und der Dokumentation desselbigen sei aber nach wie vor vom Völkerrecht gedeckt, wenn die sichere Verwahrung des Piraten und eine anschließende Ablieferung an ein zuständiges Gericht nicht möglich seien.[558] An diesem Punkt wird deutlich, dass die Rechtsgelehrten stets die Interessen ihrer Nation im Blick hatten, die, war sie auch zu einer Humanisierung des Völkerseerechtes bereit, diesen Weg nur solange mittrug, wie ihre Interessen nicht ins Hintertreffen gerieten. Das Bedürfnis, die Weltmeere von der Geißel der Piraterie zu befreien und so den Seehandel zu schützen, hatte nach wie vor oberste Priorität. Zu Kompromissen waren die Staaten nur solange bereit, wie dieses Ziel nicht gefährdet wurde.

Nachdem nun festgelegt war, dass aufgebrachte Piraten im Regelfall in einem offiziellen Prozess abgeurteilt werden mussten, sah das Schrifttum es als Aufgabe der Staatengemeinschaft, den Jurisdiktionsanspruch einheitlich festzulegen. Generell gelte, dass jede Nation bei kriminellen Handlungen auf dem offenen Meer den Jurisdiktionsanspruch über ihre eigenen Staatsangehörigen und deren Eigentum trage, damit dass Entstehen eines rechtsfreien Raumes auf See verhindert werden könne.[559] Außerdem sei der Jurisdiktionsanspruch einer Nation über die in ihren Hoheitsgewässern begangenen Straftaten unzweifelhaft. Diese Regelungen würden im vorliegenden Fall aber nicht weiterführen, da es mit dem Charakter des Piraterietatbestandes einhergehe, dass Piraten auf Grund der automatischen Denationalisierung keiner staatlichen Kontrolle unterliegen und ihre Verbrechen in der Regel auf hoher See verüben würden. Der Jurisdiktionsbereich einer jeden Nation werde jedoch erweitert, wenn die Begehung des Verbrechens ursprünglich nicht in ihren Jurisdiktionsbereich falle, das Völkerrecht aber durch das Verbrechen in besonderer Weise beschädigt werde.[560] Dies

---

556 Vattel, Le droit des gens, Buch I, Kap. XIX, § 233.

557 Ortolan, Règles internationales Band 1, Buch II, Kap. XII, S. 254.

558 Anonymous, Trials of major Stede Bonnet, in: A complete collection of state trials, Band 15, 1816, S. 1231-1302, hier: S. 1235; Bluntschli, Das moderne Völkerrecht, § 348, S. 199f; Oppenheim, International Law Band 1, Teil II, Kap. II, Abschn. V, § 278, S. 346.

559 Hall, International Law, S. 189, 253.

560 Grotius, De iure belli ac pacis, Buch II, Kap. XX, § XL.

sei insbesondere der Fall, wenn jeder, gleich welchem Staat er angehöre, Opfer dieses Verbrechens werden könne.[561]

Somit habe sich in Europa die Vorgehensweise etabliert, dass jeweils die Nation den Jurisdiktionsanspruch über die Piraten innehaben würden, deren Angehörige diese aufgebracht hätten.[562] Dieser universelle Jurisdiktionsanspruch liege allerdings nur dann vor, wenn es sich um Piraterie im Sinne des Völkerrechts handele, bloße nationale Erweiterungen des Pirateriebegriffs würden keine Erweiterung des ursprünglichen Jurisdiktionsanspruches begründen.[563]

Innerhalb der jeweiligen Nationen liege die Gerichtsbarkeit über die aufgebrachten Piraten und ihre Beute bei den Seegerichten,[564] mithin bei den Gerichten, die zur Entscheidung über die auf hoher See vorkommenden Streitigkeiten berufen seien.[565] Der Grund für die Entscheidung, Piraten vor den nationalen Seegerichten und nicht vor den einfachen Strafgerichten anzuklagen liege darin, dass für eine sachgerechte Entscheidung über das Vorliegen des Straftatbestandes der Piraterie besondere Kenntnisse des Seerechts und der aktuellen maritimen Gegebenheiten von Nöten seien.[566]

Die gesellschaftsfeindliche Gesinnung der Piraten und der hohe Schaden, die sie dem europäischen Seehandel zuführen würden führe dazu, dass der Straftatbestand der Piraterie mit besonders hohen Strafandrohungen geahndet werde und Piraten meist zum Tode durch Erhängen verurteilt würden.[567]

---

561 Massé, Le droit commercial Band 1, Buch II, Titel I, Kap. II, Abschn. III, § 1, Nr 335; Ortolan, Règles internationales Band 1, Buch II, Kap. XII, S. 253.

562 Bluntschli, Das moderne Völkerrecht, § 346, S. 199; Grotius, Mare liberum, Kap. V, S. 51f; Hall, International Law, S. 253; Phillimore, Commentaries Band 1, Teil III, Kap. XX, § CCCLIII, S. 379.

563 Bluntschli, Das moderne Völkerrecht, § 346, S. 199; Calvo, Le droit international Band 1, Buch VI, § 270; Wheaton, Elements of international law Band 1, Teil II, Kap. II, § 16, S. 164.

564 Bluntschli, Das moderne Völkerrecht, S. 199, § 346; Martens, Versuch über Caper, S. 32.

565 Ehrmann, Neueste Länder- und Völkerkunde, Band 6, S. 275.

566 Calvo, Le droit international Band 1, Buch VI, § 270; Ortolan, Règles internationales Band 1, Buch 2, Kap. XII, S. 256.

567 Anonymous, Trials of major Stede Bonnet, in: A complete collection of state trials, Band 15, 1816, S. 1231-1302, hier: S. 1237; Azuni, Droit maritime de l'Europe Band 2, Kap. V, Art. III, S. 362; Anonymous, Trial of Joseph Dawson, in: A complete collection of state trials Band 13, 1816, S. 451-486, hier: S. 484; Oppenheim, International Law Band 1, Teil II, Kap. II, Abschn. V, § 278, S. 346.

In einigen Staaten gab es für die Durchführung der Bestrafung von Piraten sogar besondere Orte. So wurden Piraten, die in England verurteilt wurden, stets am Londoner „Execution-Dock" gehängt.[568]

Werde ein Pirat nicht zum Tode verurteilt, werde er in der Regel enteignet und versklavt.[569]

Die zunehmende Humanisierung des europäischen Völkerrechts wirkte sich jedoch auch auf die für die Piraterie festgesetzten Sanktionen aus. Ab Beginn des 19. Jahrhunderts wurde die Todesstrafe mehr und mehr durch nationale Regelungen verdrängt. So wurde sie in England durch eine lebenslange Gefängnisstrafe ersetzt, in Frankreich galt sie nur noch für den Kapitän des Piratenschiffes und seine unmittelbaren Vertreter, der Rest der Mannschaft wurde dagegen zu lebenslanger Zwangsarbeit verurteilt. Dagegen galt in Österreich auch noch im 19. Jahrhundert ausschließlich die Todesstrafe für Piraten, egal, ob die einzelnen Mannschaftsmitglieder eines Piratenschiffes als Täter oder lediglich als Teilnehmer gehandelt hatten oder ob die Tat zur Vollendung gekommen oder im Versuchsstadium stecken geblieben war.[570]

Die hohe Strafandrohung im Falle der Verurteilung als Pirat brachte es nach Dafürhalten der völkerrechtlichen Rechtsgelehrten mit sich, dass an den Ablauf eines Pirateriеprozesses besondere Voraussetzungen geknüpft wurden. So seien für eine Verurteilung wegen Piraterie, lege der Angeklagte kein Geständnis ab, stets zwei Zeugen nötig, die die Begehung des Verbrechens durch den Angeklagten bestätigten.[571] Die Zeugen müssten vereidigt werden und ihre Befragung im Beisein des Angeklagten erfolgen. Der Angeklagte habe das Recht, die Zeugen ins Kreuzverhör zu nehmen,[572] und ihre Aussagen müssten schriftlich niedergelegt werden.[573] Der Pirateriеprozess und die Bestrafung der verurteilten Piraten müssten besonders transparent und deutlich ausfallen, wenn ein Pirat ursprünglich demselben Staat angehört habe, der nun über ihn urteile. Denn in diesem Fall gelte es nicht nur, ein kriminalpolitisches Zeichen zur Abschreckung

568 Anonymous, Trial of Joseph Dawson, in: A complete collection of state trials, Band 13, 1816, S. 451-486, hier: S. 484.

569 Ayala, De iure et officiis bellicis, Buch I, Kap. II, Nr. 15.

570 Stiel, Geschichte des Piraterierechts, S. 28.

571 Anonymus, The Procedure for the Trial of a Pirate, in: The American Journal of Legal History Band 3, 1957, 251-256 hier: S. 252, 255.

572 Anonymus, The Procedure for the Trial of a Pirate, in: The American Journal of Legal History Band 3, 1957, 251-256 hier: S. 252, 254.

573 Anonymus, The Procedure for the Trial of a Pirate, in: The American Journal of Legal History Band 3, 1957, 251-256, hier: S. 252, 253.

zukünftiger Piraten zu setzten, sondern auch klarzustellen, dass der ehemalige Heimatstaat sich klar von dem Seeraub distanziere, da sonst schwerwiegende außenpolitische Konsequenzen wie der Abbruch von Handelsbeziehungen oder der Ausbruch des Kriegszustandes zu befürchten seien.[574]

Einig waren sich die untersuchten Juristen aller europäischen Nationen darin, dass der ehemalige Heimatstaat eines Piraten nicht für dessen Verbrechen haften sollte, denn die Denationalisierung und die damit einhergehende Missachtung der Autorität des ursprünglichen Heimatstaates schließe eine Staatshaftung per definitionem aus.[575]

3. Die fließende Grenzziehung zwischen der Piraterie und dem Kaperwesen

a. Die rechtliche Abgrenzung

Nach dem bisher Gesagten stellte das Schrifttum einige wesentliche Merkmale heraus, die sodann zur völkergewohnheitsrechtlichen Abgrenzung des Erlaubnistatbestandes der Kaperei von dem Verbotstatbestand der Piraterie herangezogen wurden.

Im Gegensatz zu den denationalisierten und von jeder staatlichen Herrschaft gelösten Seeräubern seien die staatlich ermächtigten Kaperfahrer auf ihren Beutefahrten nicht als einzelne Individuen, sondern als Teil der sie ermächtigenden Souveräne zu sehen. In dem Maße, in dem sie sich in den Grenzen ihrer Ermächtigung bewegen und sich den ihnen auferlegten Regeln unterwerfen würden, würden sie ein Teil der Völkergemeinschaft bleiben, deren Ziel nicht ausschließlich in der eigenen Bereicherung, sondern in der Förderung der außenpolitischen Ziele des sie ermächtigenden Staates liege. Die Verbundenheit mit der Gesellschaft bleibe jederzeit durch Verträge, Freundschaftsverhältnisse oder völkergewohnheitsrechtliche Rechtssätze bestehen. Der Kaperfahrer handele nicht als Feind der Menschheit, sondern immer nur als Feind derjenigen, mit denen sich sein ermächtigender Souverän in einem offiziellen Kriegszustand befinde. Somit könne jeder einzelne Seefahrer erkennen, ob für ihn in der konkreten Situation die Gefahr der Aufbringung durch einen in Sichtweite kommenden Kaperfahrer bestünde.

---

574 Anonymous, Trial of Joseph Dawson, in: A complete collection of state trials, Band 13, 1816, S. 451-486, hier: S. 543.

575 Hall, International law, S. 253.

Trotz des Bestehens dieser aus sich heraus recht klaren Abgrenzungskriterien waren die Tatbestände des Kaperwesens und der Piraterie in der Praxis nicht immer klar voneinander abgrenzbar. Dies ließ sich im Besonderen darauf zurückführen, dass viele der staatlich legitimierten Kaperfahrer die ihnen auferlegten völkerrechtlichen Grenzen überschritten, nicht jede Grenzüberschreitung aber als Piraterie geahndet wurde. Hier galt es für die zeitgenössische Rechtsgelehrten nun festzustellen, wie die einzelnen Grenzübertritte eines Kaperfahrers einzuordnen waren und welche Folgen sich sowohl für den Kaperfahrer selbst als auch für den ermächtigenden Souverän ergaben.

b. Die unterschiedlichen Grenzüberschreitungen in der Praxis und ihre rechtliche Behandlung nach Ansicht des europäischen Schrifttums

(1) Die Grenzüberschreitung durch die Übertretung der Kapervollmacht

Die erste denkbare Konstellation, in der ein staatlich legitimierter Beutenehmer die Grenzen des völkerrechtlichen Dürfens überschreiten konnte, lag in der Übertretung der dem Einzelnen von dem ermächtigenden Souverän erteilten Kapervollmacht.

Einig waren sich die Autoren darin, dass solange sich die Beutenahme gegen einen Feind des ermächtigenden Souveräns richtete und der Kaperfahrer die Beutefahrt nach wie vor für seinen ermächtigenden Souverän fortsetzte, sein Tun nicht unter dem Tatbestand der Piraterie sanktioniert werden konnte. Dies gelte auch dann, wenn bei der Beutenahme völkerrechtliche Grenzen, zum Beispiel zum Gegenstand der Beutenahme, zum Ort der Beutenahme oder zur gerechten Behandlung der Besatzung des genommenen Schiffes überschritten worden seien, denn die Gewalt gegen Angehörige der feindlichen Nationen sei nach wie vor durch den Souverän legalisiert.[576] Hierzu zähle auch die Konstellation, in der die Beute von Angehörigen einer Nation gemacht werde, die zwar nicht in dem vorliegenden Kaperbrief ausdrücklich bezeichnet sei, die aber einer anderen gegnerischen Kriegspartei angehöre.[577] In diesem Fall werde dem Kaperfahrer lediglich die Prise aberkannt und der ermächtigende Souverän entscheide über

576 Calvo, Le droit international Band 1, Buch VI, § 269; Lawrence, The principles of international law Teil II, Kap. III, § 102; Martens, Versuch über Caper, S. 68; Oppenheim, International Law Band 1, Teil II, Kap. II, Abschn. V, § 273, S. 341; Phillimore, Commentaries Band 1, Teil III, Kap. XX, § CCCLVII, S. 393.

577 Ortolan, Règles internationales Band 1, Buch II, Kap. XII, S. 258f; Wheaton, Maritime captures and prizes, Kap. II, § 13, S. 54.

eine Entziehung des Kaperbriefes.[578] Außerdem habe der Kaperfahrer die entstandenen Schäden zu ersetzten und zwar auch über eine eventuell hinterlegte Kaution hinaus.[579]

Der wesentliche Grund, warum es in den genannten Fällen nicht zu einer Einordnung der Grenzüberschreitung unter den Tatbestand der Piraterie komme, liege in der fehlenden, für den Piraterievorwurf aber zwingend notwendigen Intention des Beutenehmers, die Beutenahme ausschließlich im eigenen Interesse durchzuführen und sich von jeder nationalen Autorität freizumachen. Somit könne ein Kaperschiff als Teil der Kriegsmarine des ermächtigenden Souveräns durch eine Übertretung der Kapervollmacht bei gleichzeitiger Beutenahme von feindlichem Eigentum nur dann zum Piratenschiff werden, wenn die Mannschaft Meuterei beginge und anschließend die Beutefahrt ausschließlich im eigenen Interesse und ohne staatliche Anbindung fortführe.[580]

Etwas anderes gelte jedoch, wenn ein Kaperfahrer seine Kapervollmacht dadurch übertrete, dass er Schiffe einer befreundeten oder gar der eigenen Nation angreife. Mache sich ein Kaperfahrer eines solchen Vergehens schuldig, sei er als Pirat zu behandeln.[581] Der Grund für die unterschiedliche Behandlung dieser Konstellation zu der zuvor dargestellten lag darin, dass ein Kaperfahrer, der befreundete Schiffe oder solche der ermächtigenden Nation angriff, nicht mehr im Interesse seines Souveräns handelte, mithin nicht mehr durch diesen legalisiert war. Das als maßgeblich zur Unterscheidung zwischen dem legalen Kaperwesen und dem Tatbestand der Piraterie angesehen Kriterium, die staatliche Anbindung, war nunmehr nicht mehr erfüllt. Der vormals gerechtfertigte Kaperfahrer wurde auf den Status eines Piraten herabgestuft.

Sei einem Kaperfahrer, aus welchem Grund auch immer, der Kaperbrief von seinem Souverän entzogen worden, gehen er aber weiterhin auf Beutefahrt, werde er mangels staatlicher Anbindung ebenfalls zum Piraten. Dies gelte auch, wenn sich seine Angriffe nach wie vor lediglich gegen die Feinde seines Souveräns richten würden.[582] Diese Härte war nötig um sicher zu stellen, dass die Befugnis zur Kriegsführung weiterhin in den Händen der Staaten lag. Erlaubte

578 Hall, International Law, S. 526; Molloy, De jure maritimo et navali, Buch I, Kap. III, § IX; Wheaton, Maritime captures and prizes, Kap. II, § 13, S. 54.

579 Phillimore, Commentaries Band 3, Teil XI, Kap. IV, § CCCCLVIII, S. 408.

580 Cussy, Phases et causes célèbres du droit maritime des nations Band 1, Buch I, Titel III, § 35, S. 291; Oppenheim, International Law Band 1, Teil II, Kap. II, Abschn. V, § 273, S. 341.

581 Molloy, De iure maritimo et navali, Buch I, Kap. II, § XIII.

582 Hübner, De la saisie des bâtiments neutres Band 1, Teil II, Kap. III, § VI, S. 235f.

man schon die Delegation von Kriegshandlungen durch staatliche Ermächtigungen auf Private, musste der Wegfall einer solchen Ermächtigung die rechtliche Stellung eines Privaten als Kriegsteilnehmer unbedingt und unverzüglich beenden.

Die Unterordnung unter die staatliche Autorität müsse auch nach außen in Erscheinung treten, um den Einsatz Privater in der Kriegsführung berechenbar zu machen. Dementsprechend würden auch Kaperfahrer als Piraten behandelt, die auf einem anderen Schiff als auf dem in den Kaperbrief aufgenommenen auf Beutefahrt gingen.[583]

(2) Die Grenzüberschreitung durch die Annahme von Kaperbriefen fremder Souveräne

In der Annahme von Kaperbriefen fremder Souveräne lag nach einhelligem Konsens in der Literatur, wie schon erläutert, zunächst kein Verstoß gegen das allgemeine Völkerrecht, so dass auch eine völkerrechtliche Einordnung des ermächtigten Kaperfahrers unter den Tatbestand der Piraterie nicht in Betracht kam.

Eine Abkehr von diesem Grundsatz habe sich aber zunehmend dadurch ergeben, dass mehr und mehr Nationen ihren Staatsangehörigen die Annahme fremder Kaperbriefe untersagten.[584] Die Nationen, die ihren Angehörigen die Annahme von Kaperbriefen fremder Nationen untersagten, hätten alle ihre Staatsangehörigen, die gegen diese Regeln verstoßen würden, als Piraten zu behandeln.[585] Auf Grund dieser gemeinsamen Rechtspraxis und der Rechtsüberzeugung, dass ein Privater, der sich trotz ausdrücklichen Verbotes seines Souveräns unter die Gewalt eines anderen Souveräns begebe, sich im Ergebnis gegen seinen eigenen Souverän wende und so von der staatlichen Autorität freimache,[586] habe sich ab dem Beginn des 19. Jahrhunderts ein Völkergewohnheitsrecht etabliert, nach

583 Cussy, Phases et causes célèbres du droit maritime des nations Band 1, Buch I, Titel III, § 35, S. 291.

584 Bijnkershoek, A Treatise on the Law of War, Kap. XVII, S. 129; Massé, Le droit commercial Band 1, Buch II, Titel I, Kap. II, Abschn. I, § II, Nr. 165; Valin, Traité des prises Band 1, Kap. III, Abschn. II, § 2.

585 Cussy, Phases et causes célèbres du droit maritime des nations Band 1, Buch I, Titel III, § 35, S. 291; Hautefeuille, Quelques questions de droit international maritime, § 1, S. 25; Massé, Le droit commercial Band 1, Buch II, Titel I, Kap. II, Abschn. I, § II, Nr. 165; Rayneval, Institutions de droit de la nature et des gens Band 2, Buch III, Kap. XIV, § 2; Valin, Traité des prises Band 1, Kap. II, Abschn. II, § 4.

586 Valin, Traité des prises Band 1, Kap. III, Abschn. II, § 8.

welchem das Aufbringen von Schiffen unter fremder staatlicher Ermächtigung unter den völkerrechtlichen Pirateriebegriff zu fassen sei. Diese Erweiterung des völkerrechtlichen Pirateriebegriffs gelte aber auf Grund des Verbotes des widersprüchlichen Handelns nur für die Nationen, die nicht nur ihren Angehörigen die Annahme von fremden Kaperbriefen untersagten, sondern auch selber von der Ermächtigung fremder Kaperfahrer Abstand nehmen würden.[587]

Im Umkehrschluss ergebe sich aus der entsprechenden Begründung für die Behandlung fremdermächtigter Kaperfahrer als Piraten durch ihre eigenen Souveräne, dass andere Nationen, insbesondere die Nationen, die als rechtmäßige Feinde des ermächtigenden Souveräns von den in Rede stehenden Kaperfahrern aufgebracht würden, nicht durch das Völkerrecht ermächtigt seien, die Kaperfahrer als Piraten zu behandeln, denn diese würden nach wie vor unter staatlicher Autorität handeln.[588] Das Innenverhältnis zwischen ihnen und ihrem Heimatstaat könne und solle fremden Nationen nicht das Recht zur Erweiterung des völkerrechtlichen Piraterietatbestandes geben. Dies gelte unabhängig davon, ob der ermächtigte Seebeuter einer anderen Kriegspartei oder einer neutralen Nation angehöre.[589]

Die rechtliche Behandlung von Kaperfahrern, die Kaperbriefe von mehreren Souveränen annahmen, werde maßgeblich davon beeinflusst, wie die die Ermächtigung erteilenden Nationen im Verhältnis zueinander stünden. Sei die Annahme von Kaperbriefen von mehreren alliierten Nationen auf Grund der gemeinsamen Interessenlage erlaubt, könne auch der ermächtigte Kaperfahrer nicht als Pirat behandelt werden. Denn er könne die aus seinem Kaperauftrag resultierenden Verpflichtungen gegenüber der einen ermächtigenden Nation erfüllen, ohne die Verpflichtungen gegenüber der zweiten Nation zu verletzen.[590]

Seien die beiden ermächtigenden Nationen aber verfeindet, könne sich der ermächtigte Beutenehmer nicht der Autorität der einen Nation unterwerfen, ohne sich im Ergebnis der Autorität der anderen Nation zu entziehen. Somit

---

587 Pistoye/Duverdy, Traité des prises maritimes Band 1, Titel IV, Kap. II, Abschn. I, S. 174, 178.

588 Manning, Commentaries on the law of nations, Buch III, Kap. II, S. 111; Phillimore, Commentaries Band 1, Teil III, Kap. XX, § CCCLVIII, S. 394f; Pistoye/Duverdy, Traité des prises maritimes Band 1, Titel IV, Kap. II, Abschn. I, S. 178; Surland, Grundsätze des europäischen Seerechts, Teil III, Buch IV, Titel III, § 677.

589 Calvo, Le droit international Band 1, Buch VI, § 268.

590 Calvo, Le droit international Band 1, Buch VI, § 268; Phillimore, Commentaries Band 1, Teil III, Kap. XX, § CCCLVIII, S. 394; Wheaton, Elements of international law Band 1, Teil II, Kap. II, § 16, S. 163.

verlören die Unternehmungen des Beutenehmers die staatliche Anbindung und seine Intention beschränke sich auf die reine Beutesicherungsabsicht. Die Annahme von Kaperbriefen von verfeindeten Nationen führe somit zu der rechtlichen Einordnung der Beutefahrt unter den Tatbestand der Piraterie.[591]

(3) Die Grenzüberschreitung durch die Annahme von Kaperbriefen von Aufständischen

Eine besondere Schwierigkeit der völkerrechtlichen Einordnung der Unternehmungen privater Seebeuter sahen die Rechtsgelehrten in dem Falle, in dem sich ein Staat in einem Unabhängigkeitskrieg befand. Nach den bisher ausgeführten Überzeugungen konnte der bisherige Souverän weiterhin wirksam Kaperbriefe an seine Getreuen zur Aufbringung von aufständischen Schiffen ausgeben.

Wie verhielt es sich nun aber, wenn die Führung der Aufständischen ebenfalls dazu überging, die ihnen getreuen Seefahrer zur Beutenahme von Anhängern des herrschenden Souveräns zu ermächtigen? Konnte hierin nach Ansicht der Rechtsgelehrten eine völkerrechtlich anzuerkennende staatliche Ermächtigung liegen? Das Problem in dieser Konstellation bestand darin, dass die Aufständischen in der Regel vor dem Ende des Unabhängigkeitskrieges von der Staatengemeinschaft noch nicht völkerrechtlich legitimiert waren, aber bereits auf den von ihnen kontrollierten Gebieten die faktische Herrschaftsgewalt innehatten. Eine Einordnung der durch eine aufständische Macht legitimierten Kaperfahrer unter den völkerrechtlichen Tatbestand der Piraterie verbot sich nach einhelliger Überzeugung der untersuchten Autoren aus zwei, vom allgemeinen Völkerrecht getragenen Gründen. Zum einen impliziere die Entscheidung einer fremden Nation, die Kaperfahrer einer nach Unabhängigkeit strebenden Macht als Piraten zu behandeln, die Entscheidung, die Unabhängigkeitsbestrebungen als völkerrechtswidrig einzustufen. Eine solche Entscheidung könne aber auf Grund der Souveränitätsrechte immer nur bei der betroffenen Nation selbst liegen.[592] Zudem

591 Calvo, Le droit international Band 1, Buch VI, § 268; Heffter, Das europäische Völkerrecht der Gegenwart, Buch II, Abschn. II, § 124; Lawrence, The principles of international law, Teil II, Kap. III, § 102; Martens, Versuch über Caper, S. 59; Phillimore, Commentaries Band 1, Teil III, Kap. XX, § CCCLVIII, S. 393f; Pistoye/Duverdy, Traité des prises maritimes Band 1, Titel IV, Kap. II, Abschn. I, S. 181; Saalfeld, Handbuch des positiven Völkerrechts, Teil II, Kap. I, § 97; Wheaton, Elements of international law Band 1, Teil II, Kap. II, § 16, S. 162.

592 Calvo, Le droit international Band 1, Buch VI, § 268; Massé, Le droit commercial Band 1, Buch II, Titel I, Kap. II, Abschn. I, § II, Nr. 162; Pistoye/Duverdy, Traité des prises maritimes Band 1, Titel IV, Kap. I, S. 161.

wäre die Behandlung der Aufständischen als Piraten der Unterstützung des alten Regimes und somit einer Verletzung der Neutralitätspflichten der außenstehenden Staaten gleichgekommen.[593] Zum anderen würden die Aufständischen, die als Partei eines Unabhängigkeitskrieges völkerrechtlich anerkannt worden seien, auf den von ihnen kontrollierten Gebieten bereits eine Autorität ausüben, die mit der eines bereits völkerrechtlich legitimierten Souveräns vergleichbar sei.[594]

Anderes gelte jedoch für den Souverän, gegen den sich die Unabhängigkeitsbestrebungen richteten. Aus der Natur des Unabhängigkeitskrieges ergebe sich bereits, dass dieser eine Herrschaftsgewalt der Aufständischen nicht anerkenne und so die von ihnen ermächtigten Beutefahrer als Piraten im Sinne des Völkerrechts behandeln könne.[595] Dies berge aber das Risiko eines Kriegseintrittes neutraler Nationen, die in der Hinrichtung von als Kriegsparteien anerkannten Unabhängigkeitskämpfern unter dem Deckmantel des Vorwurfes der Piraterie eine Verletzung der Regeln des allgemeinen Kriegsrechtes hätten sehen können.[596]

(4) Die Grenzüberschreitung durch eine Beutenahme nach Friedensschluss

Neben der bewussten Grenzübertretung sah das Schrifttum für einen Kaperfahrer auch die Gefahr, sich ohne Wissen und Wollen aus dem Bereich der Legalität der Beutenahme zu entfernen. Diese Gefahr sei besonders hoch, wenn die ermächtigende Nation mit ihren Feinden Frieden schließe, denn mit der Beendigung des Kriegszustandes würde ohne weiteres Zutun der beteiligten Nationen das Recht zur staatlichen und staatlich ermächtigten Beutenahme untergehen.[597] Oftmals sei dem Kaperfahrer aber aufgrund der räumlichen Gegebenheiten auf hoher See die Kenntnisnahme von der Beendigung des Kriegszustandes und dem damit einhergehenden Erlöschen seines Kaperbriefes erst mit einer deutlichen zeitlichen Verzögerung möglich. Diesen besonderen Umständen trugen die europäischen Staaten nach der Ansicht der zeitgenössischen Rechtsgelehrten

---

593 Kent, Kent's Commentary on international law, Kap. VI, S. 261; Twist, The law of nations Band 2, Kap. X, § 191.

594 Lawrence, The principles of international law, Teil II, Kap. III, § 102.

595 Oppenheim, International Law Band 1, Teil II, Kap. II, Abschn. V, § 273, S. 342; Pistoye/Duverdy, Traité des prises maritimes Band 1, Titel IV, Kap. I, S. 162f.

596 Hautefeuille, Quelques questions de droit international maritime, § 1, S. 19.

597 Kaltenborn, Grundsätze des praktischen europäischen Seerechts Band 2, Abschn. IV, § 17, S. 363; Massé, Le droit commercial Band 1, Buch II, Titel I, Kap. II, Abschn. I, § II, Nr. 164.

dadurch Rechnung, dass der Kaperfahrer zwar die genommenen Güter zurückgeben musste, er jedoch nicht als Pirat behandelt werden durfte.[598]

Dieser Rechtssatz wurde sowohl von moralischen als auch von politischen Erwägungen getragen. Zum einen könne einem Beutenehmer, der keine Kenntnis vom Friedensschluss und somit auch keine Kenntnis von dem Erlöschen seiner Ermächtigung zur Beutenahme hatte, keine menschenfeindliche und rein egoistische Gesinnung vorgeworfen werden, wie das bei einem Piraten der Fall sei. Zum anderen sei in seinem Handeln auch keine Auflehnung gegen die Staatsgewalt zu sehen. Aus diesem Grund würden einzelne Staaten dazu übergehen in den Friedensverträgen eine Vereinbarung zu treffen die besagte, dass die Kaperfahrer in einer angemessenen Zeitspanne nach dem Friedensschluss noch rechtmäßige Prisen nehmen konnten, solange sie keine Kenntnis von der Beendigung der Feindseligkeiten hatten.[599]

(5) Die Folgen der Grenzüberschreitung für den ermächtigenden Souverän

Bei der Betrachtung der Folgen, die die verschiedenen Grenzüberschreitungen für den einzelnen Kaperfahrer mit sich brachten, ist zu beobachten, dass die europäischen Völkerrechtler mit der Einordnung der Unternehmungen der Kaperfahrer unter den völkerrechtlichen Pirateriebegriff äußerst restriktiv vorgingen. Zu erklären ist dies mit der besonderen Bedeutung des Kaperwesens für die maritime Kriegsführung der europäischen Staaten. Die Staatengemeinschaft musste einen Balanceakt zwischen der Verhinderung von Raub und Plünderung auf See durch Private und der Wahrung der Interessen ihrer Kaperfahrer vollziehen. Denn je Größer die Gefahr für die einzelnen Seefahrer war, bewusst oder unbewusst den Tatbestand der Piraterie zu erfüllen und drastische Strafen befürchten zu müssen, desto geringer war ihre Bereitschaft, sich zur Unterstützung ihres Souveräns als staatlich ermächtigte Private am Krieg zu beteiligen.

Aus diesem Grund erscheint es auch nicht verwunderlich, dass es das Schrifttum als der allgemeinen Praxis der europäischen Staaten entsprechend ansah, die ermächtigenden Souveräne nicht direkt für die Grenzüberschreitungen der von ihnen eingesetzten Kaperfahrer verantwortlich zu machen.[600] Die Verwendung

---

598 Oppenheim, International Law Band 1, Teil II, Kap. II, Abschn. V, § 273, S. 343; Wheaton, Maritime captures and prizes, Kap. X, § 3, S. 300.

599 Lawrence, The principles of international law, Teil III, Kap. VIII, § 218; Martens, Versuch über Caper, S. 115f; Valin, Traité des prises Band 1, Kap. IV, Abschn. IV, § 1.

600 Lee, Bijnkershoek, A treatise of captures in war, Kap. XVII, S. 211; Molloy, De jure maritimo et navali, Buch I, Kap. IV, § II.

des Kaperwesens solle auch für die sich seiner bedienenden Staaten nicht durch unkalkulierbare Haftungsrisiken unattraktiv gemacht werden. Denn die Grenzübertritte seien für den Souverän weder voraussehbar noch vermeidbar, da auch bei sorgfältiger Auswahl der Kaperfahrer eine spätere Grenzüberschreitung nicht ausgeschlossen werden könne. Darüber hinaus liege der Grund für die Grenzüberschreitung nicht unmittelbar in der Erteilung des Kaperbriefes, denn eine Teilnahme am Krieg wäre jedem Privaten auch ohne eine solche Ermächtigung möglich, wenn auch nicht erlaubt gewesen.[601] Eine dem bürgerlichen Recht entsprechende Haftung, wonach der Geschäftsherr für die, derer er sich bediente haftete, existiere im Völkerrecht nicht.[602]

Eine direkte Haftung sah das Schrifttum nur in zwei absoluten Ausnahmekonstellationen als gegeben an. Zum einen dann, wenn die Art der Regierungsführung und gravierende Mängel bei der Bestrafung von Grenzübertritten die eigenen Kaperfahrer zur Übertretung der Grenzen verleiten würden. Dies sei bei den Barbareskenstaaten der Fall.[603] Zum anderen in dem Falle, in dem ein Staat Kaperbriefe in Friedenszeiten herausgebe.[604] In beiden Fällen war den ermächtigenden Staaten gemein, dass sie sich zum Feind aller Nationen machten.

Weniger restriktiv wurde nach der Auswertung der Rechtspraxis durch das Schrifttum die mittelbare Staatshaftung gehandhabt. Eine mittelbare Haftung der ermächtigenden Staaten für die Grenzübertritte ihrer Kaperfahrer beginne an dem Punkt, an dem die Verantwortlichkeit des einzelnen Kaperfahrers ende, nämlich mit der Entscheidung der Prisengerichte über die Rechtmäßigkeit der Prise.[605] Würden die Prisengerichte eine Prise für rechtmäßig befinden, die unter Überschreitung der völkerrechtlichen Grenzen des Kaperwesens genommen worden sei, werde der Staat in die Haftung genommen. Für die Entscheidungen seiner Prisengerichte sei ein Souverän uneingeschränkt verantwortlich.[606] Dies sei darauf zurückzuführen, dass die Einrichtung der Prisengerichte ausschließlich der Achtung der völkerrechtlichen Beziehungen zu anderen Nationen diene. Für einen fremden Staat, der auf Grund des ausschließlichen

601 Molloy, De jure maritimo et navali, Buch I, Kap. IV, § II.

602 Grotius, De iure belli ac pacis, Buch II, Kap. XVII, § XX.

603 Ortolan, Règles internationales Band 1, Buch 2, Kap. XII, S. 271f; Vattel, Le droit des gens, Buch II, Kap. VI, § 78.

604 Bluntschli, Das moderne Völkerrecht, § 349, S. 200.

605 Wheaton, Elements of international law Band 2, Teil IV, Kap. II, § 15, S. 95.

606 Halleck, International Law, Kap. XXXI, § 2; Lawrence, The principles of international law, Teil III, Kap. V, § 188; Wheaton, Elements of international law Band 2, Teil IV, Kap. II, § 15, S. 99f.

Jurisdiktionsanspruches des Nehmerstaates über seine Kaperfahrer dulden müsse, dass das Eigentum seiner Staatsangehörigen vor ein fremdes Gericht gebracht werde, liege in der falschen Entscheidung über die Rechtmäßigkeit der Prise eine Versagung des ihm zustehenden Rechtsschutzes und somit ein Grund für eine Staatshaftung.[607]

4. Zwischenergebnis: Übereinstimmende und eindeutige Abgrenzung des Erlaubnistatbestands des Kaperwesens von dem Verbotstatbestand der Piraterie

Die zeitgenössischen Rechtsgelehrten arbeiteten in der Theorie übereinstimmend eine klare völkerrechtliche Abgrenzung zwischen den Tatbeständen des Kaperwesens und der Piraterie heraus. Völkerrechtlich knüpften sie die Differenzierung zwischen den beiden Tatbeständen an die staatliche Legitimation des Kaperfahrers an. Während der Kaperfahrer sich im Rahmen der völkerrechtlichen Legitimität bewege, handele es sich bei dem Piraten um einen Feind aller Menschen ohne staatliche Anbindung. Auf ihn seien weder Völker- noch Kriegsrecht anwendbar. Er sei lediglich einfacher Verbrecher, auf den die völkerrechtlichen Regelungen nur im Bereich der Strafverfolgung und Sanktionierung Anwendung fänden. Das Kaperwesen hingegen drücke durch die Voraussetzung der staatlichen Ermächtigung vor Beginn der Beutefahrt stets die Verbundenheit des Beutenehmers mit der Gesellschaft aus. Löse dieser nun durch die Missachtung völkerrechtlich festgelegter Regelungen dieses Band, überschreite er die Grenze zur Piraterie. Im Umkehrschluss sei es nur natürlich, dass Grenzüberschreitungen, die die Verknüpfung mit dem ermächtigenden Souverän nicht durchschnitten, sondern nur lockerten, nicht zu einer Einordnung der Beutenahme unter den Pirateriebegriff führen könnten, so dass die Grenzziehung fließend werde. Diese rechtliche Einordnung decke sich auch mit den politischen Interessen der europäischen Staaten, die den Enthusiasmus potentieller Kaperfahrer nicht durch die großzügige Einordnung von Grenzüberschreitungen unter den Tatbestand der Piraterie bremsen und sich somit ihren Einsatz für die maritime Kriegsführung abschneiden wollen würden. Trotz aller Übereinstimmung in der Theorie gestaltete sich die Grenzziehung in der Praxis oft fließend.

607 Wheaton, Elements of international law Band 2, Teil IV, Kap. II, § 15, S. 97.

V. Der Weg zur Abschaffung des Kaperwesens

1. Der Ruf nach Abschaffung des Kaperwesens durch die europäischen Rechtsgelehrten ab dem Beginn des 18. Jahrhunderts

a. Vorbemerkung

Nach einhelliger Ansicht der zeitgenössischen europäischen Rechtsgelehrten hatten sich die europäischen Nationen durch Schaffung eines völkergewohnheitsrechtlichen Seebeuterechtes mit der Verwendung staatlich ermächtigter Kaperfahrer zur Unterstützung der maritimen Kriegsführung eingerichtet. Doch dabei sollte es nicht bleiben. Ab dem Beginn des 18. Jahrhunderts wurden auch die Stimmen derjenigen Rechtsgelehrten lauter, die eine Abschaffung des Kaperwesens auf Grund seiner Unvereinbarkeit mit den allgemeinen Grundsätzen des Völkerrechts forderten. Ihnen traten insbesondere Vertreter der Nationen entgegen, die für die Verstärkung ihrer regulären Seestreitkräfte auf die Ermächtigung privater Kaperfahrer angewiesen waren.

Bei dem Streit um die Vereinbarkeit des Kaperwesens mit den allgemeinen Grundsätzen des zeitgenössischen europäischen Völkerrechts ließ sich nicht auf die Argumentation zur Abschaffung der Repressaliennahme zurückgreifen. Die Repressaliennahme war die Antwort eines Staates in Friedenszeiten auf ein Unrecht, das einem seiner Angehörigen durch die Angehörigen eines fremden Staates entstanden war und für das der fremde Staat widerrechtlich die Genugtuung verweigert hatte. Sie beruhte auf dem Gedanken, dass das Eigentum eines jeden Staatsangehörigen für die Schulden seines Staates haftete.[608] Diese Haftung des Kollektivs ergab sich aus der Entstehung einer Zivilgesellschaft und den durch sie gegebenen Vorteilen gegenüber des Bestehens des Naturzustandes.[609] Die Ermächtigung privater Kaperfahrer war jedoch stets unabhängig von einer vorangegangenen Rechtsverletzung durch Angehörige eines fremden Staates, setzte hingegen das Bestehen des Kriegszustandes voraus.

Im Folgenden soll untersucht werden, auf welchen Grundsteinen die Befürworter des Kaperwesens ihren Ruf nach Beibehaltung desselbigen aufbauten

608 Garden, Traité complet de diplomatie Band 2, Buch VI, Abschn. III, § 2, S. 224f; Ortolan, Règles internationales Band 1, Buch II, Kap. XVI, S. 386; Pistoye/Duverdy, Traité des prises maritimes Band 1, Titel I, Kap. III, Abschn. III, S. 85; Valin, Traité des prises Band 1, Kap. XX, § 3; Vattel, Le droit des gens, Buch II, Kap. XVIII, §§ 344, 345.

609 Lee, Bijnkershoek, A treatise of captures in war, Kap. III, S. 73f; Pufendorf, De iure naturae et gentium, Buch VIII, Kap. VI, § XIII.

und welche Argumente ihnen von ihren Gegnern entgegengehalten wurden. Die Untersuchung erfolgt durch eine Gegenüberstellung der verschiedenen Ansichten anhand der Hauptargumente beider Seiten. Im Rahmen der Argumentation muss zwischen der Beutenahme von Privateigentum im ersten Schritt und der Durchführung dieser Beutenahme durch Private im zweiten Schritt differenziert werden.

b. Einordnung der in die Untersuchung einbezogenen Autoren

Um die Argumentation der Befürworter und der Gegner des Kaperwesens strukturieren und nachverfolgen zu können, ist es erforderlich, diese nach ihren Gemeinsamkeiten und Unterschieden zu klassifizieren und so Zusammenhänge zwischen den Autoren heraus zu arbeiten.

Hier bietet sich aufgrund der engen Verwobenheit der rechtlichen Betrachtung des Kaperwesens mit den politischen und wirtschaftlichen Absichten der einzelnen europäischen Staaten zunächst eine Sortierung nach Staatsangehörigkeiten an.

In den Werken der zeitgenössischen Rechtsgelehrten und in ihren juristischen Disputen spiegeln sich neben den eigenen Überzeugungen und Wertvorstellungen auch die politischen und wirtschaftlichen Motivationen der Nationen wider, denen sie angehörten. Während die Staaten, die bereits frühzeitig in die Kolonisation eingetreten waren, wie insbesondere England und Frankreich, als politische Großmächte ihre überseeischen Interessen und den überseeischen Handel verteidigen mussten, hatten Staaten, die erst spät in die Kolonisation eintraten, ein besonderes Interesse daran, den Grundsatz der freien Weltmeere zu etablieren. Auch Staaten ohne starke Marine, wie die Staaten des deutschen Bundes, sie sich auf den Weltmeeren lediglich als neutrale Nationen am Seehandel beteiligten, hatten im Umkehrschluss ihrerseits kein Interesse an der Schädigung des Seehandels anderer Nationen.[610]

Das Kaperwesen konnte einer Nation besonders in zwei Konstellationen dienen. Zum einen, wenn die sich privater Beutenehmer bedienende Nation selber keinen Seehandel trieb und sich so auf Kosten einzelner Kauffahrer bereichern konnte[611]. Zum anderen, wenn eine Nation neben einem starken Seehandel auch über eine starke Marine verfügte, die die eigenen Kauffahrtsschiffe vor der Aufbringung durch feindliche Kaperfahrer schützen konnte.[612]

---

610 Wurm, Von der Neutralität des deutschen Seehandels in Kriegszeiten, S. 58.
611 McCulloch, Schmidt, Theoretisch-practisches Comptoir-Handbuch, S. 693.
612 Wurm, Von der Neutralität des deutschen Seehandels in Kriegszeiten, S. 55.

Von den 16 untersuchten Rechtsgelehrten, die sich für die Beibehaltung des Kaperwesens aussprachen, waren sechs englischer Nationalität.[613] Dies erklärt sich mit der Bedeutung des Kaperwesens für die maritime Kriegsführung des Inselstaates England. Eine starke maritime Präsenz war für die Aufrechterhaltung und Stärkung seiner politischen und wirtschaftlichen Macht unabdingbar. Auch konnte sämtlicher Handel lediglich über das Meer erfolgen, so dass die wirtschaftliche Stärke maßgeblich von einem funktionierenden Seehandel abhing. Zur Stärkung der regulären Marine setzte England somit auf den Einsatz privater Kaperfahrer.[614] Diese Tradition reichte zurück bis zu der Anerkennung der Unternehmungen Francis Drakes für die englische Krone durch Königin Elisabeth I.[615] Für die Engländer bedeutete die Abschaffung des Kaperwesens somit eine große praktische Veränderung. Dass es doch zu einem Umdenken kam, lässt sich wohl dadurch erklären, dass das Konzept des Einsatzes privater Kaperfahrern zur Schädigung des feindlichen Seehandels für England nur so lange aufging, wie die anderen Nationen ihrerseits noch nicht über eine starke Marine verfügten. Mit dem Erstarken der amerikanischen, französischen und russischen Marine konnte auch England nicht mehr ausreichend Kriegsschiffe für den Schutz der Kauffahrtsschiffe abstellen[616], so dass mit der Zeit auch für England der Grundsatz galt, dass je größer die Handelsschifffahrt eines Staates war, desto größer auch die Nachteile waren, die den Nationen aus dem Kaperwesen erwuchsen.[617] Die gesteigerte industrielle Tätigkeit der europäischen Nationen führte zu der Notwendigkeit ungestörten Exportes, so dass das Kaperwesen mittelbar die Produktivität der Wirtschaft schädigte.[618]

Aber nicht nur Angehörige der englischen Nation machten sich innerhalb des juristischen Diskurses für die Beibehaltung des Kaperwesens stark. Vier der in die Auswertung mit einbezogenen Rechtsgelehrten, die sich für die Vereinbarkeit des Kaperwesens mit dem Völkerrecht aussprachen, waren Angehörige der französischen Nation.[619] Auch für Frankreich spielte die Marine ab dem 17.

613 Charles Jenkinson, Thomas Joseph Lawrence, William Oake Manning, Charles Molloy, Robert Pillimore, Henry Wheaton.

614 17 Geo 2 c 34 (1744).

615 Siehr zur Geschichte Francis Drakes: Johnstone, Christian Isobel, Lives and voyages of Drake, Cavendish, and Dampier: Including a view of the history of the buccaneers, 3. Auflage, London 1849.

616 Wurm, Von der Neutralität des deutschen Seehandels in Kriegszeiten, S. 55.

617 McCulloch, Schmidt, Theoretisch-practisches Comptoir-Handbuch, S. 693.

618 Wurm, Von der Neutralität des deutschen Seehandels in Kriegszeiten, S. 55.

619 Laurent-Basile Hautefeuille, Théodore Ortolan, Alphonse de Pistoye und Denis Charles Duverdy, René-Josué Valin.

Jahrhundert eine wichtige Rolle, da Frankreich als kontinentale Großmacht und Kolonialmacht seine überseeischen Interessen und den überseeischen Handel verteidigen musste. Während sich die reguläre Marine auf die Zerstörung der gegnerischen Kriegsmarine konzentrierte, wurde die für einen erfolgreichen Handelskrieg notwendige Aufbringung feindlicher Handelsschiffe durch Kaperfahrer erledigt.[620] Dies zeigt, dass auch in Frankreich ein politisches und wirtschaftliches Interesse an der Beibehaltung des Kaperwesens bestand, welches von den zeitgenössischen Rechtsgelehrten in der Diskussion um die völkerrechtliche Legitimität vertreten wurde.

Ebenfalls Partei für die nach wie vor geltende Vereinbarkeit des Kaperwesens mit dem zeitgenössischen Völkerrecht ergriffen einige deutsche[621] und niederländische Autoren[622] sowie Rechtsgelehrte aus Italien[623] und der Schweiz.[624] Da es sich bei diesen Mächten jedoch nicht um Staaten mit starker maritimer Präsenz handelte, sind die von diesen Autoren geäußerten Ansichten nicht Ausdruck eines machtpolitischen Interesses ihrer Heimatstaaten.

Auch die Gegner des Kaperwesens, die sich im juristischen Diskurs für dessen Abschaffung stark machten, gehörten unterschiedlichen Nationen an.

Zunächst ist auffällig, dass sich unter diesen 13 Gegnern des Kaperwesens fünf Rechtsgelehrte französischer Staatsangehörigkeit befinden.[625] Bereits zur Zeit der französischen Revolution wurden die Legitimität und die Nützlichkeit des Kaperwesens in Frage gestellt. Diese Bedenken gerieten aber während des Krieges gegen die Seemacht England 1793 in Vergessenheit, da die Franzosen auf die Aufstockung ihrer regulären Kriegsmarine durch staatlich ermächtigte private Beutefahrer angewiesen waren.[626] Mit dem Ende des Krieges erwachte die Diskussion zu neuem Leben. Neben die moralischen Bedenken trat die Tatsache, dass die französischen Kaperfahrer während des englisch-französischen Krieges nicht effektiv gegen die britische Marine vorgehen konnten und der britische Handel nicht wesentlich geschädigt wurde. Außerdem führte der Einsatz der

---

620 Marzagallie, French Privateering during the French War, in: Commerce Raiding: Historical Case Studies, 1755-2009, S. 41.

621 Samuel Pufendorf, Johannes Nikolaus Tetens.

622 Cornelis van Bijnkershoek, Hugo Grotius, Samuel Pufendorf.

623 Domenico Alberto Azuni.

624 Emer de Vattel.

625 Napoleon Bonaparte, Eugène Cauchy, Ferdinand de Cussy, Gabriel Masse, Gerard de Rayneval.

626 Marzagallie, French Privateering during the French War, in: Commerce Raiding: Historical Case Studies, 1755-2009, S. 41.

Kaperfahrer zu hohen finanziellen Verlusten, da viele der von Seiten des Staates ausgerüsteten Kaperfahrer von den Engländern aufgebracht wurden.[627] Die Tatsache, dass nunmehr politische Interessen des Heimatstaates der Abschaffung des Kaperwesens nicht mehr entgegen standen, führte wieder zu einer differenzierteren Auseinandersetzung mit der völkerrechtlichen Legitimität des Kaperwesens.

Besonders voran getrieben wurde der Streit um die Rechtmäßigkeit des Kaperwesens auch durch die deutschen Rechtsgelehrten. Vier der untersuchten Rechtsgelehrten, die sich für eine Abschaffung des Kaperwesens mangels Vereinbarkeit mit dem europäischen Völkerrecht aussprachen, waren deutsche Staatsangehörige.[628] Hier lässt sich eine Parallele zu den politischen Interessen Deutschlands ziehen. Deutschland verfügte in dem untersuchten Zeitraum selber über keine eigene Marine und war nicht als Kriegspartei in die Seekriegsführung eingebunden. Somit bestand die maritime Präsenz Deutschlands nur an dem Partizipieren am Seehandel als neutrale Nation und war somit maßgeblich an seiner ungestörten Durchführung interessiert, ohne dass es ein Interesse an der Schädigung des Seehandels anderer Nationen gehabt hätte.[629] Der Einsatz von Kaperfahrern schädigte Deutschland somit mehr, als es ihm nutzte.

Gleiches galt für die Schweiz und Belgien, so dass sich auch hier die Rechtsgelehrten eher gegen die Legitimität privater Beutenehmer aussprachen. [630]

Auch finden sich unter den Stimmen für die Abschaffung des Kaperwesens solche aus den Niederlanden und Portugal.[631]

Auf Grund der herausragenden Bedeutung und Tradition des Kaperwesens für die englische Nation erklärt es sich, dass sich unter den untersuchten zeitgenössischen Juristen für die Abschaffung des Kaperwesens keine Juristen englischer Staatsangehörigkeit finden.

Nach der Darstellung der machtpolitischen und wirtschaftlichen Hintergründe der zu untersuchenden Rechtsgelehrten soll im Folgenden eine nach Argumenten sortierte Darstellung der Standpunkte der Befürworter und Gegner des Kaperwesens erfolgen.

---

627 Marzagallie, French Privateering during the French War, in: Commerce Raiding: Historical Case Studies, 1755-2009, S. 51.

628 Ludwig Gessner, August Wilhelm Heffter, Johann Ludolf Holst, Heinrich Bernhard Oppenheim.

629 Wurm, Von der Neutralität des deutschen Seehandels in Kriegszeiten, S. 58.

630 Johann Caspar Bluntschli, Ernest Nys.

631 Jan Helenus Ferguson, Silvestre Pinheiro Ferreira.

c. *Die Gegenüberstellung der Argumentation der Befürworter und der Gegner des Kaperwesens*

(1) Die Vereinbarkeit mit dem geltenden Völker- und Kriegsrecht

Das erste Argument, das von den Befürwortern des Kaperwesens immer wieder ins Feld geführt wurde, war dies, dass das Kaperwesen als Mittel zur Schädigung des Feindes mit dem Völkerrecht vereinbar und völkergewohnheitsrechtlich etabliert sei.[632]

Zunächst einmal sei die Beutenahme von Privateigentum im Krieg nach dem allgemeinen Völkergewohnheitsrecht rechtmäßig, da dieses Institut mit dem Völkerrecht in Einklang stehe und seit Generationen von allen Nationen genutzt werde. Das Privateigentum eines jeden Bürgers hafte für seinen Staat und alles, was zu dem gegnerischen Staat gehöre, könne vom Feind genommen werden.[633] Wenn im Rahmen des Kriegsrechts nun Beute genommen werde, die dem Staat zustehe, werde durch den Krieg das erreicht, weswegen er geführt werde.[634]

Ein Staat der das Recht habe, auf See Beute von Angehörigen des feindlichen Staates zu machen, habe zwangsläufig auch das Recht, Kaperbriefe an private Schiffe zu erteilen, damit sie ihn in den Grenzen des geltenden Rechts bei der Kriegsführung unterstützten.[635] Dieses Recht ergebe sich als logische Konsequenz aus dem Recht eines jeden souveränen Staates, Krieg zu führen.[636] Zwar sei einzuräumen, dass es Privaten generell verboten sei, selber Krieg gegen den Feind zu führen.[637] Die Tatsache, dass der Krieg nach allgemeinem Völkerrecht nur zwischen Staaten, nicht aber zwischen Privaten stattfinde, nehme dem Souverän jedoch nicht das Recht, seine Untertanen zur Unterstützung seiner Streitkräfte zur Kriegsführung zu ermächtigen.[638] Die Kaperfahrer würden mit ihrer

---

632 Grotius, De iure belli ac pacis, drittes Buch, Kap. VI, § XXIV; Hautefeuille, Histoire des origines du droit maritime international, Titel VI, Kap I, Abschn. VI, S. 502; Molloy, De jure maritimo et navali, Buch I, Kap I, § XIX.

633 Rayneval, Institutions de droit de la nature et des gens Band 2, Buch 3, Kap. XIV, § 3.

634 Grotius, De iure praedae, Kap IV, Art I.

635 Phillimore, Commentaries Band 1, Teil III, Kap. XX, § CCCLVIII, S. 393; Wheaton, Elements of international law Band 2, Teil IV, Kap. II, § 10, S. 87f.

636 Ortolan, Règles internationales Band 1, Buch 2, Kapitel XII, S. 258; Phillimore, Commentaries Band 1, Teil III, Kap XX, §CCCLVIII, S. 393; Pufendorf, De iure naturae et gentium, Buch VIII, Kap VI, §XVIII; Tetens, Considerations sur les droits, Abschnitt II, §2, S. 65f; Wheaton, Maritime captures and prizes, Kap I, §6, S. 32.

637 Hautefeuille, Histoire des origines du droit maritime international, Titel I, Kap III, Abschn. I, S. 40.

638 Pistoye, Duverdy, Traité des prises maritimes Band 1, Titel I, Kap II, Abschn. II, S. 22.

Ermächtigung nicht mehr als Privatpersonen gelten, sondern würden zu diesem Zeitpunkt Teil der regulären Streitkräfte.[639] Dass ein jeder Souverän aber Private mit seinen Seestreitkräften vereinen dürfe, um den Feind zu bekämpfen, sei unbestritten.[640] Damit sei das Kaperwesen ein Teil der Feindseligkeiten, die jeder Nation durch das Kriegsrecht zustünden.[641]

Nicht nur sei es das Recht eines ermächtigten Kaperfahrers auf Beutefahrt zu gehen, vielmehr sei es die Pflicht eines jeden Bürgers, gegen die Feinde vorzugehen, wenn sich die eigene Nation im Krieg befände, denn ein Krieg verletze immer die Nation als Ganzes.[642] Darüber hinaus führe eine Abschaffung des Kaperwesens zu einer Verschiebung des Gleichgewichts in der maritimen Kriegsführung zu Gunsten der Staaten mit einer starken Kriegsmarine, die für die Vorherrschaft auf den Meeren nicht auf den Einsatz privater Beutefahrer angewiesen seien.[643] Denn besonders gegen Staaten mit einer starken Marine, denen im Kampf auf See nicht beizukommen sei, sei das Kaperwesen das einzig erfolgversprechende Mittel, die Beendigung des Krieges durch die Vernichtung ihrer Ressourcen herbeizuführen.[644]

Auch hindere die Tatsache, dass in der Regel nicht der Staat, sondern der Kaperfahrer selbst Eigentum an der Prise erlange, die Rechtmäßigkeit des Kaperwesens nicht. Eine Einschränkung bestünde nur dahingehend, dass die Beutenahme nur durch die von einem Souverän ermächtigten Kaperfahrer möglich sei[645] und ausschließlich das Eigentum zum Gegenstand der Beutenahme werde, welches nach dem Kriegsrecht genommen werden dürfe.[646]

Selbst wenn der Einzelne zu dem Schluss käme, dass es für die Menschlichkeit der Kriegsführung und für die Verhinderung des Entstehens von Hass der Völker aufeinander zu begrüßen sei, die Kaperei abzuschaffen, ändere dies nichts an ihrer prinzipiellen völkerrechtlichen Rechtmäßigkeit.[647] Eine Etablierung von

---

639 Hautefeuille, Histoire des origines du droit maritime international, Titel I, Kap III, Abschn. I, S. 40; Wheaton, Maritime captures and prizes, Kap II, § 5, S. 41.

640 Ortolan, Règles internationales Band 1, Buch 2, Kapitel XII, S. 262.

641 Azuni, Droit maritime de l'Europe Band 2, Kap V, Art III, S. 361.

642 Molloy, De jure maritimo et navali, Buch I, Kap III, § II.

643 Pistoye/Duverdy, Traité des prises maritimes Band 1, Titel I, Kap. II, Abschn. II, S. 24; Wheaton, Elements of international law Band 2, Teil IV, Kap II, § 10, S. 87f.

644 Hautefeuille, Histoire des origines du droit maritime international, Titel VI, Kap I, Abschn. III, S. 485; Lawrence, The principles of international law, Teil III, Kap. V, § 194.

645 Wheaton, Elements of international law Band 2, Teil IV, Kap II, § 8, S. 85.

646 Tetens, Considerations sur les droits, Abschnitt II, §2, Nr. 4, S. 69.

647 Pistoye, Duverdy, Traité des prises maritimes Band 1, Titel I, Kap II, Abschn. II, S. 28f.

gegenteiligem völkerrechtlichen Gewohnheitsrecht und die Umwandlung des Kaperwesens in einen Verbotstatbestand durch ein Abstandnehmen aller europäischen Nationen von dem Einsatz von Kaperfahrern sei nicht erfolgt.[648]

Um diese Argumentation anzugreifen stellten sich die Gegner des Kaperwesens auf den Standpunkt, dass weder die Beutenahme von Privateigentum noch die Ermächtigung Privater zur Beutenahme mit dem geltenden Völkerrecht in Einklang stehen könnten, da beide gegen das geltende Kriegsrecht verstoßen würden.[649]

Schon eine Beutenahme von Privateigentum durch Angehörige der regulären Seestreitkräfte sei nicht zulässig. Krieg werde lediglich zwischen den Souveränen, nicht aber zwischen deren Untertanen geführt,[650] denn auch im Krieg zwischen den Staaten bleibe eine Rechtsgemeinschaft bestehen. Die Rechtlosigkeit im Krieg beziehe sich nur auf das Verhältnis der Staaten und deren Heere, nicht aber auf das Verhältnis der kämpfenden Staatsgewalt zu den friedlichen Untertanen des feindlichen Staates.[651] Somit gäbe das Kriegsrecht nie die Befugnis, Eigentum von Privatpersonen wegzunehmen, weder vom Feind noch von Neutralen[652], solange es sich nicht um Kriegsmittel handele.[653] Das Eigentum der friedlichen Bürger werde gegenüber den Feinden nicht zur res nullis und könne somit durch Okkupation nicht zur rechtmäßigen Prise werden.[654]

Wenn schon nicht zu rechtfertigen sei, dass reguläre Kriegsschiffe Private in den Krieg mit hineinzögen, indem sie ihre Waren zum Gegenstand der Prise machten, sei es in logischer Konsequenz erst recht nicht verständlich, dass Private zur Aufbringung anderer privater Schiffe ermächtigt werden könnten, um ihre Habgier zu befriedigen.[655] Der Krieg werde durch den Einsatz von Kaperfahrern in rechtswidriger Weise zur Angelegenheit zwischen Privaten, statt eine Angelegenheit zwischen Staaten zu bleiben.[656] Dies verstoße gegen das geltende

---

648 Lawrence, The principles of international law, Teil III, Kap V, § 193.

649 Massé, Le droit commercial Band 1, zweites Buch, Titel I, Kap II, Nr 123.

650 Ferreira, Principes du droit public Band 2, Teil III, § 923.

651 Bluntschli/Strauch, Bluntschlis Staatswörterbuch Band 1, S. 320.

652 Heffter, Das europäische Völkerrecht der Gegenwart, Buch II, Abschn. IV, Nr III, § 192.

653 Ferreira, Principes du droit public Band 2, Teil III, § 923.

654 Bluntschli/Strauch, Bluntschlis Staatswörterbuch Band 1, S. 320.

655 Cussy, Phases et causes célèbres du droit maritime des nations Band 1, Buch I, Titel III, § 26, S. 261.

656 Bluntschli, Das moderne Völkerrecht, S. 364, § 667; Cauchy, Du respect de la propriété privée dans la guerre maritime, S. 29; Massé, Le droit commercial Band 1, zweites Buch, Titel I, Kap II, Abschn. I, § II, Nr 153.

Völkerrecht. Das moderne Kriegsrecht beruhe auf der natürlichen Vernunft und auf dem Gedanken der Gerechtigkeit. Es verstoße aber sowohl gegen die Vernunft als auch gegen die Gerechtigkeit, wenn die Streitigkeiten zwischen zwei Staaten durch Private ausgetragen würden. Niemand, der an Gerechtigkeit, Menschlichkeit und Moral glaube, könne es gutheißen, wenn der Krieg zwischen Privaten geführt werde, die nicht der regulären Armee angehörten. Es sei bereits schlimm genug, dass der Krieg von Soldaten geführt werden müsse, die sich auf Grund ihrer verschiedenen Nationalitäten bekämpften.[657]

Auch die Tatsache, dass sich die europäischen Nationen noch des Kaperwesens bedienten, sage nichts über dessen völkerrechtliche Rechtmäßigkeit aus.[658] Da die Praxis der Kaperei gegen die Grundsätze des modernen Völkerrechts verstoße, könne durch sie kein entsprechendes Völkergewohnheitsrecht entstehen.[659] Denn das Kaperwesen sei nie aus einer Weiterentwicklung des Völkerrechts entstanden, sondern bloß aus wirtschaftlicher und politischer Notwendigkeit aus alten, weniger zivilisierten Zeiten übernommen worden,[660] in denen zur See ausschließlich das Recht des Stärkeren gegolten habe und alle Nationen nach der Oberherrschaft gestrebt hätten.[661] Diese mittelalterliche Rechtspraxis sei jedoch auf die gegenwärtige Zeit nicht übertragbar,[662] da noch im Mittelalter die Freiheit des Einzelnen über der Freiheit der Gesellschaft gestanden habe. Da jeder Einzelne seinem Nachbarn den Krieg habe erklären können und dies nicht ausschließlich das Recht des Souveräns gewesen sei, habe auch jeder Private den Angehörigen des Feindes nach Belieben schaden können, wenn der Krieg bereits durch den Souverän erklärt worden war. Nunmehr liege das Recht zur Kriegserklärung jedoch ausschließlich bei den jeweiligen Souveränen, so dass auch eine eigenmächtige Schädigung des Feindes durch Private nicht mehr von dem geltenden Völkerrecht gedeckt sein könne.[663]

---

657 Cussy, Phases et causes célèbres du droit maritime des nations Band 1, Buch I, Titel III, § 26, S. 261.

658 Cauchy, Du respect de la propriété privée dans la guerre maritime, S. 32.

659 Ferreira, Principes du droit public Band 2, Teil III, § 926; Holst, Versuch einer kritischen Übersicht, S. 206.

660 Cauchy, Du respect de la propriété privée dans la guerre maritime, S. 32.

661 Oppenheim, System des Völkerrechts, Kap XII, § 3, S. 304.

662 Cauchy, Le droit maritime international Band 2, Quatrième Époque, Teil II, Buch II, Kap V, Abschn. III, S. 169; Massé, Le droit commercial Band 1, zweites Buch, Titel I, Kap II, Abschn. I, § II, Nr 157.

663 Massé, Le droit commercial Band 1, zweites Buch, Titel I, Kap II, Abschn. I, § II, Nr 157.

Die Rechtswidrigkeit der Beutenahme von Privateigentum durch Private ändere sich nicht bloß deshalb, da das Privateigentum von den europäischen Staaten im Krieg nicht respektiert werde.[664] Der Grund für die Pflicht zur Achtung des Privateigentums ergebe sich nicht aus dem Verhalten des Feindes, sondern daraus, dass Private nicht für die Streitigkeiten ihrer Staaten verantwortlich seien und deshalb ihr Eigentum geachtet werden solle.[665] Die sich privater Kaperfahrer bedienenden europäischen Staaten täten dies nicht auf Grundlage des Völkerrechts sondern nur aus politischen Interessen. Entweder, da sie als mächtige Seemächte dazu in der Lage seien oder da andere Nationen sich ebenfalls des Kaperwesens bedienten und an der Praxis nichts zu ändern sei. Es bestehe jedoch keine sittliche Übereinstimmung über prisenrechtliche Regelungen, diese würden sich nur auf Willkür gründen.[666]

Die Unvereinbarkeit des Kaperwesens mit dem geltenden Völkerrecht zeige sich auch besonders an einem Beispiel. So seien Fischerboote nach Übereinstimmung aller europäischen Nationen niemals Gegenstand der Beutenahme von Kaperfahrern, was auf die generelle Unrechtmäßigkeit des Kaperwesens schließen lasse. Denn die Ausnahme, die für den Handelszweig der Fischerei gelte, müsse sich auf den gesamten Handel zur See erstrecken, da eine unterschiedliche Behandlung von Fischerbooten und privaten Kauffahrtsschiffen nicht gerechtfertigt sein könne.[667]

Die Abschaffung des Kaperwesens entspreche somit den modernen Moralvorstellungen und den Interessen der zivilisierten Nationen und des Handels. Bis zu seiner Abschaffung würde es gegen das allgemeine Völkerrecht und gegen das Naturrecht zwischen den Staaten verstoßen.[668]

(2) *Die unterschiedliche Behandlung der Beutenahme im Land- und im Seekrieg*

Ein weiteres Argument, das von den Verfechtern der Rechtmäßigkeit des Kaperwesens angebracht wurde, sollte dazu dienen, die unterschiedliche Praxis der

---

664 Ferreira, Principes du droit public Band 2, Teil III, § 926; Holst, Versuch einer kritischen Übersicht, S. 206.

665 Ferreira, Principes du droit public Band 2, Teil III, § 926.

666 Heffter, Das europäische Völkerrecht der Gegenwart, Buch II, Abschn. II, § 138.

667 Bluntschli, Das moderne Völkerrecht, S. 364, § 667; Massé, Le droit commercial Band 1, zweites Buch, Titel I, Kap II, Abschn. III, § I, Nr 333.

668 Massé, Le droit commercial Band 1, zweites Buch, Titel I, Kap II, Abschn. I, § II, Nr 159.

Beutenahme von Privateigentum im Landkrieg und im Seekrieg zu rechtfertigen, zunächst unabhängig davon, ob sie durch reguläre Streitkräfte oder durch private, aber staatlich ermächtigte Beutenehmer erfolgte. Aus der allgemeinen Rechtmäßigkeit der Beutenahme von Privateigentum ergebe sich dann, wie bereits dargestellt, die Befugnis der Staaten, die Erlaubnis zur Beutenahme von Privateigentum auf Kaperfahrer zu übertragen.

Im Gegensatz zu der Praxis im Seekrieg wurde im Landkrieg bereits seit der Mitte des 18. Jahrhunderts, ausgehend von der Rousseauschen Kriegsauffassung und unter französischer Führung, das Privateigentum der Angehörigen der feindlichen Nation in den okkupierten Gebieten geschont.[669] Die Rechtfertigung der unterschiedlichen Behandlung von Privateigentum im Land- und im Seekrieg wurde in dem besonderen Wesen und der speziellen Zielsetzung des Seekrieges gesehen. In diesem sei die Schädigung des Feindes durch die Schädigung seines Handels ein wesentliches Element der Kriegsführung, welches von allen europäischen Völkern konstant und übereinstimmend praktiziert werde und somit zu einem festen, unabänderlichen Bestandteil des europäischen Völkergewohnheitsrechtes geworden sei.[670] Zwar sei einzuräumen, dass durch das Kaperwesen auch die betroffenen privaten Kaufleute geschädigt würden, die nicht für den Krieg verantwortlich seien, aber auch im Landkrieg träfe der Krieg zwangsläufig die Zivilbevölkerung, so dass die Schädigung Privater kein Argument gegen die Rechtmäßigkeit darstellen könne.[671] Die Rücksichtnahme auf die Zivilbevölkerung sei nicht Aufgabe der gegnerischen Nation, jede Nation müsse sich selber um den Ausgleich der kriegsbedingten Schäden seiner Staatsangehörigen kümmern.[672]

Des Weiteren mache die unterschiedliche Zielsetzung von Land- und Seekrieg eine Vergleichbarkeit der Beuterechte unmöglich. Während es im Landkrieg darum gehe, neues Staatsgebiet zu gewinnen und somit eine Schädigung der künftigen Untertanen zu einer Schädigung des okkupierenden Staates selber führen würde, gehe es im Seekrieg lediglich um die Schwächung der feindlichen Seestreitkräfte. Dieses Ziel könne am effektivsten durch die Zerstörung des Handels erreicht werden, was unweigerlich die Schädigung von privaten Kauffahrern zur Folge habe.[673] Der Schutz des Privateigentums im Landkrieg beruhe nicht

669 Hatschek/Schätzel, Wörterbuch des Völkerrechts und der Diplomatie, Band 2, S. 321.
670 Manning, Commentaries on the law of nations, Buch III, Kap. V, S. 137.
671 Pistoye, Duverdy, Traité des prises maritimes Band 1, Titel I, Kap II, Abschn. I, S. 18.
672 Pistoye, Duverdy, Traité des prises maritimes Band 1, Titel I, Kap II, Abschn. I, S. 19.
673 Wheaton, Elements of international law Band 2, Teil IV, Kap. II, § 7, S. 84f.

auf altruistischen Erwägungen, sondern lediglich auf der Notwendigkeit, dass das Privateigentum der Angehörigen des Feindes in den eroberten Gebieten für die Ernährung der Armee nötig sei. Im Seekrieg nutze das feindliche Eigentum, das verschont werde, dem kriegführenden Staat aber nicht, so dass kein Interesse an dessen Schutz bestehe. Mangels Gleichartigkeit der Interessenlage könne somit auch kein Vergleich der Beuterechte angestellt warden.[674] Auch wenn im Landkrieg die Regeln des humaneren Völkerrechts herrschen würden, könne im Seekrieg nach wie vor auch das Naturrecht als Rechtsquelle herangezogen werden.[675]

Die fehlende Vergleichbarkeit lasse sich auch auf die Verschiedenheit des Eigentums im Land- und im Seekrieg stützen. Privateigentum an Land diene in der Regel dem Lebensunterhalt und dem individuellen Wohlstand des Eigentümers, wohingegen es sich bei dem Privateigentum auf See um Handelsgüter handele, die der Eigentümer bewusst den Gefahren des Meeres und der Gefahr der feindlichen Beutenahme aussetze, um daraus Profit zu schlagen.[676] Im Seekrieg könne jedes feindliche Schiff kriegsfördernde Waren transportieren und jedes Kaufmannsschiff in ein Kriegsschiff umgewandelt werden, so dass eine klare Trennung von Privateigentum und Staatseigentum nicht möglich sei.[677]

Dies gelte umso mehr, als dass das Privateigentum auf See immer auch dem Seehandel diene und dieser einen beträchtlichen Teil der Stärke der gegnerischen Nation ausmache.[678] Bei den genommenen Gütern handele es sich um Güter, deren Wert sofort realisiert werden könne, so dass auch die Macht der Nation, denen die Beutenehmer angehörten, unmittelbar zunehme.[679] Ebenso sei zu berücksichtigen, dass die genommenen Schiffe und deren Ladung in der Regel nicht nur im Eigentum bloß eines Eigentümers stünden und die Kaufleute in der Regel gegen die Schäden des Krieges versichert seien. Somit ruhe der Schaden nicht auf einzelnen Privaten alleine, wohingegen bei einer Beutenahme an Land immer nur ein Einzelner geschädigt werde.[680]

---

674 Hautefeuille, Des droits et des devoirs des nations neutres Band 2, Titel VII, Kap. I, S. 3.

675 Hautefeuille, Des droits et des devoirs des nations neutres Band 1, Titel III, Kap. II, Abschn. III, § 1, S. 323.

676 Tetens, Considerations sur les droits, Abschn. II, § 1,Nr. 2, S. 62.

677 Hautefeuille, Des droits et des devoirs des nations neutres Band 1, Titel III, Kap. II, Abschn. III, § 1, S. 323; Pistoye/Duverdy, Traité des prises maritimes Band 1, Titel I, Kap. II, Abschn. I, S. 20.

678 Hautefeuille, Des droits et des devoirs des nations neutres Band 2, Titel VII, Kap. I, S. 4.

679 Tetens, Considerations sur les droits, Abschn. II, § 1,Nr. 1, S. 62.

680 Tetens, Considerations sur les droits, Abschn. II, § 1,Nr. 4, S. 63.

Das Wesen der Beutenahme auf See bringe es mit sich, dass der Akt der Beutenahme unter Beachtung der humanitären Regeln des Krieges von statten ginge. Die Erlaubnis zur Beutenahme an Land führe dazu, dass Private ihr Eigentum verstecken und die Beutenehmer dann durch Folter versuchen würden, die Preisgabe des Verstecks zu erreichen. So lägen Exzesse schon in der Natur der Beutenahme. Auf hoher See hingegen könne eine Beutenahme ohne Anwendung von Härte erfolgen. Der Kapitän des aufgebrachten Schiffs werde zunächst nur aufgefordert, dem Kaperfahrer in einen Hafen seines Souveräns zu folgen, die Eigentumsübertragung würde ausschließlich durch das Urteil des Prisengerichtes erfolgen.[681] Zwar würden durch die Kaperei unmittelbar die betroffenen Kaufleute geschädigt, die nicht für den Krieg verantwortlich seien, aber auch die Folgen des Landkrieges träfen zwangsläufig die Zivilbevölkerung.[682]

Außerdem bestehe im Landkrieg eine Praxis, die der Beutenahme von Privaten im Seekrieg durchaus ähnlich sei. Würde bei einem Landkrieg feindliches Gebiet erobert und im Anschluss besteuert, käme es ebenfalls zu einer Beeinträchtigung des Privateigentums. Da aber auf See die Besteuerung von aufgebrachten feindlichen Schiffen aufgrund ihrer Mobilität nicht möglich sei, käme hier die Prisennahme als Äquivalent in Betracht.[683] Darüber hinaus seien die Beutenahmen von Schiffen der Angehörigen des Feindes auf hoher See schon deshalb rechtmäßig, da sie humaner seien als die Besetzung des Kriegsgebietes an Land, denn bei der Aufbringung von Kauffahrtsschiffen seien in der Regel nur Männer betroffen, wohingegen bei der Besetzung von Feindesland auch eine Beeinträchtigung von Frauen und Kindern auftrete. Käme man nun zu einer Einstufung der Praxis des Kaperwesens als unrechtmäßig im Sinne des Völkerrechts, müsse auch der gesamte Landkrieg auf Grund der gravierenden Beeinträchtigung der Zivilbevölkerung als unrechtmäßig eingestuft werden.[684]

Diesen Argumenten traten die Rechtsgelehrten entgegen, die das Kaperwesen für unvereinbar mit dem geltenden Völkerrecht hielten. Sie führten an, dass das Kriegsrecht zu Lande zivilisiert und humanisiert worden sei, das Seekriegsrecht aber völlig ohne Grund dahinter zurückstehe und nach wie vor barbarisch sei.[685]

---

681 Tetens, Considerations sur les droits, Abschn. II, § 1,Nr. 5, S. 63-65.

682 Pistoye, Duverdy, Traité des prises maritimes Band 1, Titel I, Kap II, Abschn. I, S. 18.

683 Lawrence, The principles of international law, Teil III, Kap. V, § 194; Tetens, Considerations sur les droits, Abschn. II, § 1, S. 60f.

684 Lawrence, The principles of international law, Teil III, Kap. V, § 194.

685 Bluntschli, Das moderne Völkerrecht, S. 41, Einleitung; Bluntschli/Werner, Deutsches Staats-Wörterbuch Band 2, S. 116; Napoleon, Mémoires pour servir à l'histoire de France Band 2, Neutre, § 1; Nys, La guerre maritime, Kap. VIII, S. 133f.

Nicht etwa eine fehlende Vergleichbarkeit von Land- und Seekrieg, sondern die bloße Rückständigkeit der Staatengemeinschaft sei der Grund für die nicht erfolgte Anpassung des Seebeuterechtes. Eine Beutenahme von Privateigentum sei auch im Seekrieg als unrechtmäßig zu betrachten. Der unterschiedliche Charakter von Landkrieg und Seekrieg könne nichts an der Verwerflichkeit der Beutenahme von Privateigentum ändern, die zu Lande unstreitig feststehe.[686] Ein Schiff, das unter der Flagge einer feindlichen Nation fahre, sei lediglich ein mobiler Teil des Landes, die auf ihm befindlichen Waren müssten auf dieselbe Art geschützt werden, wie Waren in einem Kontor zu Lande.[687] Im Landkrieg sei sogar das Eigentum geschützt, das sich bei Kriegsausbruch auf feindlichem Gebiet befinde. Dieses dürfe von den Eigentümern unbehelligt zurück in den eigenen Staat verbracht werden. Wie könne es dann sein, dass die Unantastbarkeit des Privateigentums im Seekrieg nicht einmal auf den freien Weltmeeren gewährleistet sei?[688] Die Beutenahme von Privateigentum auf See führe dazu, dass im Seekrieg die Angehörigen des gegnerischen Staates selbst als Feinde betrachtet würden.[689]

Aus der Tatsache, dass schon die Beutenahme von Privateigentum auf See an sich nicht mehr mit dem geltenden, auf dem humanisierten Völkerrecht beruhenden Kriegsrecht zu vereinbaren sei, ergebe sich erst recht, dass die Ermächtigung privater Kaperfahrer nicht im Einklang mit dem Völkerrecht stehen könne. Denn wenn überhaupt, anders als im Landkrieg, eine Einschränkung des Handels für den Erfolg eines maritimen Krieges von Nöten sei, dann dürfe dies allenfalls eine Angelegenheit des Staates sein, die nicht in die Hände von Privaten gelegt werden dürfe.[690] So wie die Freicorps zu Lande verboten seien, müsse dies in der Konsequenz auch für die Kaperfahrer zur See gelten.[691]

Von einer Bereicherung des ermächtigenden Souveräns durch die Beutenahme der Kaperfahrer als Kompensation für eine im Seekrieg nicht mögliche Okkupation von Feindesland könne nicht gesprochen werden, da die Kaperverordnungen der einzelnen Länder die Prise in der Regel zu Gänze dem Seefahrer selbst zusprächen. Somit werde das Meer in Kriegszeiten durch den Einsatz

---

686 Bluntschli, Das moderne Völkerrecht, Einleitung, S. 41.
687 Bluntschli, Das moderne Völkerrecht, § 666, S. 363.
688 Cussy, Phases et causes célèbres du droit maritime des nations Band 1, Buch I, Titel III, § 26, S. 262f.
689 Massé, Le droit commercial Band 1, Buch II, Titel I, Kap. II, Nr. 123.
690 Bluntschli, Deutsches Staats-Wörterbuch Band 2, S. 117.
691 Oppenheim, System des Völkerrechts, Kap. XII, § 3, S. 3 04f.

von Kaperfahrern zu einem Ort des organisierten Diebstahls mit dem einzigen Ziel der persönlichen Bereicherung der Kaperfahrer.[692] Mitnichten sei es nachzuvollziehen, dass moderne Staaten, die Kriege lediglich zur Vertretung ihrer Interessen führten und die Landkriege nach den Regeln der Humanität unter Verschonung des Eigentums des Einzelnen und von Handel und Wirtschaft führten, ein so barbarisches Mittel wie das Kaperwesen aus früheren Zeiten übernommen hätten.[693]

(3) Der Einfluss auf die Dauer des Krieges und die Belastung der Zivilbevölkerung

Aufbauend auf der generellen völkerrechtlichen Zulässigkeit der Beutenahme von Privateigentum durch Kaperfahrer im Seekrieg untermauerten die Verfechter des Kaperwesens ihre Argumentation mit dem Hinweis auf eine maßgebliche Verkürzung des Krieges durch die Schädigung des feindlichen Handels und erinnerten, dass eine solch umfangreiche Kriegshandlung nur durch den Einsatz von Kaperfahrern durchführbar sei.[694]

Die Beutenahme von Privateigentum der gegnerischen Nation auf See könne schon deshalb nicht als Verletzung des Grundsatzes der Menschlichkeit im Krieg gesehen werden, da sie zur Verkürzung des Krieges beitrage und somit den Grundsätzen der humanen Kriegsführung diene.[695] Das Hauptziel eines jeden Krieges müsse die schnelle Beendigung desselbigen sein, da ein Krieg nicht nur den Feind, sondern auch die eigene Nation sowie die Neutralen durch die im Krieg bestehenden Restriktionen des Handels schädige.[696]

Zu einer Verkürzung des Krieges durch die Beutenahme von Privateigentum komme es, da der Handel den Grundpfeiler des Reichtums einer Nation bilde[697] und eine Schädigung des gegnerischen Handels zugleich in einer direkten Schädigung des Gegners resultiere und somit den Krieg verkürze.[698] Sei der Handel unterbrochen, müsse sich die gegnerische Nation schon aus finanziellen

692 Massé, Le droit commercial Band 1, Buch II, Titel I, Kap. II, Nr. 123.
693 Massé, Le droit commercial Band 1, Buch II, Titel I, Kap. II, Nr. 123.
694 Jenkinson, A discourse on the conduct of the governement of Great Britain in respect to Neutral Nations, S. 79.
695 Hautefeuille, Des droits et des devoirs des nations neutres Band 2, Titel VII, Kap I, S. 4.
696 Pistoye, Duverdy, Traité des prises maritimes Band 1, Titel I, Kap II, Abschn. I, S. 16.
697 Pistoye, Duverdy, Traité des prises maritimes Band 1, Titel I, Kap II, Abschn. I, S. 17.
698 Hautefeuille, Des droits et des devoirs des nations neutres Band 2, Titel VII, Kap I, S. 4; Molloy, De jure maritimo et navali, Buch I, Kap III, § III; Vattel, Le droit des gens, Buch 2, Kapitel XVIII, §§ 344, 346.

Gründen auf einen Friedensschluss einlassen.[699] Bei Privateigentum, das auf dem Meer transportiert werde, handele es sich in der Regel um eine große Anzahl von Waren mit beträchtlichem Wert, so dass schon durch die Beutenahme eines einzigen Schiffes der Ertrag des eigenen Staates wesentlich gesteigert werde und seine Beutenahme dem gegnerischen Staat erheblichen Schaden zufüge.[700] Darüber hinaus mache es Schwierigkeiten, die feindlichen Kriegsschiffe auf dem Meer aufzuspüren, so dass es für den schnellen Erfolg eines Seekrieges nötig sei, den feindlichen Handel zu zerstören.[701] Die Beutenahme von Kauffahrtsschiffen schädige den Feind außerdem auch dadurch, dass die genommenen Schiffe nichtmehr zu Kriegsschiffen gemacht werden könnten, wie es sonst in der Praxis üblich sei.[702]

Die Wegnahme von Privateigentum der Angehörigen der gegnerischen Nation setze sich nicht in Widerspruch zu dem geltenden Völkerrecht, da es sich hierbei um das humanste Mittel der Kriegsführung handele.[703] Die Beutenahme von Handelsschiffen sei in der Regel weder mit Blutvergießen verbunden noch würden die auf ihnen befindlichen Kaufleute zu Kriegsgefangenen oder nach der Beendigung des Prisenverfahrens anderweitig in ihrer Freiheit eingeschränkt.[704] Das Völkerrecht erlaube die Tötung von Feinden im Krieg, somit sei als weniger einschneidende Maßnahme erst Recht die Wegnahme von Eigentum erlaubt.[705]

Eine erfolgreiche Schädigung des Handels und somit eine Verkürzung des Krieges sei jedoch nur mit Hilfe des Einsatzes privater Kaperfahrer Erfolg versprechend. Denn die Präsenz der Seestreitkräfte müsse für einen effizienten Handelskrieg derart erhöht werden, dass dies für Staaten mit einer schwächeren Marine finanziell nur durch die Ermächtigung privater Kaperfahrer möglich sei.[706]

Im Rahmen einer Gesamtbetrachtung sei fest zu halten, dass der Einsatz von Kaperfahrern den feindlichen und neutralen Handel weniger schädige als die Verlängerung des Krieges.[707]

---

699 Pistoye, Duverdy, Traité des prises maritimes Band 1, Titel I, Kap II, Abschn. I, S. 17.

700 Tetens, Considerations sur les droits, Abschnitt II, §1, Nr. 3, S. 62f.

701 Tetens, Considerations sur les droits, Abschnitt II, § 2, S. 65.

702 Pistoye, Duverdy, Traité des prises maritimes Band 1, Titel I, Kap II, Abschn. I, S. 20.

703 Wheaton, Elements of international law Band 2, Teil IV, Kap II, § 5, S. 80; ders., Elements of international law Band 2, Teil IV, Kap II, § 8, S. 85.

704 Lawrence, The principles of international law, Teil III, Kap. V, § 194.

705 Grotius, De iure praedae, Kap IV, Art. 1; Molloy, De jure maritimo et navali, Buch I, Kap III, § II.

706 Tetens, Considerations sur les droits, Abschnitt II, § 2, S. 65.

707 Pistoye, Duverdy, Traité des prises maritimes Band 1, Titel I, Kap II, Abschn. I, S. 20.

Dem wurde entgegen gehalten, dass, anders als in früheren Zeiten, keine Monopolstellung einzelner Nationen auf den Meeren mehr bestehe, die durch die Schädigung des Handels durchbrochen werden müsste.[708] Bei den Weltmeeren handele es sich nunmehr um einen neutralen Raum, der der gemeinsamen Durchsetzung wirtschaftlicher Interessen diene.[709] Es sei nicht mehr nötig, für eine schnellere Beendigung des Krieges überhaupt auf die Schädigung des gegnerischen Handels zurück zu greifen.[710] Der Krieg sei für den Feind verloren, wenn ihm keine Mittel zur Kriegsführung mehr zur Verfügung stünden. Dieses Ziel könne auch durch die Unterbrechung des Nachschubes an Kriegsmitteln erreicht werden, eine weitere Schädigung des Handels durch die Beutenahme von Privateigentum sei nicht erforderlich.[711] Darüber hinaus führe die Zerstörung des Handels der verfeindeten Nation dazu, dass auch nach einem Friedensschluss weder Import noch Export möglich seien.[712] Selbst wenn man davon ausgehe, dass die Beutenahme von Kontrabanden und die Durchsetzung von Blockaden gerechtfertigt sei, um den Krieg nicht unnötig in die Länge zu ziehen, so finde sich aber zumindest keine Rechtfertigung für die Beutenahme des übrigen auf den Kauffahrtsschiffen transportierten Privateigentums.[713] Sollte eine Schwächung des Feindes ausnahmsweise nur durch die Störung seines Seehandels möglich sein, könne dies bereits dadurch erreicht werden, dass aufgebrachtes Privateigentum lediglich beschlagnahmt werde. Ein Eigentumswechsel sei nicht erforderlich. Erst im Rahmen der Friedensverträge hätten die Staaten das Recht, einen Eigentumsübergang an den beschlagnahmten Gegenständen zu beschließen, um sich für die Schäden des Krieges zu entschädigen. [714]

Sei eine Beutenahme von Privaten generell nicht mehr erforderlich stehe fest, dass die Kaperei keinen Gewinn, sondern nur noch Schaden bringe.[715] Da das Kaperwesen für einen schnelleren Sieg nicht nötig sei, verstoße es gegen den kriegsrechtlichen Grundsatz, dass im Krieg eine Schädigung des Feindes nur

708 Oppenheim, System des Völkerrechts, Kap XII, § 3, S. 304.

709 Cauchy, Du respect de la propriété privée dans la guerre maritime, S. 34.

710 Oppenheim, System des Völkerrechts, Kap XII, § 3, S. 304.

711 Ferreira, Principes du droit public Band 2, Teil III, § 924.

712 Massé, Le droit commercial Band 1, zweites Buch, Titel I, Kap II, Abschn. I, § II, Nr 159.

713 Bluntschli, Das moderne Völkerrecht, S. 363, § 666; Cussy, Phases et causes célèbres du droit maritime des nations Band 1, Buch I, Titel III, § 261; Ferreira, Principes du droit public Band 2, Teil III, § 924.

714 Heffter, Das europäische Völkerrecht der Gegenwart, Buch II, Abschn. II, § 138.

715 Cauchy, Du respect de la propriété privée dans la guerre maritime, S. 34.

in dem Maße erlaubt sei, wie es unbedingt nötig sei, um ihn zur Verschaffung von Gerechtigkeit zu zwingen.[716] Das von den Staaten zur Rechtfertigung der Kaperei angeführte Motiv der Schwächung des Feindes und somit der schnelleren Beendigung des Krieges verschleiere lediglich das wahre Motiv, nämlich die bloße Absicht der Bereicherung des Einzelnen.[717]

Einzelne Autoren gingen hier noch weiter. In dem Einsatz von Kaperfahrern liege sogar die Gefahr der Verlängerung des Kriegszustandes. Der Grund für einen Krieg sei immer nur die Stabilisierung des Friedens. Dieses Ziel könne nur erreicht werden, wenn dem Feind im Krieg so wenige Verluste wie möglich zugefügt würden, da sich im Feind sonst Hass aufstaue, der den Friedensschluss erheblich erschwere. Auch bestünden Auswirkungen für das Verhältnis nach einem Friedensschluss, denn die Angehörigen der gegnerischen Nation würden gegen den Siegerstaat aufgebracht, da keine Kriegsführung zwischen Soldaten, sondern zwischen der Zivilbevölkerung und Räubern erfolgt sei. Hierdurch würden Rachegelüste geschürt und Konsequenzen für die Zukunft gezogen, denn wenn die kriegführende Nation das Völkerrecht nicht einhielte, würden auch die Untertanen des besiegten Volkes dies nicht tun. Durch den Verzicht der Beutenahme von Privaten würden die Kriegsparteien schon deshalb keine wesentlichen Nachteile erleiden, da durch Einhaltung der Menschenrechte immer mehr gewonnen als verloren sei.[718]

(4) Die besondere politische Situation Englands

Immer wieder wurde für die völkerrechtliche Legitimität des Kaperwesens die besondere politische Situation Englands ins Feld geführt, sowohl durch die Engländer selbst als auch durch ihre Feinde. England als Inselstaat war zur Aufrechterhaltung und Stärkung seiner politischen und wirtschaftlichen Macht in besonderem Maße auf maritime Präsenz angewiesen. Nicht nur war eine starke Seestreitmacht für die Kriegsführung von überragender Bedeutung, auch der Handel konnte ausschließlich über das Meer erfolgen, so dass die wirtschaftliche Stärke maßgeblich von einem funktionierenden Seehandel abhing.

Die englischen Rechtsgelehrten führten an, die Anwerbung von Kaperfahrern durch die Engländer im Krieg rechtfertige sich schon durch die große Anzahl von Feinden, denen die Engländer auf See gegenüberstünden. Die Seemächte

716 Cussy, Phases et causes célèbres du droit maritime des nations Band 1, Buch I, Titel III, § 26, S. 264.

717 Cauchy, Du respect de la propriété privée dans la guerre maritime, S. 42.

718 Ferreira, Principes du droit public Band 2, Teil III, § 925.

könnten, im Gegensatz zu den Landmächten, keine Eroberungen von feindlichem Staatsgebiet durchführen. Somit bestünde für sie eine Notwendigkeit, Beute von Kauffahrern auf See zu machen und so den Feind zu schwächen.[719]

Aber auch die Feinde Englands beriefen sich auf die besondere Situation des Inselstaates. Das Kaperwesen sichere das maritime Gleichgewicht, indem es das Ungleichgewicht, dass durch die unterschiedliche Stärke der Seestreitkräfte der einzelnen Länder entstehe, ausgleiche.[720] Dies sei im Besonderen nötig im Krieg gegen England, da England über eine so starke Seestreitmacht verfüge, dass die Gefahr für die Freiheit der anderen Länder nur durch Angriffe auf den Seehandel durch Kaperei gebannt werden könne. Selbst eine große Marine reiche nicht aus, alle Handelsschiffe zu schützen, dies würde lediglich dazu führen, dass die eigene Marine aufgesplittet und angreifbar werde.[721]

Hiergegen wurde angeführt, dass diese Argumentation darauf hinaus liefe, dass das Kaperwesen nicht auf Grund völkerrechtlicher Rechtfertigung, sondern lediglich aus politischen und kriegstaktischen Gründen noch praktiziert werde.[722] Die Schwäche des zur Verfügung Stehens von rechtmäßigen Kriegsmitteln könne nie ein Grund sein, ein an sich unrechtmäßiges Kriegsmittel zu rechtfertigen.[723]

Außerdem sei insbesondere der Einsatz von Kaperern durch die Engländer rechtlich inkonsequent. Einerseits bestehe England auf den Grundsatz, dass Schulden, die vor Kriegsausbruch bei englischen Staatsangehörigen oder der Krone gemacht wurden, auch nach Kriegsausbruch zurückgezahlt werden müssten. Andererseits schone England im Seekrieg aber das Privateigentum nicht, sondern beginne schon vor der offiziellen Kriegserklärung mit der Ermächtigung privater Beutefahrer.[724] Der Grund für die Verfechtung der Legalität der Beutenahme von Privaten im Seekriegsrecht durch die englischen Rechtsgelehrten liege lediglich in Englands Stärke auf See und seiner rücksichtslosen Selbstsucht.[725]

---

719 Molloy, De jure maritimo et navali, Buch I, Kap III, § XV.

720 Hautefeuille, Quelques questions de droit international maritime, § 1, S. 14.

721 Hautefeuille, Histoire des origines du droit maritime international, Titel VI, Kap I, Abschn. III, S. 490f.

722 Bluntschli/Werner, Deutsches Staats-Wörterbuch Band 2, S. 117; Heffter, Das europäische Völkerrecht der Gegenwart, Buch II, Abschn. II, § 152.

723 Bluntschli, Das moderne Völkerrecht, S. 40, Einleitung; Bluntschli/Werner, Deutsches Staats-Wörterbuch Band 2, S. 117.

724 Bluntschli/Werner, Deutsches Staats-Wörterbuch Band 2, S. 117.

725 Bluntschli, Deutsches Staats-Wörterbuch Band 2, S. 117.

(5) Die besondere Gefahr der Grenzüberschreitung durch die Kaperfahrer

Auch den Befürwortern des Kaperwesens war bewusst, dass die Grenzziehung zwischen Kaperfahrern und Piraten in der Praxis oft fließend war. Sie mussten sonach Wege finden, das Kaperwesen trotz der Gefahr von Grenzüberschreitungen durch den einzelnen Kaperfahrer zu rechtfertigen.

Einig waren sich die befürwortenden Rechtsgelehrten, dass das Kaperwesen durch die ermächtigenden Nationen streng limitiert und Verstöße entsprechend geahndet werden mussten.[726] Das Kaperwesen sei jedoch bereits durch nationale Kaperverordnungen so beschränkt, dass ein Missbrauch fast nicht möglich sei.[727]

Zwar sei einzuräumen, dass Kaperer schwerer zu kontrollieren seien als reguläre Marinesoldaten. Auch würden sie zeitweise die Grenzen ihrer Kommissionen überschreiten, was auf Grund der Überschreitung auf hoher See auch schwer nachzuvollziehen sei.[728] Hierin läge jedoch kein Grund, auf das Mittel der Kaperei zu verzichten, denn in jedem Krieg könne es zu Grenzüberschreitungen kommen.[729] Dies sei zwar bedauerlich, aber nicht zu vermeiden. Die Gefahr von Rechtsverletzungen könne nicht herangezogen werden, um die Kaperei als unrechtmäßig einzustufen, da die Übertretung von Grenzen nicht dem gewöhnlichen Ziel des Einsatzes von Kaperfahrern entspreche. Der Missbrauch ergebe sich nicht aus dem Wesen der Kaperei selbst, sondern alleine aus der Machtgier Einzelner.[730] Grenzüberschreitungen würden die ermächtigenden Nationen lediglich dazu anhalten, Grenzübertritte ihrer Kaperfahrer streng zu ahnden.[731]

---

726 Hautefeuille, Histoire des origines du droit maritime international, Titel VI, Kap I, Abschn. III, S. 486; Molloy, De jure maritimo et navali, Buch I, Kap III, § XV; Tetens, Considerations sur les droits, Abschnitt II, § 2, Nr. 2, S. 66f; Valin, Traité des prises Band 1, Kap I, § 7.

727 Jenkinson, A discourse on the conduct of the governement of Great Britain in respect to Neutral Nations, S. 79.

728 Jenkinson, A discourse on the conduct of the governement of Great Britain in respect to Neutral Nations, S. 79.

729 Hautefeuille, Histoire des origines du droit maritime international, Titel VI, Kap I, Abschn. III, S. 486; Pistoye, Duverdy, Traité des prises maritimes Band 1, Titel I, Kap II, Abschn. I, S. 5; Tetens, Considerations sur les droits, Abschnitt II, §2, Nr. 3, S. 67.

730 Hautefeuille, Histoire des origines du droit maritime international, Titel VI, Kap I, Abschn. III, S. 486.

731 Hautefeuille, Histoire des origines du droit maritime international, Titel VI, Kap I, Abschn. III, S. 487; Valin, Traité des prises Band 1, Kap I, § 7.

Es hinge somit vom Inhalt der jeweiligen nationalen Kaperverordnung ab, ob die Kaperei vom Kriegsrecht gedeckt sei.[732]

Ebenfalls sei einzuräumen, dass es sich bei Kaperfahrern oftmals um Menschen handele, die nicht über die höchsten Moralvorstellungen verfügten und nicht besonders hoch von ihren Mitmenschen geschätzt würden. Aber auch aus diesem Grund könne die Kaperei nicht verboten werden, da es viele andere Berufe gebe, die auf Grund des Verhaltens der Ausübenden dann ebenfalls verboten werden müssten. Außerdem sprächen Negativbeispiele nicht dagegen, dass nicht auch ein Kaperfahrer ein geachteter, ehrenhafter und höchst patriotischer Bürger sein könne.[733]

Darüber hinaus seien die Konsequenzen von Grenzüberschreitungen eher gering. Jeder Kauffahrer könne Beschwerde über die Verletzung seiner Rechte einlegen.[734] Das Eigentum an der Prise werde dem Kaperfahrer erst durch die Prisengerichte nach Prüfung der Rechtmäßigkeit der Prisennahme zugesprochen, so dass kein Anreiz für Verstöße gegen die Vorschriften bestehe.[735] Selbst wenn völkerrechtliche und nationale Regelungen nicht ausreichen sollten, jeden Grenzübertritt der Kaperfahrer zu verhindern, sei dies kein Argument für die Unrechtmäßigkeit, da auch sonst kein Gesetz lückenlos sein könne.[736]

Erwidernd wurde angeführt, dass Grenzüberschreitungen tatsächlich an der Tagesordnung seien. Das Kaperwesen sei schon aus diesem Grunde rechtswidrig. Auch durch die Begrenzung durch nationale Regeln könne das Kaperwesen keine Rechtmäßigkeit erlangen,[737] da sich die Befolgung der Regeln auf See nicht überwachen ließe.[738] Personen, die das Kaperwesen betrieben, seien im Allgemeinen skrupellos, habgierig und unmenschlich.[739] Die Kaperer würden zwar die Autorität der Admiralität anerkennen, seien aber nicht Bestandteil der Kriegsflotte, so dass die Schranken der militärischen Ordnung nicht gewahrt blieben.[740] Der Mannschaft von Kaperschiffen fehle es an militärischer Disziplin,

---

732 Tetens, Considerations sur les droits, Abschnitt II, §2, Nr. 4, S. 69.

733 Tetens, Considerations sur les droits, Abschnitt II, §2, Nr. 3, S. 67.

734 Jenkinson, A discourse on the conduct of the governement of Great Britain in respect to Neutral Nations, S. 79.

735 Valin, Traité des prises Band 1, Kap XIII, § 1.

736 Azuni, Droit maritime de l'Europe Band 2, Kap V, Art III, S. 355.

737 Cauchy, Du respect de la propriété privée dans la guerre maritime, S. 33.

738 Massé, Le droit commercial Band 1, zweites Buch, Titel I, Kap II, Abschn. I, § II, Nr 157.

739 Rayneval, Institutions de droit de la nature et des gens Band 2, Buch 3, Kap. XIV, § 4.

740 Bluntschli, Das moderne Völkerrecht, S. 364f, § 370.

so dass keinerlei Garantie gegen Exzesse bestehe.[741] Wenn die Kaperei von feindlichen Schiffen erlaubt sei, fänden sich auch immer Vorwände zur Beutenahme von neutralen Schiffen.[742]

Die Strafen bei Grenzüberschreitungen würden nur bei wirklich gravierenden Verstößen gegen das Völkerrecht durchgesetzt, sonst blieben Verstöße ungestraft. Die Hinterlegung einer Kaution reiche nicht aus, um Grenzüberschreitungen auszuschließen, da diese in der Regel zu gering sei, um den entstandenen Schaden zu kompensieren.[743]

(6) Die moralische Verwerflichkeit des Kaperwesens wegen seiner Nähe zum Tatbestand der Piraterie

Selbst die Verfechter der Ermächtigung privater Kaperfahrer räumten ein, dass aus rein philosophischer Sicht eine Gleichstellung von Piraten und Kaperfahrern möglich sei. Dies gelte jedoch nicht aus juristischer Sicht, da die Tätigkeit des Kaperfahrers durch rechtliche Regelungen geleitet und reglementiert werde und die Tätigkeit des Kaperers entgegen der des Piraten ehrbar sei.[744] Solange es völkergewohnheitsrechtliche Regelungen zur Unterscheidung zwischen Piraterie und Kaperwesen gebe, könne das Kaperwesen nicht wie die Piraterie als unrechtmäßig behandelt werden.[745]

Diese Darstellung des Kaperwesens wurde vehement kritisiert. Die Kaperei habe auch aus juristischer Sicht eine enge Verbindung zur Piraterie[746] und sei eine schreckliche Vermischung von Kriegsrecht und der Erlaubnis zur Plünderung.[747] Sie verstoße gegen Vernunft, Humanität, Gleichheit und Gerechtigkeit[748] und stelle ein irreguläres und unfaires Kriegsmittel dar.[749] Das Recht zur Beutenahme von Privateigentum sei ein Überbleibsel aus heidnischen Zeiten, in

---

741 Bluntschli, Das moderne Völkerrecht, S. 366, § 671; Lieber, Guerilla parties, S. 22.

742 Massé, Le droit commercial Band 1, zweites Buch, Titel I, Kap II, Abschn. I, § II, Nr 158.

743 Ferreira, Principes du droit public Band 2, Teil III, § 934.

744 Azuni, Droit maritime de l'Europe Band 2, Kap V, Art III, S. 359.

745 Azuni, Droit maritime de l'Europe Band 2, Kap V, Art III, S. 359.

746 Bluntschli, Das moderne Völkerrecht, S. 41, Einleitung; Cauchy, Du respect de la propriété privée dans la guerre maritime, S. 33.; Ferreira, Principes du droit public Band 2, Teil III, § 932; Holst, Versuch einer kritischen Übersicht, S. 205.

747 Cauchy, Du respect de la propriété privée dans la guerre maritime, S. 33.

748 Cussy, Phases et causes célèbres du droit maritime des nations Band 1, Buch I, Titel III, § 20, S. 241.

749 Ferguson, Manual of international law Band 2, Kap. XXXIII, § 224, S. 383.

denen die Piraterie noch zum Seekrieg dazugehört habe, dies sei jedoch nicht mit Recht oder Sittlichkeit zu vereinbaren.[750] Das Kaperwesen werde nur aus Eigennutz und Raubgier aufrecht erhalten, obwohl sich in dieser Praxis die geistige Rohheit und die verbrecherische Grausamkeit vergangener Jahrtausende offenbare.[751] Der Einsatz von Kaperfahrern mache den Seekrieg zu einem Raubkrieg gegen den Seehandel aus Habsucht, Geldgier und Krämerinteressen.[752] Durch den Einsatz der Kaperei werde das Meer in Kriegszeiten zu einem Ort des organisierten Diebstahls, wodurch der feindliche und neutrale Handel geschädigt werde, ohne dass die ermächtigenden Souveräne dadurch Profit machten. Denn die staatlich legitimierte Beutenahme diene einzig zur persönlichen Bereicherung der Kaperfahrer.[753]

Die Unterscheidung zwischen Piraten und Kaperfahrern bestehe eigentlich nur in der Form, dass die Einen ermächtigt seien und nur in Kriegszeiten auf Beutezug gingen, die Anderen ohne Ermächtigung immer nach Beute suchten. In der Motivation für die Beutefahrten stünden sie sich gleich, da sich Beide durch die Schädigung von privaten Kaufleuten selbst bereichern wollten. Diebstahl und Raub blieben Diebstahl und Raub, egal, welchen Namen man ihnen gebe oder ob sie auf der Ermächtigung eines Souveräns beruhten. Es sei unverständlich, dass Piraten als Feinde Aller behandelt und von jeder Nation verfolgt würden, Kaperfahrer aber von Allen ermutigt, entlohnt und geehrt würden, obwohl ihre Tätigkeit auch gegen das Völkerrecht, gegen den Sinn der Zeit und gegen die Anstandsregeln verstoße. Dies sei ein Ausdruck der Machtbesessenheit, der Durchsetzung von Privatinteressen und der Dreistigkeit Einzelner.[754]

Der Einsatz von Kaperfahrern schade maßgeblich der öffentlichen Moral des kriegführenden Staates, da Kaperfahrer weder aus Ehre oder aus Liebe zum Vaterland handelten, noch um sich einen guten Namen zu machen, sondern einzig und allein aus Habgier.[755] Er sei mit christlichen Werten nicht zu vereinbaren,

750 Gessner, Das Recht des neutralen Seehandels, Abschnitt I, Kapitel III, § 2, S. 82.

751 Gessner, Das Recht des neutralen Seehandels, Abschnitt I, Kapitel III, §2, S. 82.

752 Heffter, Das europäische Völkerrecht der Gegenwart, Buch II, Abschn. II, § 137.

753 Massé, Le droit commercial Band 1, zweites Buch, Titel I, Kap II, Nr 123.

754 Massé, Le droit commercial Band 1, zweites Buch, Titel I, Kap II, Abschn. I, § II, Nr 154.

755 Cussy, Phases et causes célèbres du droit maritime des nations Band 1, Buch I, Titel III, § 20, S. 240.

da die Habgier das einzige Motiv sei und der Staat selber von der Schädigung der ehrenhaften und friedvollen Kauffahrer kaum profitiere.[756]

Mit dem Kaperwesen verhalte es sich im Prinzip wie mit der Sklaverei. Die europäischen Nationen seien sich einig, dass sie eigentlich wegen Verstoßes gegen die Menschlichkeit abgeschafft gehöre, aber statt tatsächlich die Abschaffung zu betreiben versprächen sie nur, möglichst strenge Reglements zu erlassen, damit der Missbrauch eingedämmt werde.[757]

Zusammenfassend ließe sich festhalten, dass die Beibehaltung der Praxis der Kaperei eine Schande für den ermächtigenden Souverän und ein Schandfleck für die Zivilisation des 19. Jahrhunderts sei.[758]

d. Zwischenergebnis: Das Streben nach einer Humanisierung des Völkerrechts als Motivation für den Ruf nach Abschaffung des Kaperwesens durch die europäischen Rechtsgelehrten

Fraglich ist nun, welche Schlüsse sich aus diesem juristischen Diskurs ziehen lassen. Was genau war es, das den Wunsch nach einer Abschaffung des Kaperwesens aufkommen ließ? Hatte sich die Praxis des Kaperwesens selbst verändert oder ergaben sich die Gründe aus einer mit der Zivilisierung der Rechtsgemeinschaft fortschreitenden Humanisierung des Völkerrechts, insbesondere des Kriegsrechts zu Lande?

Nach einer Auswertung der von den Gegnern des Kaperwesens ins Feld geführten Argumente lässt sich erkennen, dass sich der Wunsch nach einer Humanisierung des Seekriegsrechts als Teil des Völkerrechts durch die Abschaffung des Kaperwesens wie ein roter Faden durch die Argumentation zieht.[759] Der Begriff der Humanisierung des Kriegsrechtes wurde im untersuchten Zeitraum verstanden als die Bestrebung, die Betrachtung des Individuums in den Mittelpunkt zu stellen, um die Interessen der Menschen und Völker über die Interessen der Staaten zu stellen.[760] Im Zusammenhang mit dem Seekriegsrecht bedeutete dies für die untersuchten Autoren insbesondere den Schutz

756 Cussy, Phases et causes célèbres du droit maritime des nations Band 1, Buch I, Titel III, § 261f.

757 Cauchy, Du respect de la propriété privée dans la guerre maritime, S. 33.

758 Cussy, Phases et causes célèbres du droit maritime des nations Band 1, Buch I, Titel III, § 20, S. 244.

759 Siehe hierzu insbesondere: Bluntschli, Cauchy, Cussy und Massé.

760 Oberleitner, Human Rights in Armed Conflict, S. 233; zur Entwicklung der Humnasierung des Völkerrechts siehe auch: Neff, War and the Law of Nations, S. 83 ff.

von Privateigentum[761], das Verbleiben von Mitteln der Kriegsführung in den Händen des Staates[762], der Schutz von Handel und Wirtschaft[763] und die strikte Trennung von Kriegsrecht und der Erlaubnis zur Plünderung[764]. Sie beriefen sich somit auf die Unvereinbarkeit des Kaperwesens mit den Grundsätzen des Völkerrechts.

Die Argumentationsstruktur verlief meist zweigliedrig. Zunächst griffen die Gegner des Kaperwesens die grundsätzliche Beutenahme von Privateigentum in Kriegszeiten an. Denn die Rechtlosigkeit im Krieg bestehe nur zwischen Staaten, nicht im Verhältnis zu den friedlichen Untertanen. Die nach wie vor praktizierte Beutenahme von Privateigentum im Seekrieg sei nur durch die Rückständigkeit der Staatengemeinschaft zu erklären. Ein Schiff müsse als wandernder Teil des Landes so behandelt werden, wie Waren an Land.

Nachdem sie zu dem Schluss gekommen waren, dass die Beutenahme von Privateigentum nicht mit dem geltenden Völkerrecht in Einklang zu bringen sei, wurde dargelegt, warum eine Beutenahme, wenn sie doch nötig sein sollte, jedenfalls nicht durch private Kaperfahrer erfolgen dürfe. Denn dies würde den Krieg endgültig auf die Ebene zwischen Privaten heben.

Die geltende Rechtspraxis der privaten Beutenahme stamme noch aus dem Mittelalter, sei aber auf die Gegenwart nicht übertragbar, da im Völkerrecht nicht mehr der Grundsatz des Rechts des Stärkeren gelte, sondern der Grundsatz der Gerechtigkeit. Eine Schädigung des gegnerischen Handels sei darüber hinaus für eine Beendigung des Krieges nicht notwendig, da auf den Weltmeeren inzwischen keine Monopolstellung einzelner Nationen mehr bestehe. Im Gegenteil würde eine solche Schädigung nur Nachteile mit sich bringen, da nach Friedensschluss wegen des Brachliegens der Handelsbeziehungen zunächst weder Import noch Export möglich seien. Wenn nun aber das Kaperwesen nicht mehr notwendig sei, um die Herbeiführung des Kriegsendes zu beschleunigen, verstoße es automatisch gegen den im humanisierten Kriegsrecht geltenden Grundsatz, dass eine Schädigung des Feindes immer nur in dem Maße rechtmäßig sei, wie es für den Sieg unbedingt erforderlich sei.

Wenn ausnahmsweise aus wirtschaftlichen oder politischen Gründen eine Einschränkung des gegnerischen Handels nötig sei, dann dürfe diese nur durch die reguläre Marine erfolgen, denn das einzige Ziel eines Kaperfahrers sei stets

761 Bluntschli, Das moderne Völkerrecht, Einleitung, S. 41.
762 Bluntschli, Deutsches Staats-Wörterbuch Band 2, S. 117.
763 Massé, Le droit commercial Band 1, Buch II, Titel I, Kap. II, Nr. 123.
764 Cauchy, Du respect de la propriété privée dans la guerre maritime, S. 33

nur die persönliche Bereicherung. Der Aufrechterhaltung einer solch barbarischen Praxis könne das Völkerrecht nie dienen. Die Stärkung der eigenen Marine durch private Beutefahrer entspringe einer dem Völkerrecht zuwiderlaufenden, rücksichtslosen Selbstsucht. Grenzüberschreitungen und die Nähe zur Piraterie seien dem Kaperwesen wegen fehlender militärischer Kontrolle und der Unmenschlichkeit und Disziplinlosigkeit des Kaperfahrers immanent. Es komme zu einer nicht zu tolerierenden Vermischung von Kriegsrecht und der Erlaubnis zur Plünderung aus bloßem Eigennutz und Raubgier.

Auch den das Kaperwesen befürwortenden Rechtsgelehrten war bewusst, dass sie sich dem Wunsch nach einer Humanisierung des Völkerrechts nicht verschließen konnten. Sie suchten sonach nach Argumenten um aufzuzeigen, dass die Praxis der Beutenahme von Privateigentum durch Private nicht den Grundsätzen eines humanitären Kriegsrechts widersprach.

Die Beutenahme von Privateigentum im Seekrieg entspreche schon deshalb den Grundsätzen einer humanen Kriegsführung, da die Beutenahme auf See ohne Anwendung von Härte erfolge. Von der Beutenahme seien ausschließlich Männer betroffen und in der Regel komme es weder zu Blutvergießen, noch würden Kriegsgefangene genommen. Außerdem seien lediglich Handelsgüter betroffen, die in der Regel versichert seien, so dass dem Einzelnen kaum Schaden entstehe. Die Beutenahme sei auf jeden Fall menschlicher als die Tötung des Feindes im Landkrieg. Es könne sogar noch einen Schritt weiter gegangen werden. Da der Handel den Grundpfeiler des Reichtums einer Nation bilde, diene die Beutenahme von Privateigentum der Verkürzung des Krieges und fördere somit sogar den Grundsatz der humanen Kriegsführung. Die Erreichung dieses Zieles sei auf Grund der dafür erforderlichen Anzahl von auf See präsenten Beutenehmern nur durch die staatliche Ermächtigung privater Beutefahrer erreichbar.

Die Anführung dieser auf den Grundsätzen einer Humanisierung des Völkerrechts beruhenden Argumente konnte jedoch nicht darüber hinwegtäuschen, dass die Hauptargumente der Befürworter des Kaperwesens auf politischen und wirtschaftlichen Erwägungen beruhten. Bei der Schädigung des Handels handele es sich um ein von allen europäischen Staaten konstant praktiziertes wesentliches Element der Kriegsführung. Ohne die Beutenahme von Privateigentum durch private Kaperfahrer komme es zu einem Ungleichgewicht in der maritimen Kriegsführung, da Staaten mit einer starken Marine in diesem Fall eine Vormachtstellung auf See erlangen würden. Auch sei es schwierig, feindliche Schiffe auf hoher See überhaupt aufzuspüren, so dass es nötig sei, den Handel des Gegners zu schädigen. Dies sei aufgrund der hohen finanziellen Belastungen durch die Aufstockung der Marine nur durch den Einsatz privater

Beutefahrer möglich. Diese würden durch ihre maritime Präsenz die politische und wirtschaftliche Macht des sie ermächtigenden Souveräns stützen. Die Seemächte, allen voran England, könnten im Gegensatz zu den Landmächten keine Eroberungen feindlicher Länder durchführen und diese besteuern. In der Beutenahme von Privateigentum liege somit ihr Äquivalent zur Schwächung des Feindes. Feindliches Privateigentum, das verschont bleibe, nütze dem kriegführenden Staat nicht, hingegen sei der Wert der Beute sofort realisierbar und stärke den kriegführenden Staat. Darüber hinaus sei auf See eine klare Trennung von Privat- und Staatseigentum nicht möglich, da jedes Kauffahrtsschiff kriegsfördernde Waren transportieren und in ein Kriegsschiff umgewandelt werden könne.

Schlussendlich bleibt nach Auswertung des juristischen Diskurses festzuhalten, dass sich die Befürworter der Abschaffung des Kaperwesens maßgeblich von dem Wunsch nach einer Humanisierung und Zivilisierung des Seekriegsrechtes und eine Annäherung an den Grundsatz der Unantastbarkeit des Privateigentums im Landkrieg leiten ließen, die Gegner der Abschaffung jedoch die wirtschaftlichen und politischen Interessen ihrer sich der Kaperfahrt bedienenden Nationen mit moralischen Erwägungen lediglich zu beschönigen versuchten. Nicht außer Acht gelassen werden darf jedoch, dass alle untersuchten zeitgenössischen Rechtsgelehrten im Rahmen ihrer Argumentation auch die wirtschafts- und machtpolitischen Interessen der Nationen, denen sie angehörten, im Auge behielten.

2. Die Gründe für das Ende des Kaperwesens durch die Unterzeichnung der Pariser Seerechtsdeklaration am 16. April 1856

a. *Der historische Hintergrund*

Der Streit um die völkerrechtliche Rechtmäßigkeit des Kaperwesens endete für die europäischen Nationen mit der Unterzeichnung der Pariser Seerechtsdeklaration am 16. April 1856.

Die Deklaration bestand aus vier Regelungspunkten:

1. Die Kaperei ist und bleibt abgeschafft.
2. Die neutrale Flagge schützt die feindliche Ladung, mit Ausnahme der Kriegskontrabande.
3. Die neutrale Ladung, mit Ausnahme der Kriegskontrabande, kann unter feindlicher Flagge nicht als Prise erklärt werden.

4. Blockaden müssen, um verbindlich zu sein, wirklich bestehen, das heißt durch genügend Kräfte ausgeführt werden, um das Betreten der feindlichen Küsten wirksam zu verhindern.[765]

Mit der Ratifizierung des ersten Regelungspunktes wurde das Recht der Souveräne zur Ermächtigung privater Kaperfahrer endgültig aufgehoben. Die Ausrüstung von privaten Schiffen zu dem Zwecke der Kaperfahrt wurde verboten und das Kaperwesen der Piraterie gleichgestellt. Jedoch wurde nicht insgesamt auf die Beutenahme von Privateigentum auf See verzichtet, diese konnte nach wie vor durch offizielle Kriegsschiffe der Marine erfolgen.

Die Verabschiedung der Deklaration wurde von dem französischen Außenminister Alexandre Florian Joseph Graf von Colonna-Walewski am 08. April 1856 im Rahmen des Pariser Kongresses zur Beendigung des Krim-Krieges vorgeschlagen. Unterzeichnet wurde die Deklaration am 16. April 1856 zunächst von den Kongressteilnehmern Frankreich, Großbritannien, Österreich, Preußen, Russland, Sardinien und dem Osmanischen Reich. In der Folgezeit traten nahezu alle bedeutenden Staaten der Welt dem Abkommen bei.[766] Von den maritimen Staaten blieben nur die USA, Spanien und einige südamerikanische Staaten dem Abkommen fern.[767]

b. Die Gründe für die Verabschiedung der Pariser Seerechtsdeklaration

(1) Grundsätze

Die Abschaffung des Kaperwesens durch die Pariser Seerechtsdeklaration war nicht etwa ein überraschendes Ereignis, sondern, im Gegenteil, der Abschluss einer sich seit längeren anbahnenden Entwicklung.[768] Bereits während des Krim-Krieges hatten sich die Kriegsparteien England und Frankreich darauf geeinigt, während der Dauer dieses Krieges auf einen Einsatz von Kaperfahrern zu verzichten.[769]

---

765 Erklärung betreffend das europäische Seerecht in Kriegszeiten, abgegeben am 16. April 1856, abgedruckt in Gourdon, Histoire du Congrès de Paris, S. 28f.

766 Auflistung der einzelnen Staaten: siehe Stark, The abolition of privateering nach Teil 3, Kap. 1, S. 145f.

767 Baumgart, Der Friede von Paris 1856, S. 219.

768 Schlochauer-Strupp/Scheuner, Wörterbuch des Völkerrechts Band 2, S. 192.

769 British Declaration, with reference to Neutrals and Letters of Marque, 28. März 1854, abgedruckt in: British and foreign state papers Band 46 1855/1856, S. 36f.

Wie jedoch kam es schlussendlich zu einer Abkehr von der Praxis des Kaperwesens, wurde seine Legitimität doch nur von den Rechtsgelehrten, nicht aber von den europäischen Staaten selbst in Zweifel gezogen? Zur Beantwortung dieser Frage muss das Augenmerk sowohl auf die Begründung zur Einbringung der Deklaration in die Pariser Friedensverhandlungen und die die Deklaration einleitende Präambel als auch auf die wirtschaftlichen, politischen und moralischen Beweggründe der einzelnen Nationen gerichtet werden. Besonderes Augenmerk wird hierbei auf die Intention Englands und Frankreichs zu richten sein, die sich in der Vergangenheit konstant des Kaperwesens bedient hatten und einer Abschaffung vehement entgegengetreten waren.

(2) Begründung und Präambel der Pariser Seerechtsdeklaration

Der französische Außenminister Alexandre Florian Joseph Graf von Colonna-Walewski leitete den Vorschlag zur Verabschiedung der Pariser Seerechtsdeklaration mit dem Gedanken ein, dass durch diese die Prinzipien des Seekriegsrechts, die der Geist des Jahrhunderts und der Fortschritt der Kultur erheischten, feierlich bestätigt würden und es dem Pariser Kongress würdig sei, die Uneinigkeit zwischen den Staaten beiseite zu schaffen und ein einheitliches Seekriegsrecht zu erschaffen.

> *„Les doctrines du Traité de Paris étaient donc conformes à l'esprit qui animait toutes les nations civilisées. Elles marquaient un nouveau progrès dans la marche de l'humanité."* [770]
> *„Il serait digne du Congrès de Paris de mettre fin à de trop longues dissidences en posant les bases d'un droit maritime uniforme en temps de guerre."*[771]

In dem amtlichen Text der Deklaration selber wird für die Begründung der Unterzeichnung die Notwendigkeit der Schaffung eines einheitlichen Seekriegsrechtes durch die Beseitigung von Ungewissheiten angeführt, um Streitigkeiten zwischen den Nationen zu vermeiden:[772]

> *„... in Erwägung, dass das Seerecht in Kriegszeiten seit langem der Gegenstand bedauerlicher Streitigkeiten gewesen ist;*

770 Vorschag des französischem Außenminister Walewski am 08.04.1856, abgedruckt in: Gourdon, Histoire du Congrès de Paris, S. 542.

771 Vorschag des französischem Außenminister Walewski am 08.04.1856, abgedruckt in: Gourdon, Histoire du Congrès de Paris, S. 113.

772 Erklärung betreffend das europäische Seerecht in Kriegszeiten, abgegeben am 16. April 1856, abgedruckt in Gourdon, Histoire du Congrès de Paris, S. 28f.

dass die Unbestimmtheit der Rechte und Pflichten in dieser Hinsicht zwischen den neutralen und den kriegführenden Parteien zu Meinungsverschiedenheiten Anlass gibt, die ernstliche Misshelligkeiten und selbst Konflikte herbeiführen können;
dass demzufolge die Festsetzung gleichmäßiger Grundsätze über diesen so wichtigen Gegenstand zweckmäßig erscheint;
dass die auf dem Kongress zu Paris versammelten Bevollmächtigten den Absichten, die ihre Regierungen hegen, nicht besser entsprechen könnten, als indem sie in die internationalen Verhältnisse feste Grundsätze in dieser Hinsicht einzuführen suchen; ..."

(3) Beweggründe der europäischen Staaten

(a) Grundsätze

Als Ausgangspunkt für die Betrachtung der Beweggründe für die Abschaffung des Kaperwesens ist festzustellen, dass der Einsatz von Kaperfahrern in besonderem Maße für die Nationen nützlich war, die lediglich über eine schwache Kriegsmarine verfügten. Denn Nationen mit einer starken Kriegsmarine konnten den gegnerischen Nationen auf See schon durch den Einsatz ihrer regulären Marine ausreichend Schaden zufügen.[773] Ihre Überlegenheit im Seekrieg über die schwächeren Seestaaten mit großer Handelsmarine aber einer kleinen Anzahl an Kriegsschiffen wurde durch die Abschaffung des Kaperwesens eher noch gestärkt, weil letztere ebenfalls auf Kaperfahrer verzichten mussten.[774]

(b) Wirtschaftliche und politische Beweggründe Englands und Frankreichs

Die Tatsache, dass die Abschaffung des Kaperwesens die Vorherrschaft von Staaten mit starker Kriegsmarine auf den Weltmeeren stärkte, liefert bereits einen ersten Anhaltspunkt für die Gründe, die England und Frankreich zu dem Beitritt der Deklaration bewogen. England verfügte zum Zeitpunkt der Beendigung des Krim-Krieges am 30. März 1856 über die weltweit stärkste Kriegsmarine, unmittelbar gefolgt von Frankreich.[775] Wenn diese Nationen nun selber nicht mehr auf den Einsatz von Kaperfahrern angewiesen waren, sollten auch andere

---

773 Dickins, Report of Decision S. 11; Hautefeuille, Histoire des origines du droit maritime international, Titel VI, Kap I, Abschn. III, S. 491; Lalor, Cyclopaedia of Political Science Band 3, S. 361.

774 Bluntschli, Das moderne Völkerrecht, 2. Auflage, Einelitung, S. 46; Meyer/Lammers, Ergänzungsblätter zur Kenntniss der Gegenwart Band 6, S. 337.

775 Stark, The abolition of privateering, Teil III, Kap. I, S. 145f.

Nationen davon abgehalten werden, die englische und französische Wirtschaft und die Versorgung mit Nahrungsmitteln durch Kaperfahrer zu behindern.[776]

Das Kaperwesen führte aus seiner Natur heraus zu einer Schädigung des gegnerischen Handels. War die Schädigung des Handels bis zum Beginn des 19. Jahrhunderts eine besonders von England ausdrücklich erwünschte Kriegstaktik, hatte sich dies zum Zeitpunkt der Pariser Friedensgespräche gewandelt. Die englische Nation befand sich in dem Bewusstsein, dass sich ihr Handel bereits unentreißbare Absatzgebiete in Übersee verschafft hatte. Auch war bereits während des Krim-Krieges die Beutenahme von Privaten durch die entsprechende Vereinbarung mit Frankreich stark eingeschränkt, ohne dass sich dies maßgeblich auf Erfolg oder Dauer des Krieges ausgewirkt hatte.[777]

Außerdem hatte sich auch der Charakter des Seehandels gewandelt. Im 16. Jahrhundert hatte das Kaperwesen im Krieg zwischen England und Spanien keinen Schaden herbeigeführt, den das Volk unmittelbar zu spüren bekommen hatte, da lediglich „Kolonialwaren“ den Gegenstand der Beutenahme gebildet hatten und sonach nur der jeweilige Staat und die betroffenen Kaufleute geschädigt worden waren. Anders jedoch im 19. Jahrhundert, in dessen Verlauf die Störung des Handels für die europäischen Kulturstaaten zu einer Einschränkung oder einem Ausfall der Zufuhr von Lebensmitteln und somit zu Teuerungen und Hunger führten, die die ganze Bevölkerung zu spüren bekam. Die Erschwerung des Exportes von Industriewaren führte zudem zu dem Auftreten von Arbeitslosigkeit und somit zu einer gravierenden Beeinträchtigung der Zivilbevölkerung.[778]

Auch war die Gefahr der erfolgreichen Aufbringung englischer Handelsschiffe höher als in früheren Zeiten. Vor Erfindung des Dampfschiffes waren sowohl Kauffahrer als auch Kaperfahrer vom Wind abhängig, so dass eine ungefähre Chancengleichheit bestand, da der schnellere Segler entkommen konnte. Zum Zeitpunkt des Endes des Krim-Krieges erfolgte jedoch nur noch der Handel auf Segelschiffen, zu militärischen Zwecken wurden bereits Dampfschiffe genutzt. Wären nun solche Dampfschiffe mit einem Kaperbrief ausgerüstet worden,

776 Brief von Richard Cobden an Mr. Ashworth vom 10.04.1862, abgedruckt in John Morley, The Life of Richard Cobden, Kap. XXXIV, S. 531f.

777 Jähns, Ueber Krieg, Frieden und Kultur , S. 381.

778 Marchlewski, Völkerrecht und Militarismus, in: Die neue Zeit Band 2, 1899, S. 229 - 239, hier: S. 229.

wäre ein Unterliegen der Segelschiffe in jedem einzelnen Fall unumgänglich gewesen.[779]

Neben wirtschaftlichen und kriegstaktischen Erwägungen spielten für England auch politische Gründe eine entscheidende Rolle, der Abschaffung des Kaperwesens zuzustimmen. Das Seerecht spiegelte die Entwicklung der maritimen Kräftebalance und die Interessenkonflikte der betroffenen Staaten wider. Durch den Verzicht auf das Kaperwesen konnten Streitigkeiten mit neutralen Mächten, besonders skandinavischen und deutschen Staaten, vermieden werden. Zwar verfügte England über die stärkste Kriegsmarine, trotz allem bestand jedoch die Gefahr, dass sich andere Staaten mit ebenfalls starker Kriegsmarine gegen England verbünden würden, sollte England nach wie vor den Versuch unternehmen, das Seekriegsrecht alleine zu diktieren.[780] Die zunehmende Stärke der Neutralen zwang England praktisch dazu, die Abschaffung des Kaperwesens zu akzeptieren, wollte es sich nicht ins außenpolitische Abseits manövrieren.[781] Die Vorteile der Beibehaltung des gegenwärtigen Systems der Ermächtigung von Kaperfahrern reichte nicht aus das Risiko zu kompensieren, falls andere Seemächte sich gegen England zusammen schlössen.[782]

Darüber hinaus war es für England nach der Beendigung des Krim-Krieges ohne Verlust seiner politischen Glaubwürdigkeit kaum noch möglich, erneut zu der alten Rechtspraxis der Ermächtigung privater Kaperfahrer zurückzukehren.[783] Nachdem sowohl England als auch Frankreich im Rahmen dieser kriegerischen Auseinandersetzung auf die Anwendung des Kaperwesens verzichtet

---

779 Rede des Secretary of State for Foreign Affairs George William Frederick Villiers, Earl of Clarendon am 22. Mai 1856 vor dem House of Lords, HL Deb 22 May 1856 vol 142 cc481-548, http://hansard.millbanksystems.com/lords/1856/may/22/international-maritime-law-the-treaty-of.

780 Coogan, The end of neutrality, S. 20; Mahan, Possibilities of Anglo-American Reunion, in: The North American Review Vol. 159, Nr. 456, 1894, S. 551-573, hier: S. 561f; Analyse des englischen außenpolitischen Beraters Hebert William Malkin, zitiert bei Baumgart, Der Friede von Paris 1856, S. 222.

781 Rede des Premierminister Henry John Temple, Viscount Palmerston vor dem englischen Unterhaus 1862, abgedruckt in: Hobson, Maritimer Imperialismus, S. 78.

782 Brief des britischen Botschafters in Frankreich Lord Cowley an den Secretary of State for Foreign Affairs George William Frederick Villiers, Earl of Clarendon im März 1854, abgedruckt bei: Hamilton, Anglo-French Seapower, S. 169 f.

783 Brief des Secretary of State George William Frederick Villiers, Earl of Clarendon an den Premierminister Henry John Temple, Viscount Palmerston vom 06. April 1856, abgedruckt in: British Documents on the Origin on war Band 8, S. 204.

hatten, ohne dass dies den Ausgang des Krieges maßgeblich beeinflusst hätte, hatte die die Zustimmung zu der Abschaffung des Kaperwesens auch für die Zukunft politisch kaum noch mehr als deklaratorische Bedeutung.[784]

Darüber hinaus ist zu berücksichtigen, dass England auf außenpolitischer Ebene durch die Abschaffung des Kaperwesens mehr als durch dessen Beibehaltung gewann. Denn durch das Pochen auf die Beibehaltung wäre England ein ernsthafter außenpolitischer Schaden zugefügt worden, da dies nur als Akt der Feindschaft gegenüber den anderen europäischen Nationen hätte gesehen werden können. Durch die Abschaffung hingegen konnte die Linderung des Elends des Krieges herbeigeführt und die freundliche Gesinnung anderer Nationen gewonnen werden.[785]

Neben der außenpolitischen Besserstellung erreichte England durch die Zustimmung zu der Abschaffung des Kaperwesens auch die außenpolitische Isolierung der USA. Während des Unabhängigkeitskrieges gegen England hatte diese den kleineren Seemächten den Austausch von Noten über die Anerkennung des von England nicht anerkannten Prinzips „frei Schiff, frei Gut" vorgeschlagen und so ihrerseits England außenpolitisch isoliert. Da nun in der Pariser Seerechtsdeklaration die Konzessionen Englands bezüglich der Neutralitätsrechte im Seekrieg mit der Aufhebung der Kaperei verbunden wurden, fand sich die USA, die für die Neutralitätsrechte aber gegen die Abschaffung des Kaperwesens war, politisch isoliert, würde sie der Deklaration nicht beitreten.[786]

Zudem darf nicht unerwähnt bleiben, dass sich England durch die Abschaffung des Kaperwesens nicht vollends der Möglichkeit der Schädigung des feindlichen Seehandels begab und somit das politische Eingeständnis der Abschaffung des Kaperwesens als eher gering zu werten war. Denn auch nach dem Beitritt zu der Pariser Seerechtsdeklaration war nach wie vor eine Prisennahme durch reguläre Kriegsschiffe möglich, wenn auch unter strengerer Beachtung der Neutralitätsrechte,[787] so dass eine

784 Baumgart, Der Friede von Paris 1856, S. 220.

785 Rede des Secretary of State for Foreign Affairs George William Frederick Villiers, Earl of Clarendon am 22. Mai 1856 vor dem House of Lords, HL Deb 22 May 1856 vol 142 cc481-548, http://hansard.millbanksystems.com/lords/1856/may/22/international-maritime-law-the-treaty-of.

786 Brief des Secretary of State George William Frederick Villiers, Earl of Clarendon an den Premierminister Henry John Temple, Viscount Palmerston vom 06. April 1856, abgedruckt in Malkin, Inner History of the Declaration of Paris, in: The British Year Book of International Law, 1927. S. 1-44, hier: S. 26.

787 Hobson, Maritimer Imperialismus, S. 78.

vollständige Sicherheit des schwimmenden Privateigentums nicht etabliert wurde.[788]

Dass die Eingeständnisse Englands durch die Abschaffung des Kaperwesens machtpolitisch und wirtschaftlich eher gering zu gewichten waren, zeigte sich auch an der Weigerung der USA, der Pariser Seerechtsdeklaration in ihrer geltenden Form beizutreten. Die USA forderten den Zusatz, dass auch die Beutenahme durch Kriegsschiffe verboten werden sollte. Andernfalls wären Staaten mit einer starken Marine im Vorteil und starke Seemächte müssten ihre Marine nicht mehr aufspalten, um ihre Handelsschiffe zu beschützen, wodurch sie auf See unbesiegbar würden.[789] Da sich England jedoch der Aufnahme dieses Zusatzes verweigerte, verweigerten die USA im Gegenzug den Beitritt zu dem Abkommen.

Auch Frankreich wurde von ähnlichen politischen und wirtschaftlichen Beweggründen wie England geleitet, der Abschaffung des Kaperwesens zuzustimmen. Die französische Kriegsmarine war die zweitstärkste der Welt, so dass das Verbot des Einsatzes von Kaperfahrern der französischen Nation gegenüber allen Nationen außer England einen Vorteil auf See verschaffte.[790] Darüber hinaus hatte die Vergangenheit gezeigt, dass französische Kaperfahrer schwerer zu kontrollieren waren als englische und Frankreich somit zur Vermeidung der Entstehung von Feindseligkeiten oftmals hohe Entschädigungen an Neutrale hatte zahlen müssen.[791] Der größte Gewinn für die französische Nation bestand jedoch darin, dass sich die vier Regelungspunkte der Pariser Seerechtsdeklaration in ihrer Entstehung und Durchsetzbarkeit gegenseitig bedingten. Für den Verzicht Frankreichs auf das Recht zum Kaperkrieg erkannte Großbritannien die Immunität der neutralen Flagge und somit den Grundsatz „Frei Schiff, frei Gut." an.[792]

(c) Kein Entgegenstehen der Beweggründe der anderen europäischen Staaten

Die politischen und wirtschaftlichen Interessen der ebenfalls an der Pariser Friedenskonferenz teilnehmenden Staaten Russland, Preußen, Österreich und

---

788 Dickins, Report of Decision S. 11.

789 Depesche von M. de Marcy, Minister der Vereinigten Staaten vom 28. Juli 1856, abgedruckt in Hautefeuille, Quelques questions de droit international maritime, § 1, S. 15.

790 Stark, The abolition of privateering nach Teil 3, Kap. 1, S. 144.

791 Stark, The abolition of privateering nach Teil 3, Kap. 1, S. 144.

792 Hobson, Maritimer Imperialismus, IV, S. 77.

Sardinien standen den Interessen Englands und Frankreichs nicht entgegen, da diese Staaten von dem Institut des Kaperwesens schon in der Vergangenheit kaum Gebrauch gemacht hatten und sie sich so ohne Zögern mit dessen Abschaffung hatten einverstanden erklären können. Sie mussten das Kaperwesen als Neutrale mehr fürchten, als es ihnen als Kriegsparteien genutzt hatte.[793]

Als einzige europäischer Staat war es Spanien, der trotz Einladung der Pariser Seerechtsdeklaration nicht beitrat und somit der Abschaffung des Kaperwesens nicht zustimmte. Denn als Staat mit einer langen Küstenlinie aber einer schwachen Kriegsmarine, der sonach auf den Einsatz von Kaperfahrern zur Sicherung ihrer maritimen Stellung angewiesen war[794], verlor er mit dem Verbot des Kaperwesens seine wichtigste Waffe gegen die verwundbare Handelsflotte der mächtigen Seemächte.[795] Der politische Einfluss Spaniens und der Verlust der Vormachtstellung der spanischen Armada auf den Weltmeeren zum Zeitpunkt der Verabschiedung der Pariser Seerechtsdeklaration war jedoch nicht mehr groß genug, um die Verabschiedung der Deklaration durch die anderen europäischen Nationen zu verhindern.

(d) Übereinstimmung der wirtschaftlichen und politischen Beweggründe mit den moralischen Erwägungen der zeitgenössischen Rechtsgelehrten

Die politischen und wirtschaftlichen Beweggründe der europäischen Nationen, insbesondere die Englands und Frankreichs, stimmten mit den moralischen Erwägungen der zeitgenössischen Rechtsgelehrten zur Abschaffung des Kaperwesens überein. Der Wunsch nach einem neuen Seekriegsrecht, welches im Einklang mit den humanen Ideen der Zeit stand, war europaweit gewachsen.[796] Dieses philanthropische Motiv war wohl in Frankreich am stärksten, denn Frankreich hatte sich schon früher für die Humanisierung des Seekriegsrechts eingesetzt.[797]

Moralisch wurde die Abschaffung des Kaperwesens getragen durch die fortschreitende Zivilisierung der Gesellschaft, die Humanisierung des Kriegsrechts und der Erkenntnis, dass die Praxis des Kaperwesens in der zivilisierten Welt

793 Stark, The abolition of privateering, Teil III, Kap. I, S. 145f.
794 Stark, The abolition of privateering, Teil III, Kap. I, S. 145, S. 147.
795 Hobson, Maritimer Imperialismus, S. 78.
796 Meyer/Lammers, Ergänzungsblätter zur Kenntniss der Gegenwart Band 6, S. 337.
797 Stark, The abolition of privateering Teil 3, Kap. 1, S. 144.

nicht mehr gebraucht wurde.[798] Die Abschaffung des Kaperwesens zeigte sich sonach als Konsequenz der Humanisierung der zivilisierten Welt.[799] Die europäischen Nationen erkannten nunmehr den Grundsatz an, dass der Kriegszustand nur noch zwischen Staaten, nicht aber mehr zwischen Individuen herrschen sollte. Der Staatskörper wurde im Folgenden auch im Krieg politisch von den Staatsangehörigen und dem Souverän abgegrenzt, als Feind galt nur noch der Staatskörper selbst.[800] Die Abschaffung des Kaperwesens war somit die logische Konsequenz daraus, dass die Kriegsführung einzig und allein zwischen den Staatskörpern und nicht mehr zwischen Privaten stattfand.[801] Der moderne Zustand der Zivilisation und der Menschlichkeit verlangte es ein System zu beenden, dass nicht mehr der Gegenwart entsprach.[802]

Nicht nur sollte kein Krieg mehr zwischen Privaten geführt werden, auch sollte das Völkerrecht dafür Sorge tragen, dass die Neutralen so wenig wie möglich von den Schrecken des Krieges beeinträchtigt wurden. Das Hauptziel der Pariser Seerechtsdeklaration war moralisch gesehen somit der Schutz der neutralen Nationen, die nicht in den Krieg mit hineingezogen werden sollten. Denn je mehr Parteien beteiligt waren, desto schwerer war der Krieg zu beenden.[803]

Neben dem generellen Charakter des Kaperwesens wurde für dessen Abschaffung aus Gründen der Humanisierung des Seekriegsrechtes auch die dem Kaperwesen immanente Gefahr der Grenzüberschreitung und seiner Nähe zur Piraterie angeführt. Auf Grund des rücksichtslosen Gewinnstrebens und der örtlichen Entfernung von den regulären Streitkräften konnte eine wirksame Kontrolle des Kaperfahrers nicht gewährleistet werden.[804] Die Beutenahme durch den Kaperfahrer erfolgte somit oftmals grausam und gesetzlos.[805] Durch die stetigen Grenzüberschreitungen war das Kaperwesen nichts anderes mehr als organisierte und lizensierte Piraterie und der Kaperfahrer eine der größten Geißeln

798 Cauchy, Le droit maritime international Band 2, Cinquième Époque, Kap IV, Abschn. II, S. 409f.

799 Bluntschli, Das moderne Völkerrecht, 2. Auflage, Einelitung, S. 45.

800 Stark, The abolition of privateering, Teil I, Kap. II, S. 19.

801 Stark, The abolition of privateering, Teil I, Kap. II, S. 22.

802 Rede des Secretary of State for Foreign Affairs George William Frederick Villiers, Earl of Clarendon am 22. Mai 1856 vor dem House of Lords, HL Deb 22 May 1856 vol 142 cc481-548, http://hansard.millbanksystems.com/lords/1856/may/22/international-maritime-law-the-treaty-of.

803 Walter Bagehot, The Works and Life of Walter Bagehot Band 9, S. 232-234.

804 Lalor, Cyclopaedia of Political Science Band 3, S. 361.

805 Corbett, Some Principles of Maritime Strategy, Teil II, Kap. I, S. 95-97.

des Krieges, der Gräueltaten in ihrer schlimmsten Form beging.[806] Die fehlende Möglichkeit einer wirksamen Kontrolle zur Verhinderung von Grenzüberschreitungen führte dazu, dass das Kaperwesen abgeschafft werden musste.[807]

c. *Zwischenergebnis: Die Motivation, die zu einem Umdenken in der Frage der völkerrechtlichen Legitimation des Kaperwesens führte, war schlussendlich nicht maßgeblich für dessen Abschaffung*

Nach der Darstellung der Argumente, die zu dem Beitritt der bedeutenden maritimen Staaten Europas zur der Pariser Seerechtsdeklaration und somit zur Abschaffung des Kaperwesens führten, lässt sich nun die Frage beantworten, ob die Motivation, die zu einem Umdenken in der Frage der völkerrechtlichen Legitimation des Kaperwesens führte, schlussendlich auch für dessen Abschaffung verantwortlich war.

Wie schon dargestellt ließen sich die Befürworter der Abschaffung des Kaperwesens unter den zeitgenössischen Rechtsgelehrten maßgeblich von dem Wunsch nach einer Humanisierung des Seekriegsrechtes und an eine Annäherung an den Grundsatz der Unantastbarkeit des Privateigentums im Landkrieg leiten.

Dieser Gedanke der Humanisierung war es jedoch nicht, der letztendlich zu einer Abschaffung des Kaperwesens führte. Dies zeigt sich besonders deutlich anhand der Tatsache, dass die Pariser Seerechtsdeklaration lediglich zu einer Abschaffung der Beutenahme durch Private, nicht aber zu einer Abschaffung der Beutenahme von Privateigentum führte. Denn solche Beutenahmen waren nach wie vor noch durch reguläre Kriegsschiffe möglich. Hätte Europa tatsächlich nach einer vollumfänglichen Humanisierung des Seekriegsrechtes gestrebt, wäre die Einführung eines völkerrechtlichen Verbotes der Beutenahme von Privateigentum unumgänglich gewesen. Die Aufnahme eines entsprechenden Zusatzes wurde jedoch durch England verhindert, da es eine Gefährdung seiner Vormachtstellung auf See befürchtete. Hieraus ergibt sich, dass eine Humanisierung des Seekriegsrechtes nur so weit vorangetrieben wurde, wie politische und wirtschaftliche Interessen der Seemächte nicht gefährdet wurden.

---

806 Rede des Secretary of State for Foreign Affairs George William Frederick Villiers, Earl of Clarendon am 22. Mai 1856 vor dem House of Lords, HL Deb 22 May 1856 vol 142 cc481-548, http://hansard.millbanksystems.com/lords/1856/may/22/international-maritime-law-the-treaty-of.

807 Lalor, Cyclopaedia of Political Science Band 3, S. 361.

Es kann sogar noch einen Schritt weiter gegangen werden. Zu einer Abschaffung des Kaperwesens kam es mit dem Einverständnis Englands und Frankreichs nicht nur, da die politischen und wirtschaftlichen Interessen dem nicht mehr entgegen standen, sondern gerade aus dem Grund, dass die politischen und wirtschaftlichen Interessen aufgrund der Vormachtstellung der Seestreitmacht und den veränderten Bedürfnissen des Handels durch die Abschaffung des Kaperwesens und die Feststellung der Unvereinbarkeit mit dem Völkerrecht noch gefördert wurden. Mit den philanthropischen Gründen verhielt es sich hier wie im Rahmen der vormaligen Rechtfertigung des Kaperwesens: Sie waren weder ausschlaggebend noch beeinflussend, sondern dienten lediglich als Zierrat zur Verschönerung der politischen und wirtschaftlichen Motivation der europäischen Staaten zur Abschaffung des Kaperwesens.

VI. Ausblick: Piraterie in der heutigen Zeit, moderne Piraterie am Horn von Afrika

Die Vereinten Nationen definieren Seeräuberei heute wie folgt:

„Seeräuberei ist jede der folgenden Handlungen:

(a) jede rechtswidrige Gewalttat oder Freiheitsberaubung oder jede Plünderung, welche die Besatzung oder die Fahrgäste eines privaten Schiffes oder Luftfahrzeuges zu privaten Zwecken begehen und die gerichtet ist:
   (i) auf hoher See gegen ein anderes Schiff oder Luftfahrzeug oder gegen Personen oder Vermögenswerte an Bord dieses Schiffes oder Luftfahrzeuges;
   (ii) an einem Ort, der keine stattlichen Hoheitsgewalt untersteht, gegen ein Schiff, ein Luftfahrzeug, Personen oder Vermögenswerte;

(b) jede freiwillige Beteiligung am Einsatz eines Schiffes oder Luftfahrzeuges in Kenntnis von Tatsachen, aus denen sich ergibt, dass ein Seeräuberschiff oder -luftfahrzeug ist;

(c) jede Anstiftung zu einer unter Buchstabe (a) oder (b) bezeichneten Handlung oder jede absichtliche Erleichterung einer solchen Handlung.“[808]

Nachdem die Aufbringung von Schiffen durch Piraten auf internationalen Gewässern lange Zeit nur noch von untergeordneter Bedeutung war, ist die Piraterie im westindischen Ozean, insbesondere vor der Küste Somalias, seit dem Jahr 2005 zu einer wachsenden Bedrohung für die Sicherheit, den

---

808 Seerechtsübereinkommen vom 10. Dezember 1982, BGBl. 199, 4 II, S. 1799.

internationalen Schiffsverkehr und die gesamte Entwicklung dieser Region geworden[809] und hat internationales Einschreiten erforderlich gemacht. Im Juni 2008 haben die Vereinten Nationen die erste Resolution als Reaktion auf die Piraterie vor der Küste Somalias verabschiedet. Als Gegenmaßnahme wurde der Focus auf die maritime Koalition gesetzt, deren Schiffe in der betroffenen Region patrouillieren sollten.[810] Im Dezember 2008 beschloss die EU anschließend an die UN-Resolution die „EU launched European Naval Force Somalia - Operation Atalanta (EU NAVFOR - ATALANTA)", um die Abschreckung, die Verhinderung und die Verfolgung von Piraten vor der Küste Somalias zu ermöglichen. Auf lange Sicht sollen durch das Eingreifen der internationalen Staatengemeinschaft fünf wesentliche Ziele erreicht werden: Den Ausbau verlässlicher und stabiler politischer Strukturen, die Lösung und Vermeidung von politischen Konflikten, die Eindämmung der von der Region ausgehenden internationalen Bedrohung und die Stärkung der einheimischen Wirtschaft.[811] Am 30.07.2018 wurde das Mandat der Operation ATALANTA aufgrund ihres Erfolges bis Dezember 2020 verlängert.[812] Während in der Hochphase der Piraterie in den Gewässern vor Somalia im Januar 2011 736 Geiseln und 32 Schiffe von Piraten aufgebracht worden waren, wurden seit Oktober 2016 keine Aufbringungen mehr verzeichnet.[813]

Wie kam es jedoch dazu, dass die Piraterie in der heutigen Zeit wieder internationale Bedeutung erlangte? In den 1990er Jahren vor Ausbruch des Bürgerkrieges in Somalia war der Piraterie vor Somalias Küste kaum Bedeutung beizumessen.[814] Dies änderte sich mit der durch den Bürgerkrieg herbeigeführten vollständigen Destabilisierung Somalias.[815] Die anfängliche Ursache

---

809 Brüssel, 23 Dezember 2013, 131223/03, F A C T S H E E T, The EU fight against piracy in the Horn of Africa, https://eeas.europa.eu/statements/docs/2013/131223_03_en.pdf.

810 Resolution 1816 (2 Juni 2008) S/RES/1816, http://www.un.org/depts/german/sr/sr_07-08/sr1816.pdf.

811 Brüssel, 23 Dezember 2013, 131223/03, F A C T S H E E T, The EU fight against piracy in the Horn of Africa, https://eeas.europa.eu/statements/docs/2013/131223_03_en.pdf.

812 https://eunavfor.eu/mission/.

813 https://eunavfor.eu/mission/.

814 Mahnkopf in: Roithner, Söldner, Schurken, Seepiraten: von der Privatisierung der Sicherheit und dem Chaos der "neuen" Kriege, S. 149.

815 Brussels, 23 December 2013, 131223/03, F A C T S H E E T, The EU fight against piracy in the Horn of Africa, https://eeas.europa.eu/statements/docs/2013/131223_03_en.pdf.

für das Zunehmen von Piratenüberfällen liegt somit zum einen in der Kombination von lang anhaltendem Bürgerkrieg, staatlicher Instabilität, Armut und den besonderen geographischen Gegebenheiten der langen Küste mit zahlreichen Versteckmöglichkeiten. Hinzu kommt jedoch, dass die durch die politische Destabilisierung fehlende rechtliche Kontrolle der Küstengewässer eine Überfischung der Gewässer durch industrielle Fischereiflotten ermöglicht hat, die zusammen mit illegaler Giftmüllverkappung dazu geführt hat, dass den einheimischen Fischern die Lebensgrundlage entzogen wurde und sie in die Piraterie getrieben wurden.[816] Was jedoch mit Überfällen durch ehemalige Fischer begonnen hat, hat sich im Folgenden zunehmend zu einem Handel professionellen Milizen ausgewachsen, der sich im Rahmen organisierter Kriminalität bewegt[817] und seine Ursache überwiegend in der Verarmung der Küstenbevölkerung einzelner Länder mit geringer oder fehlender Staatlichkeit findet[818]. Die Piraterie am Horn von Afrika besteht aus der wiederkehrenden Abfolge von Überfall, Geiselnahme, der Forderung und Zahlung von Lösegeld und schließlich der Freilassung von Schiff und Crew, da die Piraten aufgrund fehlender Infrastruktur die Schiffsladung nicht verwerten können.[819]

Die strafrechtliche Verfolgung von Piraten findet vor den nationalen Gerichten der Staatengemeinschaft statt. Gemäß Art. 105 des Seerechtsübereinkommens der Vereinten Nationen von 10. Dezember 1982 kann jeder Staat auf hoher See oder an jedem anderen Ort, der keiner staatlichen Hoheitsgewalt untersteht, Seeräuber aufbringen. Die Gerichte des Staates, der den Seeräuber aufgebracht hat, können über die zu verhängenden Strafen entscheiden.[820] Denn mangels einer internationalen Gerichtsbarkeit für Fälle der Piraterie kann die Strafverfolgung nur durch die nationalen souveränen Staaten gewährleistet werden. Als Sachwalter solch universeller Anliegen sind die Staaten berufen, da die internationalen Gewässer der Völkergemeinschaft zustehen. Das Verbot, die Bekämpfung und die strafrechtliche Verfolgung der Piraterie sind daher auch heute noch Gegenstand des Völkervertragsrechts sowie des Völkergewohnheitsrechts.[821]

---

816 Mahnkopf in: Roithner, Söldner, Schurken, Seepiraten: von der Privatisierung der Sicherheit und dem Chaos der "neuen" Kriege, S. 149.

817 Wesemann,Seehandels- und seeversicherungsrechtliche Probleme der modernen Piraterie am Horn von Afrika, S. 19.

818 Ders., S. 11.

819 Ders., S. 18 f.

820 Seerechtsübereinkommen vom 10. Dezember 1982, BGBl. 199, 4 II, S. 1799,

821 Landgericht Hamburg, Urteil vom 19.10.2012 - 603 Kls 17/10

C. Fazit

Mit der Entdeckung der neuen Welt und des Seeweges nach Indien wuchs ab dem Beginn des 16. Jahrhunderts die Bedeutung des überseeischen Handels für die Wirtschaft der europäischen Nationen. Seine ungestörte Durchführung hatte massiven Einfluss auf den Ausgang kriegerischer Auseinandersetzungen, so dass die europäischen Nationen im Krieg mehr und mehr dazu übergingen, zur Störung des Handels auf private Beutefahrer zu setzen und so das Kaperwesen etablierten. Bei dem Kaperwesen handelte es sich um die staatlich ermächtigte Beutenahme in Kriegszeiten durch Privatpersonen auf See mit der Hauptintention, den Feind zu schädigen, seinen Seehandel zu unterbinden und finanziellen Gewinn zu machen.

Mit der Erstarkung des Kaperwesens ging das Bedürfnis nach der Etablierung europaweit einheitlicher Regelungen zur Festlegung der Voraussetzungen und der Begrenzung des Kaperwesens einher, welcher sich der zeitgenössische völkerrechtliche Diskurs umfangreich widmetet. Da die Rechtsgelehrten sich nicht auf kodifizierte Grundsätze berufen konnten, arbeiteten sie die von ihnen als geltend erachteten europäischen völkergewohnheitsrechtlichen Rechtsgrundsätze aus der Rechtspraxis der europäischen Staaten heraus. Hierdurch stellten die zeitgenössischen Rechtsgelehrten dezidiert und differenziert aus ihrer Sicht bindende völkergewohnheitsrechtliche Rechtsgrundsätze heraus, die Umfang und Begrenzung der Beutenahme regeln und an die sich alle europäischen Nationen halten würden. Zu den festgelegten Grundsätzen zählten sie das Erfordernis einer schriftlichen Ermächtigung eines anerkannten Souveräns als Voraussetzung für den Beginn der Beutefahrt und die Etablierung eines einheitlichen Prisenrechts zur Feststellung der Legitimität der Beutenahme.

Die von den Rechtsgelehrten als bindend angenommenen völkergewohnheitsrechtlichen Regelungen spiegelten sich zu großen Teilen in Rechtsetzung und Rechtsprechung der Seemächte England und Frankreich wider. Regelungen zu den Tatbeständen der Piraterie und des Kaperwesens finden sich in einzelnen Statuten und in bi- und multilateralen Verträgen, besonders aber in der Rechtsprechung des High Court of Admiralty und den französischen Ordonances de la Marine, den entsprechenden Regelemts du Roi und in der Rechtsprechung des Conseil des prises. Im Besonderen wurden in der englischen und französischen Rechtspraxis die in der zeitgenössischen Literatur herausgearbeiteten Voraussetzungen für die Rechtmäßigkeit der Beutenahme, den Einsatz des Prisenrechts zur Steuerung und Regulierung des Kaperwesens, den Schutz des Verhältnisses

Englands und Frankreichs zu alliierten und neutralen Nationen in Kriegszeiten vor einer Eintrübung durch das Verhalten der eigenen Kaperfahrer sowie die Konkretisierungen der völkergewohnheitsrechtlichen Regelungen zur Kontrolle und Bekämpfung der Piraterie explizit als geltendes Recht statuiert.

Aufgrund der machtpolitischen Bedeutung Englands und Frankreichs in Europa und insbesondere auf See kann aus der Übereinstimmung der britischen und französischen Rechtspraxis in wesentlichen Teilen mit den durch die zeitgenössischen Rechtsgelehrten statuierten völkerrechtlichen Rechtsgrundsätzen auf geltende europäische völkergewohnheitsrechtliche Rechtsgrundsätze zur Regelung und Begrenzung des Kaperwesens geschlossen werden.

Während es sich nach einhelliger Ansicht im Schrifttum bei den Kaperfahrern um staatlich ermächtigte Beutenehmer handelte, die im Namen ihres Souveräns auf Beutefahrt gingen, wurden Piraten als Feinde der gesamten Menschheit betrachtet,[822] die den Schutz der Flagge ihres Heimatstaates verloren hatten.[823] In dem Maße, in dem sich die Kaperfahrer in den Grenzen ihrer Ermächtigung bewegten und sich den ihnen auferlegten Regeln unterwarfen, wurden sie von den zeitgenössischen Rechtsgelehrten als zugehörig zur Völkergemeinschaft gesehen, deren Ziel nicht ausschließlich in der eigenen Bereicherung, sondern auch in der Förderung der außenpolitischen Ziele des sie ermächtigenden Staates lag.

In der Praxis bestand jedoch trotz der Herausarbeitung einheitlichen prisenrechtlichen Reglungen und einer klaren völkerrechtlichen Abgrenzung nach dem Merkmal der staatlichen Anbindung eine fließende Grenzziehung zwischen dem Erlaubnistatbestand des Kaperwesens und dem Verbotstatbestand der Piraterie. Diese Verwischung der Grenzen läutete ab dem Beginn des 18. Jahrhunderts den Versuch der Darlegung der Unvereinbarkeit des Kaperwesens mit den Grundsätzen des Völkerrechts durch die zeitgenössischen Rechtsgelehrten und des Aufzeigens der Notwendigkeit der Abschaffung für eine Humanisierung des Seekriegsrechtes als Antwort auf die fortschreitende Zivilisierung der europäischen Nationen ein.

Der Streit um die völkerrechtliche Rechtmäßigkeit des Kaperwesens endete für die europäischen Nationen mit der Unterzeichnung der Pariser Seerechtsdeklaration am 16. April 1856, deren erster Regelungspunkt das Kaperwesen für abgeschafft erklärte:

---

822 Molloy, De jure maritimo et navali, Buch I, Kap. IV, § I; Oppenheim, System des Völkerrechts Kap. XII, § 9, S. 321.

823 Bluntschli, Das moderne Völkerrecht, § 343, S. 198.

„Die Kaperei ist und bleibt abgeschafft."[824]

Insbesondere wurde für die Entscheidung zur Abschaffung die widersprüchliche Praxis der Beutenahme im Land- und Seekrieg, die grundsätzliche Unrechtmäßigkeit der Beutenahme von Privateigentum in Kriegszeiten, die Beutenahme durch private Kaperfahrer und die moralische Verwerflichkeit des Kaperwesens wegen seiner Nähe zum Tatbestand der Piraterie angeführt.

Diese Entscheidung der großen maritimen Nationen Europas wurde jedoch nicht maßgeblich getragen von dem Wunsch nach einer Humanisierung des Völkerrechts, sondern beruhte auf den geänderten Verhältnissen des Handels und der Vormachtstellung auf See, so dass die Abschaffung des Kaperwesens für die europäischen Seemächte politisch und wirtschaftlich sinnvoll erschien. Das Ende des Kaperwesens lag alleine darin begründet, dass sich die politischen und wirtschaftlichen Interessen der europäischen Seemächte verändert hatten und diese veränderten Bedürfnisse durch die Abschaffung des Kaperwesens gefördert wurden. Insbesondere die gewandelten politischen und wirtschaftlichen Interessen Englands einhergehend mit der englischen Dominanz auf den Weltmeeren und der Gleichlauf mit den machtpolitischen Interessen Frankreichs führte schlussendlich zur Verabschiedung der Pariser Seerechtsdeklaration. Hätte Europa tatsächlich nach einer vollumfänglichen Humanisierung des Seekriegsrechtes gestrebt, wäre im Rahmen der Pariser Seerechtsdeklaration nicht nur der Einsatz privater Kaperfahrer, sondern auch die Beutenahme von Privateigentum zur Gänze abgeschafft worden.

Folglich war die Motivation, die zu einem Umdenken in der Frage der völkerrechtlichen Legitimation des Kaperwesens in der zeitgenössischen Literatur geführt hatte, nämlich der Wunsch nach einer Humanisierung des Völkerrechts, schlussendlich nicht für dessen Abschaffung verantwortlich.

---

824 Erklärung betreffend das europäische Seerecht in Kriegszeiten, abgegeben am 16. April 1856, abgedruckt in Gourdon, Histoire du Congrès de Paris, S. 28f.

Literaturverzeichnis

Abicht, Johann Heinrich, Neues System eines aus der Menschheit entwickelten Naturrechts, Bayreuth, 1792

Attlmayr, Ferdinand, Die Elemente des internationalen Seerechtes und Sammlung von Verträgen Band 1, Wien 1872

Anonymous, The Procedure for the Trial of a Pirate, in: The American Journal of Legal History Band 3, 1957, 251-256

Anonymous, Trials of major Stede Bonnet, and other Pirates, in: A complete collection of state trials and proceedings for high treason and other crimes and misdemeanors Band 15, herausgegeben von William Cobbett, David Jardine, London 1816, 1231-1302

Anonymous, Trial of Joseph Dawson in: A complete collection of state trials and proceedings for high treason and other crimes and misdemeanors from the earliest period to the year 1783, with notes and other illustrations Band 13, London 1816, 451-486

Ayala, Balthazar, De iure et officiis bellicis et disciplina militari libri III, The Classics of International Law

Band 1: Reproduction of the First Edition, with Introduction by John Westlake, Washington D.C., 1912

Band 2: Translation of the Text, by John Pawley Bate, with Translator's Note and Index of Citations, Washington D.C., 1912

Azuni, Domenico Alberto, Droit maritime de l'Europe Band 2, Paris 1805

Baer, Joel, The complicated Plot of Piracy: Aspects of the English Criminal Law and the Image of the Pirate in Defoe, in: The Eighteenth Century. Theory and Interpretation Band 23, 1982, 3-26

Bagehot, Walter, The Works and Life of Walter Bagehot. The Works in Nine Volumes. The Life in One Volume Band 9, London 1915

Barrow, The life, voyages, and exploits of Admiral Sir Francis Drake, London 1843

Baumgart, Winfried, Der Friede von Paris 1856, Studien zum Verhältnis von Kriegführung, Politik und Friedensbewahrung, München 1972

Bawlf, Samuel, The Secret Voyage of Sir Francis Drake, New York 2003

Becher, Siegfried, Handelsgeographie zum Gebrauche für Kaufleute, Fabrikanten, Geschäftsmänner und Handelsschulen, Band 1, Wien 1837

Bello, Andrés, Principios de derecho internacional, 3. Auflage, Garnier 1873

Benson, Edward Frederic, Sir Francis Drake, Reprint of the original from 1927 about the life of Sir Francis Drake, BoD 2012

Beust, Joachim Ernst, Observationes militares, Teil 3, Gotha, 1745

Bluntschli, Johann Caspar; Brater, Karl Ludwig, Theodor Bluntschlis Staatswörterbuch in drei Bänden auf Grundlage des deutschen Staatswörterbuchs von Bluntschli und Brater in elf Bänden, in Verbindung mit anderen Gelehrten Band 1, herausgegeben und bearbeitet von Edgar Löning, Zürich 1869

Bluntschli, Johann Caspar, Das Beuterecht im Krieg und das Seebeuterecht insbesondere: Eine völkerrechtliche Untersuchung, Nördlingen 1878

Ders., Das moderne Völkerrecht der zivilisierten Staaten als Rechtsbuch dargestellt, Nördlingen 1868

Ders., Das moderne Völkerrecht der zivilisierten Staaten als Rechtsbuch dargestellt, zweite mit Rücksicht auf die Ereignisse von 1868 bis 1872 ergänzte Auflage, Nördlingen 1872

Ders., Deutsches Staats-Wörterbuch

Band 2, Stuttgart 1857

Band 9, Stuttgart 1865

Bonaparte, Napoléon, Mémoires pour servir à l'histoire de France, sous Napoléon, écrits a Sainte-Hélén Band 2, Paris, 1823

Bono, Salvatore, Piraten und Korsaren im Mittelmeer. Seekrieg, Handel und Sklaverei vom 16. bis 19. Jahrhundert, Stuttgart 2009

Bowyer, Commentaries on the Constitutional Law of England, 2. Auflage, London 1846

Brewer, Johann Paul, Geschichte der Französischen Gerichts-Verfassung, vom Ursprung der Fränkischen Monarchie bis zu unseren Zeiten Band 2, Düsseldorf 1873

Burlamaqui, Jean Jacques, Principes du droit naturel et politique Band 3, 2. Auflage, Genua 1764

Bijnkershoek, Cornelius van, A Treatise on the Law of War, Buch 1, Übersetzung von Peter Stephendu Ponceau, Philadelphia 1810

Calvo, Carlos, Le droit international théorique et pratique, précédé d'un exposé historique des progrès de la science du droit de gens Band 1, 2. Auflage, Paris 1870

Cauchy, Eugène, Du respect de la propriété privée dans la guerre maritime, Paris 1866

Ders., Le droit maritime international considéré dans ses origines et dans ses rapports avec les progrès de la civilisation

Band 1, Paris 1862

Band 2, Paris, 1862

Coogan, John, The End of Neutrality: The United States, Britain and Maritime Rights, 1899-1915, London 1981

Corbett, Julian Stafford, Some Principles of Maritime Strategy, London 1911

Cordes, Albrecht u.a. (Hrsg.), Handwörterbuch zur deutschen Rechtsgeschichte (HRG) Band II, 2. Auflage, Berlin 2012.

Cussy, Ferdinand de, Phases et causes célèbres du droit maritime des nations Band 1, Leipzig 1856

Dickins, Asbury, Report of Decision of the commission of claims under the convention of February 8, 1853 between the United States and Great Britain, Washington 1856

Dodson, John, Reports of cases argued and determined in the High Court of Admiralty; commencing with the judgments of the Right Hon. Sir William Scott, Trinity term, 1811[-1822], London 1815

Edwards, Edwin, A Treatise on the Jurisdiction of the High Court of Admiralty of England, London 1847

Ders., Reports of cases argued and determined in the High Court of Admiralty; commencing with the judgments of the Right Hon. Sir William Scott, Easter term 1808 [-1812], London 1812

Ehrmann, Theophil Friedrich, Neueste Länder- und Völkerkunde: ein geographisches Lesebuch für alle Stände : Mit Charten u. Kupfern. England, Irland und Schottland, Band 6, Prag 1820

Fäsch, Johannes Rudolph (Hrsg.), Kriegs- Ingenieur- Artillerie- und Seelexicon, Dresden 1735

Fassbender, Bardo/Peters, Anne/Peter, Simone (Hrsg.), The Oxford Handbook of the History of International Law, Oxford 2012

Ferguson, Jan Helenus, Manual of International Law, for the Use of Navies, Colonies and Consulates Band 2, London 1884

Ferreira, Silvestre Pinheiro, Principes du droit public, constitutionell, administrativ, et de gens, ou manuel du citoyen sous un gouvernement représentatif Band 2, Paris 1834

Freitas, Seraphim de, De iusto imperio lusitanorum asiatico, Valladolid 1625

Galdorisi, George; Vienna, Kevin, Beyond the Law of the Sea: New Directions for U.S. Oceans Policy, Westport 1997

Galisset, Charles Michel, Corps du droit français ou recueil complet des lois, décrets, ordonnances, sénatus-consultes, règlements, avis du conseil d'état, rapports au roi, instructions ministérielles, etc: publiés depuis 1789 jusqu'a nos jours.

Band 8, Du 1er janvier au 31 décembre 1844, Paris 1845

Band 11, Du 1er Janvier 1853 au 31 décembre 1855, Paris 1853

Garden, Guillaume de, Traité complet de diplomatie, ou Théorie générale des relations extérieures des puissances de l'Europe, Band 2, Paris 1833

Gentili, Alberico, De iure belli libri tres, Nachdruck: The Classics of International Law Band 1, Oxford 1933

Gesellschaft Rheinländischer Gelehrter (Hrsg.), Neues Rheinisches Conversations Lexicon: Oder Encyclopädisches Handwörterbuch für gebildete Stände Band 5, Köln 1833

Gessner, Ludwig, Das Recht des neutralen Seehandels und eine Revision der darüber geltenden Grundsätze des Völkerrechts, Bremen 1855

Gourdon, Édouard, Histoire du Congrès de Paris, Paris 1857

Grewe, Wilhelm, Epochen der Völkerrechtsgeschichte, Baden-Baden 1984

Grotius, Hugo, De iure belli ac pacis libri tres. In quibus ius naturae et gentium: item iuris publici praecipua explicantur, Nachdruck: Lugduni Batavorum 1939

Ders., De jure de praedae commentarius, Nachdruck: Paris 1869

Ders., Hugo, De mare liberum, übersetzt von Richard Boschan, Leipzig 1919

Hall, Samuel, The Encyclopedia Britannica: A Dictionary of Arts, Sciences, and General Literature Band 8, 9. Auflage, New York 1878

Hall, William Edward, A Treatise on International Law, 3. Ausgabe, Oxford 1890

Halleck, Henry Wager, International law; Or, rules regulating the intercourse of states in peace and war, San Francisco, 1861

Hatschek, Julius; Strupp, Karl Wörterbuch des Völkerrechts und der Diplomatie Band 2, Maas bis Utschiali, Berlin 1925

Hautefeuille, Laurent-Basile, Des droits et des devoirs des nations neutres en temps de guerre maritime

Band 1, Paris 1848

Band 2, 2. Auflage, Paris 1858

Band 3, 3. Auflage, Paris 1868

Ders., Histoire des origins, des progress et des variations du droit maritime international, Paris 1858

Ders., Quelques questions de droit international maritime, à propos de la guerre d'Amérique, Paris 1861

Heffter, August Wilhelm, Das europäische Völkerrecht der Gegenwart, auf den bisherigen Grundlagen, 4. Auflage, Berlin 1861

Hobson, Rolf, Maritimer Imperialismus: Seemachtideologie, seestrategisches Denken und der Tirpitzplan, 1875-1914, München 2004

Holst, Johann Ludolf, Versuch einer kritischen Übersicht der Völker-Seerechte, Teil 1, Hamburg 1802

Holtzendorff, Frank von, Encyclopädie der Rechtswissenschaft in systematischer und alphabetischer Bearbeitung, 1. Teil, Leipzig 1870.

Hotman, François, Quaestionum illustrium liber, Paris 1572

Hübner, Martin, De la saisie des bâtiments neutres ou du droit qu'ont les nations belligérantes d'arrêter les navires des peuples amis

Band 1, Haye 1759

Band 2, Haye 1759

Jacobsen, Friedrich Johann, Laws of the sea, with reference to maritime commerce during peace and war, Altona 1815

Jähns, Max, Ueber Krieg, Frieden und Kultur: eine Umschau, 2. Auflage, Berlin 1893

Jenkinson, Charles, A discourse on the conduct of the governement of Great Britain in respect to Neutral Nations, 2. Auflage, London 1801

Johnstone, Christian Isobel, Lives and voyages of Drake, Cavendish, and Dampier: Including a view of the history of the buccaneers, 3. Auflage, London 1849

Kaltenborn, Baron Carl von Stachau, Grundsätze des praktischen europäischen Seerechts, besonders im Privatverkehre, mit Rücksicht auf alle wichtigen Partikularrechte, namentlich der Norddeutschen Seestaaten, besonders Preussens und der Hansestädte, sowie Hollands, Frankreichs, Spaniens, Englands, Nordamerikas, Dänemarks, Schwedens, Russlands, etc. in zwei Bänden, Berlin 1851

Kelsey, Harry, Sir Francis Drake: The Queen's Pirate, Yale, 1998

Kempe, Michael, Fluch der Weltmeere. Piraterie, Völkerrecht und internationale Beziehungen 1500-1900, Frankfurt am Main 2010

Kent, James, Kent's commentary on international law, revised with notes and cases brought down to the present time, Cambridge, 1866

Klüber, Johann Ludwig, Europäisches Völkerrecht Band 2, Stuttart 1821

Ders., Droit des gens moderne de l'Europe, Paris 1874

Köhler, Thomas, Einleitung in das praktische Europäische Völkerrecht, Mainz 1790

Lalor, John Joseph, Cyclopaedia of Political Science, Political Economy, and of the Political History of the United States by the best American and European Authors Band 3, Chicago 1884

Lampredi, Giovanni Maria, Del commercio die popoli neutrali in tempo di guerra Teil 1, Pisa 1788

Larkin, Tanya, Sir Francis Drake, New York 2001

Lawrence, Thomas Joseph, The principles of international law, 4. Auflage, Boston 1912

Lee, Richard, Bijnkershoek, Cornelis van, A treatise of captures in war, An enlarged translation of the principal part of Bynkershoek's "Questiones juris publici", 2. Auflage London 1803

Legier, Jerôme, Traité des prises: ou Principes de la jurisprudence françoise concernant les prises qui se font sur mer, relativement aux dispositions tant de l'Ordonnance de la marine du mois d'août 1681, que des arrêts du Conseil, ordonnances & réglemens antérieurs & postérieurs, rendus sur ce sujet : avec une notice de la procédure qui doit être observée à cet égard Band 1, Paris 1763

Levita, Julius, Übersichten aus dem französischen Rechtsleben, abgedruckt in: Der Gerichtssaal: Zeitschrift für Zivil- und Militärstrafrecht und Strafprozeßrecht sowie die ergänzenden Disziplinen: Organ der Deutschen Strafrechtlichen Gesellschaft, Band 2, Jahrgang 6, Erlangen 1854

Lieber, Francis, Guerilla parties, considered with reference to the laws and usages of war, New York 1862

Maclachlan, David, A Treatise on the law of Merchant Shipping, London 1862

Mahan, Alfred, Possibilities of an Anglo-American Reunion in: The North American Review Band 159, Nr. 456, Nov., 1894, S. 551-573

Mahnkopf, Birgit, Piraten am Horn von Afrika, in: Roithner, Thomas (Hrsg.) Söldner, Schurken, Seepiraten: von der Privatisierung der Sicherheit und dem Chaos der "neuen" Kriege, Münster 2010

Malkin, Herbert William, The Inner History of the Declaration of Paris in: The British Year Book of International Law, Oxford 1927. S. 1-44,

Manning, William Oake, Commentaries on the Law of nations, London 1839

Marchlewski, Julian Balthasar, Völkerrecht und Militarismus: 2. Der Seekrieg, in: Die neue Zeit : Revue des geistigen und öffentlichen Lebens Band 2, 1899, S. 229 - 239

Martens, Georg Friedrich, Einleitung in das positive europäische Völkerrecht auf Verträge und Herkommen gegründet, Göttingen, 1796

Ders., Loix et Ordonnances des diverses puissances européenes concernant le commerce, la navigation et les assurances depuis le miliieu du 17eme siècle, Band 1, Göttingen 1802.

Ders., Grundrisse des Handelsrechts, insbesondere des Wechsel- und Seerechts, dritte Auflage, Göttingen 1820

Ders., Versuch über Caper. Feindliche Beutenahmen und insonderheit Wiedernehmungen. Nach den Gesetzen, Verträgen und Gebräuchen der Europäischen Seemächte, Göttingen, 1795

Marzagalli, Silvia, French Privateering during the French War, in: Commerce Raiding: Historical Case Studies, 1755-2009: Economic Warfare, Maritime Security, and Military Escalation, Newport Paper Series Band 40, S. 41-57, Newport 2014

Massé, Gabriel, Le droit commercial dans ses rapports avec le droit des gens et le droit civil Band 1, Paris 1844

McCulloch, John, Schmidt, LR, Theoretisch-practisches Comptoir-Handbuch, Stuttgart 1837

Meyer, Hermann Julius, Ergänzungsblätter zur Kenntniss der Gegenwart Band 6, Hildburghausen 1870

Merlin, Philippe Antoine, Repertoire Universel Et Raisonne De Jurisprudence, Band 23, 5. Auflage, Brüssel 1827

Molloy, Charles, De jure maritimo et navali, or, a treatise of affairs maritime and of commerce. In three books, 7.Auflage, London 1722

Moser, Johann Jacob, Erste Grundlehren des jetzigen europäischen Völkerrechts, in Friedens- und Kriegszeiten, Nürnberg 1778

Ders., Grundsätze des europäischen Völkerrechts in Kriegszeiten, Tübingen 1752

Morley, John, The Life of Richard Cobden, Boston 1881

Neff, Stephen, Friends But No Allies: Economic Liberalism and the Law of Nations, New York, 1990

Ders., The rights and duties of neutrals, Huntington, 2000

Ders., War and the Law of Nations: A General History, Cambridge 2005

Nizze, Reinhold, Das allgemeine Seerecht der civilisierten Nationen. Mit besonderer Hervorhebung des hanseatischen, mecklenburgischen Particular- und Rostockschen Statuar-Seerechtes Band 1, Rostock 1857

Nörr, Knut Wolfgang, Naturrecht und Zivilprozess: Studien zur Geschichte d. dt. Zivilprozessrechts während d. Naturrechtsperiode bis zum beginnenden 19. Jahrhundert, Tübingen 1976

Nys, Ernest, La guerre maritime: étude de droit international, Brüssel 1881

Oberleitner, Gerd, Human Rights in Armed Conflict: Law, Practice, Policy, Cambridge 2015

Oppenheim, Heinrich Bernhard, International Law A Treatise

Band 1, 2. Auflage, London 1912

Band 2, 2. Auflage, London 1912

Ders., Heinrich Bernhard, System des Völkerrechts, Frankfurt am Main 1845

Orakhelashvilli, Alexander (Hrsg.), Research Handbook on the Theory and History of International Law, Cheltenham 2011

Ortolan, Théodore, Règles internationales et diplomatie de la mer Band 1, Paris 1845

Phillimore, Robert, Commentaries upon International Law

Band 1, London 1854

Band 3, Philladelphia 1857

Pistoye, Alphonse de; Duverdy, Denis Charles, Traité des prises maritimes dans lequel on a refondu en partie le Traité de Valin en l'appropriant à la legislation nouvelle,

Band 1, Paris 1855

Band 2, Paris 1859

Playfair, William, European Commerce: Shewing New and Secure Channels of Trade with the Continent of Europe Band 1, Philadelphia 1807

Pöhls, Meno, Darstellung des Seerechts nach gemeinem und Hamburgischem Rechte und nach den Gesetzen der vorzüglichsten handelnden Staaten Europa's und America's Teil 4, Hamburg 1833

Pufendorf, Samuel, De iure naturae et gentium. Libri octo, Amsterdam 1698

Ders., Le droit de la nature et des gens, ou système général des principes les plus importants de la morale, de la jurisprudence et de la politique Band 2, traduit du latin par Jean Barbeyrac, Basel 1732

Rayneval, Gerard de, Institutions de droit de la nature et des gens

Band 1, Paris 1832

Band 2, Paris 1832

Ripley, George; Dana, Charles Anderson, The new American cyclopaedia: a popular dictionary of general knowledge, Band 13, New York 1861

Robinson, Christopher, Reports of cases argued and determined in the High Court of Admiralty, commencing with the judgments of the Right Hon. Sir William Scott, Michaelmas term, 1798 [to April, 1808], London 1812

Rodger, Nicholas, The Command of the Ocean. A Naval History of Britain Band 2, 1649-1815, London 2004

Rotteck, Carl von; Welcker, Karl Theodor, Staats-Lexikon oder Encyclopädie der Staatswissenschaften Band 11, Altona 1841

Saalfeld, Friedrich, Grundriß eines Systems des europäischen Völkerrechts, Göttingen 1809

Ders., Handbuch des positiven Völkerrechts, Tübingen 1833

Schlegel, Johan Friedrich Wilhelm, Neutral Rights, Or, An Impartiial Examination of the Right of Search of Neutral Vessels Under Konvoi, Philadelphia 1801

Schlochauer, Hans Jürgen/ Strupp, Karl, Wörterbuch des Völkerrechts Band 2, Berlin 1961

Sechrest, Harry, Privateering and National Defense: Naval Warfare for Private Profit, in: Hoppe, The Myth of National Defense: Essays on the Theory and History of Security Production S. 239-275, Auburn, 2003

Stark, Francis, The abolition of privateering and the Declaration of Paris, New York, 1897

Stiel, Paul, Geschichte des Piraterierechts. Beiträge zum internationalen Seerecht, Bremen 2009

Sugden, John, Sir Francis Drake, London 2006

Surland, Johann Julius, Grundsätze des europäischen Seerechts, Hannover, 1750

Tetens, Johann Nicolaus, Considerations sur les droits reciproques des Puissances belligerantes et des puissances neutres sur mer, avec les principes du droit de guerre en général, Kopenhagen 1805

Tindal, Matthew, An essay concerning the laws of nations, and the rights of sovereigns, London 1694

Twist, Travers, The law of nations considered as independent political communities. On the right and duties of nations in time of war, London, 1863

Valin, René-Josué, Nouveau commentaire sur l'ordonnance de la marine du mois d'août 1681: avec des explications prises de l'esprit du texte et des notes historiques et critiques Band 2, La Rochelle 1766

Valin, René-Josué, Traité des prises ou principes de la jurisprudence françoise Band 1, Paris 1763

Vattel, Emer de, Le droit de gens ou principes de la loi naturelle appliqués à la conduit et aux affairesdes nations et des souverains 1758, Nachdruck: Die Klassiker des Völkerrechts Band 3, herausgegeben von Walter Schätzel, Tübingen 1959

Vattel, Emer de, *Le droit des gens, ou Principes de la loi naturelle, appliqués à la conduite et aux affaires des Nations et des Souverains, Band 2,* London, 1758

Villeneuve, Jean Esprit Marie Pierre de; Masse, Gabriel, Dictionnaire du droit commercial ou résumé de législation, de doctrine et de jurisprudence en matière de commerce, Brüssel 1844

Vitzthum, Graf Wolfgang, From the Rhodian Sea Law to UNCLOS III, in: Tradition und Weltoffenheit des Rechts: Festschrift für Helmut Steinberger, Beiträge zum ausländischen öffentlichen Recht und Völkerrecht Band 152, S. 351-375, Berlin 2002

Vollhard, Karl Friedrich, die Systeme der praktischen Politik im Abendlande Band 4, Gießen, 1892

Wagener, Hermann, Staats- und Gesellschafts-Lexikon. Neues Conversations-Lexikon. In Verbindung mit deutschen Gelehrten und Staatsmännern Band 11, Berlin 1862

Wesemann, Christian, Seehandels- und seeversicherungsrechtliche Probleme der modernen Piraterie am Horn von Afrika, Münster 2013

Wheaton, Henry, A digest of the law of maritime captures and prizes, New York, 1815

Wheaton, Henry, Neues Europäisches Völkerrecht, in: Deutsche Zeitschriften des 18. und 19. Jahrhunderts Band 1, Allgemeine Literatur-Zeitung vom Jahr 1847 Band 1, Halle 1847.

Ders., Elements of international law with a sketch of the history of the science,

Band 1, London, 1836

Band 2, London, 1836

Williams, Robert Griffith, Bruce, Gainsford, The Jurisdiction and Practice of the High Court of Admiralty, London 1869

Wolff, Christian, Grundsätze des Natur- und Völkerrechts, worin alle Verbindlichkeiten und alle Rechte aus der Natur des Menschen in einem beständigen Zusammenhange hergeleitet werden, 2. Auflage, Halle 1769

Wurm, Christian Friedrich, Von der Neutralität des deutschen Seehandels in Kriegszeiten, Hamburg 1841

FSC
www.fsc.org
MIX
Papier | Fördert gute Waldnutzung
FSC® C083411

Kolibri 360 GmbH
Ferdinand-Jühlke-Straße 7
99095 Erfurt, Deutschland
produktsicherheit@kolibri360.de